실재의 사회적 구성

지식사회학 논고

The Social Construction of Reality
Peter L. Berger and Thomas Luckmann

실재의 사회적 구성

The Social Construction of Reality

우리 시대의 고전 21

피터 L. 버거
토마스 루크만 지음
하홍규 옮김

A Treatise
in the Sociology
of Knowledge

지식사회학
논고

문학과지성사
2013

피터 L. 버거 Peter L. Berger, 1929~2017

오스트리아 출신의 미국 사회학자로, 20세기 가장 영향력 있는 사회사상가로 손꼽힌다. 2차 세계대전 직후 미국으로 이주해 뉴욕의 사회조사 뉴스쿨New School for Social Research에서 사회학을 공부했으며, 같은 대학 및 러트거스 대학, 보스턴 대학 등에서 사회학 교수로 재직했다. 현재 보스턴 대학 명예교수이며 '문화, 종교 및 국제문제 연구소'의 소장직을 맡고 있다. 사회조사 뉴스쿨에서 강의를 하던 1966년 토마스 루크만과 함께, 이후 20세기 최고의 사회학 저서 중 하나로 평가받게 될 『실재의 사회적 구성』을 저술한 것을 비롯하여, 『사회학에의 초대』 『자본주의 혁명』 『의심에 대한 옹호』(안톤 지더벨트와 공저) 등 수많은 저작을 발표했다.

토마스 루크만 Thomas Luckmann, 1927~2016

슬로베니아(구 유고슬라비아 연방) 출신의 사회학자로 피터 버거와 함께 20세기 중요한 사회사상가로 손꼽힌다. 2차 세계대전 기간에 빈으로 이주해 빈 대학과 인스브루크 대학에서 철학과 언어학을 공부했으며, 이후 미국으로 옮겨와 뉴욕 사회조사 뉴스쿨에서 공부를 이어갔다. 루크만은 사회조사 뉴스쿨 시절 오스트리아계 미국 철학자 알프레드 슈츠로부터 많은 가르침을 받았는데, 이는 『실재의 사회적 구성』이 현상학적 배경을 갖는 데 중대한 영향을 미치게 된다. 현재 독일 콘스탄츠 대학의 사회학 교수로 재직 중이다. 저서로 『보이지 않는 종교』 『언어 사회학』 『생활-세계와 사회적 실재』 『생활-세계의 구조』(알프레드 슈츠와 공저) 등이 있다.

하홍규

연세대학교 사회학과 및 같은 과 대학원을 졸업하고, 미국의 보스턴 대학에서 사회학 박사학위를 받았다. 현재 연세대학교 사회학과 BK21 플러스 '사회적 연대와 공존' 사업단 연구원으로 재직하고 있다. 주된 관심 영역은 사회이론, 종교사회학, 문화사회학, 마음의 사회학이다.

우리 시대의 고전 21

실재의 사회적 구성

지식사회학 논고

제1판 제1쇄   2013년 12월 27일
제1판 제7쇄   2024년 5월 28일

지은이   피터 L. 버거·토마스 루크만
옮긴이   하홍규
펴낸이   이광호
펴낸곳   ㈜문학과지성사
등록번호   제1993-000098호
주소   04034 서울 마포구 잔다리로7길 18(서교동 377-20)
전화   02) 338-7224
팩스   02) 323-4180(편집)   02) 338-7221(영업)
전자우편   moonji@moonji.com
홈페이지   www.moonji.com

ISBN 978-89-320-2459-2

서문

이 책은 체계적이고 이론적인 지식사회학 논고로 기획되었다. 그러므로 이 책은 지식사회학의 발전에 대한 역사적인 개괄을 하거나, 지식사회학 분야의 다양한 학자들에 대하여 혹은 사회학 이론에서 그 밖에 어떤 발전들이 있는지에 대하여 해설하거나, 또는 심지어 이러한 학자들과 이론들이 어떻게 종합되는가를 보여주고자 시도하지 않는다. 여기에는 어떠한 논쟁적 의도도 없다. 다른 이론적 입장들에 대한 비판적 논평은 오로지 이 책의 논점을 명확히 하는 데 도움을 주는 경우에만 (본문이 아니라, 주석에서) 제시되고 있다.

논의의 핵심은 2부 "객관적 실재로서의 사회"와 3부 "주관적 실재로서의 사회"에 담겨 있는데, 2부는 지식사회학의 문제들에 대한 우리의 기본적인 이해를 담고 있고, 3부는 이러한 이해를 주관적 의식subjective consciousness의 수준에 적용함으로써 지식사회학을 사회심리학의 문제들과 이을 수 있는 다리를 만들고 있다. 1부 "일상생활에서의 지식의 기초들"은 일상생활의 실재에 대한 현상학적 분석에 관해 다룬다는 점에서 주요 논점에 대한 철학적 서문이라고 부르는 것이 가장 좋을 듯하다. 사회학적 논의에만 관심이 있는 독자는 1부를 건너뛰고 싶어 할 수도 있겠지만, 논의가 진행되면서 사용된 주요 개념들이 1부에 정의되어 있다는 점은 명심했으면 한다.

비록 우리의 관심이 역사적인 것은 아니지만, 우리의 지식사회학 개념이 지금까지 지식사회학이라고 일반적으로 이해되어왔던 것과 왜 그리고 어떤 면에서 다른지 설명해야 할 의무를 느낀다. 우리는 이 점을 서론에서 밝히고 있다. 마지막에는 결론으로서 우리의 지식사회학이 사회학 이론 전반과 경험적 조사의 특정 영역들에 '결정적 기여'가 될 수 있음을 보여줄 것이다.

우리의 논점의 논리는 불가피하게 어느 정도의 반복을 필요로 한다. 그래서 어떤 문제들은 1부에서 현상학적 괄호 안에서 고찰되고, 2부에서 그 괄호를 제거하고 그것의 경험적 발생에 관심을 갖고 논의되며, 그런 다음 3부에서는 주관적 의식의 수준에서 다시 한 번 다루어진다. 우리는 이 책의 내적 논리를 거스르지 않는 범위에서 가능한 읽기 쉽게 쓰려고 노력했으며, 독자가 불가피하게 그 문제들이 반복된 이유를 이해해주기 바란다.

이슬람교의 위대한 신비주의자 이븐 울-아라비Ibn ul'Arabi는 자신의 시에서 "오 알라신이여, 우리를 이름의 바다로부터 구원하소서!"라고 외친다. 우리는 사회학 이론을 읽으면서 이와 같은 외침을 자주 반복했었다. 결국 우리의 실제 논의에서 모든 이름들을 제거하기로 결정했다. 이는 "뒤르케임Émile Durkheim은 이렇게 말했다" "베버Max Weber는 저렇게 말했다" "우리는 여기서 베버가 아니라 뒤르케임에 동의한다" "우리는 이 점에서 뒤르케임이 오해되어왔다고 생각한다" 등과 같은 의견들의 거듭되는 방해 없이, 우리 자신의 입장을 지속적으로 제시하고 있다는 의미라고 할 수 있다. 우리의 입장이 무無로부터 *ex nihilo* 불쑥 튀어나오지 않았다는 것은 매 쪽마다 분명히 드러나지만, 우리는 우리의 논의가 주석적이거나 종합적인 측면에서가 아니라 논의 자체의 고유한 장점들에 의해 판단되기를 바란다. 따라서 우리는 모든 참고문헌들을 주석에 넣었으며, 게다가 어떠한 논의든지 (언제나 비록 짧더라도) 우리가 빚지고 있는 자료들을 함께 제시했다. 따라서 상당한 분량의 주석이 불가피해졌다. 이것은 학문적인 것Wissenschaftlichkeit의 의례를 따르기 위해서라기보다는, 역사적인 감사를 표해야 하는 요구에 충실하기 위해서이다.

1962년 여름 오스트리아 서부 알프스 산 아래서, (가끔은) 산 위에서 여유로운 대화 가운데 처음 시작된 프로젝트가 바로 이 책으로 실현되었다. 이 책을 위한 첫번째 계획은 1963년 초에 작성되었다. 그 당시에는 다른 한 명의 사회학자와 두 명의 철학자가 참여하기로 되어 있었다. 여러 개인적인 이유들로 이 프로젝트에 실제로 참여하지 못했지만, 현재 프랑크푸르트 대학에 있는 한스프리트 켈너Hansfried Kellner와 현재 프랑스고등연구원에 있는 스탠리 풀버그Stanley Pullberg가 지속적으로 보내준 비판적 논평에 대해 깊은 감사를 표하고 싶다.

우리가 고故 알프레드 슈츠Alfred Schütz에게 얼마나 빚을 지고 있는지는 이 책의 여러 부분에서 명백해질 것이다. 그러나 우리는 슈츠의 가르침과 저서가 우리의 사고에 미친 영향을 여기에 표하고 싶다. 베버에 대한 우리의 이해는 사회조사 뉴스쿨New School for Social Research의 대학원 교수인 카를 마이어Carl Mayer로부터, 뒤르케임과 그의 학파에

대한 이해는 역시 같은 대학원 교수인 알베르트 살로몬Albert Salomon
으로부터 얻은 것이다. 루크만은 호바트 대학에서 공동 강의를 하면서
그리고 다른 여러 기회에 나눈 많은 유용한 대화들을 상기하면서, 지
금은 프랑크푸르트 대학에 있는 프리드리히 텐브루크Friedrich Tenbruck
의 생각을 높이 평가하고자 한다. 그리고 버거는 브랜다이스 대학의
커트 울프Kurt Wolff와 레이던 대학의 안톤 지더벨트Anton Zijderveld가
이 책에 담겨 있는 사상들이 발전해가는 데 지속적으로 보여준 비판적
인 관심에 고마움을 전하고자 한다.

　이런 종류의 프로젝트에서 아내와 자녀들 그리고 아직 제도권에 자
리를 잡지 못한 다른 개인적 동료들의 여러 보이지 않는 공헌들을 언급
하는 것이 관례이다. 만약 이러한 관례를 따르지 않을 수 있다면, 우리
는 이 책을 포르알베르크의 브란트 마을에서 요들송을 들려준 이에게
바치고 싶었다. 그러나 우리는 헌터 대학의 브리짓 버거Brigitte Berger와
프라이부르크 대학의 베니타 루크만Benita Luckmann에게, 과학과는 무
관한 어떤 개인적인 역할을 해줘서가 아니라, 사회과학자로서 보여준
비판적인 관찰과 쉽게 감동받기를 줄곧 거부해온 것에 대해 고마운 마
음을 전하고 싶다.

피터 L. 버거

토마스 루크만

차례

지식사회학의 문제

이 책에서 논의하는 기본적인 주장은 책의 제목과 부제가 암시하고 있는 바처럼, 실재는 사회적으로 구성되며 지식사회학은 이 실재의 사회적 구성이 일어나는 과정을 분석해야 한다는 것이다. 이 주장에서 핵심적인 용어는 '실재reality'와 '지식knowledge'인데, 이 용어들은 일상적인 대화에서 흔히 사용될 뿐만 아니라, 그 이면에 오랜 철학적 탐구의 역사를 지니고 있다. 여기서 이 용어들의 일상적인 또는 철학적인 용법에 있어서 의미론적인 복잡함에 대해 논의할 필요는 없다. 이 책의 목적을 위해서는, '실재'를 우리가 우리 자신의 의지로부터 독립적으로 존재한다고 인정하는 현상에 부속되는 특질(우리는 이러한 현상들이 '사라지기를 원할' 수 없다)로 정의하고, '지식'을 현상이 실재하며 특정한 특성들을 지니고 있다는 확신으로 정의하는 것으로 충분할 것이다. 이 용어들이 평범한 사람과 철학자 모두에게 관련성을 가지는 것은 바로 이러한 (의심할 여지없이 단순한) 의미에서이다. 비록 그 정도는 다르겠지만 일반인들은 그에게 '실재하는real' 세계에서 살고 있으며, 확신하는 정도는 다를지라도 이 세계가 이러저러한 특징을 지니고 있다는 점을 '안다knows.' 철학자는 물론 '실재'와 '지식'의 궁극적인 지위에 대한 물음을 제기할 것이다. **무엇이 실재하는가? 인간은 어떻게 아는가?** 이는 철학적인 탐구에 적합한 물음일 뿐 아니라 인간 사상의 가장 오래된 물음들 가운데 하나이다. 바로 이런 이유 때문에, 사회학자가 이 오래 전해져 내려온 지적 영역에 주제넘게 끼어드는 것은 일반인의 눈살을 찌푸리게 할 수도 있고, 심지어 철학자들을 분노하게 할 수도 있을 것이다. 그러므로 먼저 사회학의 맥락에서 이 용어들이 어떻게 사용되는지 그 의미를 명백히 하고, 곧이어 철학이 선점해온 이 오래된 물음들에 대하여 사회학이 해답을 가지고 있다는 식으로 뽐내려는 것이 아니라는 점을 밝히는 것이 중요하겠다.

이후 논의에서 세심한 주의를 기울이고자 한다면, 앞서 언급한 두 용어들을 사용할 때마다 따옴표를 붙여야 하겠지만, 그러면 문체상으로 어색할 것이다. 그러나 따옴표를 통해서 이 용어들이 사회학의 맥락에서 나타나는 특유한 방식들에 대한 단서를 말해줄 수 있을 것이다. '실재'와 '지식'에 대한 사회학적 이해는 일반인의 이해와 철학자의 이해 사이의 어딘가에 있다고 말할 수 있다. 일반인은 대개의 경우 어떤 문제에 당면하지 않는 한, 그에게 무엇이 '실재하고' 그가 무엇을 '아는가' 하는 문제로 고민하지 않을 것이다. 그는 그의 '실재'와 '지식'을 당연하게 받아들인다. 사회학자는 그렇게 할 수 없다. 왜냐하면 평범한 사람들이 각 사회마다 각기 다른 '실재들'을 당연한 것으로 받아들인다는 사실을 체계적으로 의식하기 때문이다. 무엇보다 사회학의 논리 자체가 사회학자에게 두 '실재들' 사이의 차이가 두 사회 사이의 다양한 차이들과의 관계에서 이해될 수 없는지 묻도록 강요한다. 반면에 철학자는 어떤 것도 당연하다고 받아들이지 않으며, 일반인이 '실재'와 '지식'이라고 믿는 것의 궁극적 지위를 최대한 명백히 밝히도록 직업적으로 요구된다. 달리 말하자면, 철학자는 어디에 따옴표를 쳐야 하는지, 어디에서 따옴표가 생략돼도 무방한지 결정해야 한다. 즉, 세계에 대하여 타당한 주장과 타당하지 않은 주장을 구분해야 하는 것이다. 사회학자는 아마도 이러한 일을 할 수는 없을 것이다. 사회학자는 문체상으로는 어색할지라도 논리적으로 따옴표를 떨쳐내지 못한다.

예를 들자면, 일반인은 그가 '의지의 자유'를 가지고 있고 따라서 자신의 행위에 대해 '책임이 있다'고 믿는 동시에, 어린 아기나 정신이상자에게는 이러한 '자유'나 '책임'이 있다는 것을 부인할 것이다. 철학자는 어떠한 방법으로든지 이러한 개념들의 존재론적, 인식론적 지위에 대해 탐구할 것이다. **인간은 자유로운가? 책임이란 무엇인가? 책임의 한계는 어디까지인가? 인간은 이러한 것들을 어떻게 알 수 있는가?** 등등. 말할 필요도 없이, 사회학자는 이러한 물음들에 해답을 제시할 수 있는 위치에 있지 않다. 그러나 사회학자가 할 수 있고 해야 하는 일은, '자유'라는 개념이 어떻게 한 사회에서는 당연하다고 받아들여지는데 다른 사회에서는 그렇지 않게 되는지, 자유의 '실재'가 어떻게 한 사회에서는 유지되는데, 보다 더 흥미롭게도 다른 사회에서는 개인이나 전체 사회에서 상실될 수 있는지 묻는 것이다.

그래서 '실재'와 '지식'의 물음에 대한 사회학적 관심은 애초부터 그 개념들이 사회적으로 상대적이라는 사실에 의해서 정당화된다. 티베트 승려에게 '실재하는' 것은 미국의 사업가에게는 '실재하는' 것이 아닐 수도 있다. 범죄자의 '지식'은 범죄학자의 '지식'과는 다르다. 따라서 ‘실재’와 ‘지식’의 특정한 결합은 특정한 사회적 맥락과 관련되며, 이 관계들은 그 맥락에 대한 적절한 사회학적 분석에 포함되어야만 할 것이다. 그래서 사회 안에서 당연하게 ‘지식’이라고 받아들여지는 것들이 사회마다 눈에 띄게 다르다는 사실은 이미 ‘지식사회학’이 필요하다는 것을 보여준다. 그러나 이것을 넘어서서, 지식사회학이라는 이름을 가진 이 학문 분야는 ‘실재들’이 인간 사회에서 ‘지식’으로 받아들여지는 일반적인 방식들에 관심을 두어야 할 것이다. 달리 말하자면, ‘지식사회학’은 인간 사회에서 ‘지식’의 경험적 다양성뿐만 아니라, **어떠한** ‘지식’체가 사회적으로 ‘실재’**로서** 성립되게 되는 과정들을 다루어야 할 것이다.

그러므로 지식사회학은 한 사회에서 ‘지식’으로 여겨지는 것이라면 무엇이든지, (어떤 기준에 의해서든) 그 ‘지식’의 궁극적인 타당성 여부에 관계없이 관심을 두어야 한다는 것이 우리의 주장이다. 모든 인간 ‘지식’이 사회적 상황 안에서 발전되고 전달되고 유지되는 한, 지식사회학은 하나의 ‘실재’가 일반인들에게 당연한 것으로서 굳어지게 되는 방식으로 지식이 형성되는 과정을 이해하고자 해야 한다. 달리 말하자면, 우리는 **지식사회학은 실재의 사회적 구성을 분석**하는 것이라고 주장한다.

지식사회학에 적합한 연구 영역이 무엇이냐에 대한 이러한 이해는 40여 년 전 처음 이름 붙여진 이래 일반적으로 이해되어왔던 것과는 다르다. 그러므로 실제 논의를 시작하기 전에, 지식사회학의 과거의 발달 과정을 간단히 살펴보고, 어떤 방식으로 그리고 왜 우리가 그것에서 탈피할 필요를 느끼게 되었는지 설명하는 것이 유용할 것이다.

‘지식사회학Wissenssoziologie’이라는 용어는 막스 셸러Max Scheler[1]에 의해 만들어졌다. 때는 1920년대, 장소는 독일, 그리고 셸러는 철학자였다. 이러한 세 가지 사실은 이 새로운 학문 분야의 생성과 이후의 발전을 이해하는 데 상당히 중요하다. 지식사회학은 독일 지성사의 독특한 상황과 철학적 맥락에서 생겨났다. 이 새 학문 분야는 이후 사회학적 맥락 안으로, 특히 영어권으로 도입되었지만, 지식사회학이 등장하게 된 독특한 지적 상황의 문제들이 계속하여 지식사회학을 특징지었다. 결과적으로, 지식사회학은 1920년대 독일 사상가들이 고민하던 특정한 문제를 공유하지 못하는 대부분의 사회학자들 사이에서 주변적인 관심사에 머물렀다. 이는 특히 지식사회학을 주로 완고한 유럽 취향의 주변적 전문 분과로 보았던 미국 사회학자들에게 더욱 그러했다. 그러나 보다 결정적으로, 지식사회학이 애초의 문제들에 지속적으로 매여 있었다는 사실이 지식사회학에 대해 관심이 있는 곳에서조차 이론적인 약점으로 작용했다. 즉, 지식사회학은 그 주창자들과 그에 대해 다소 무관심한 전반적인 사회학계에서 사상사에 대한 일종의 사회학적 해설로 여겨져왔다. 이 사실은 지식사회학의 잠재적인 이론적 중요성에 대하여 상당히 근시안적인 시각을 초래했다.

지식사회학의 성격과 범위에 대하여 각기 다른 정의들이 있었다. 사실상 지금까지 이 하위 학문 분야의 역사는 바로 이러한 여러 정의들의 역사라고도 말할 수 있을 것이다. 그럼에도 불구하고, 지식사회학이 인간의 사고와 그것이 생겨나는 사회적 맥락과의 관계를 다룬다는 취지에 대해서는 일반적인 합의가 있어왔다. 그러므로 지식사회학은 훨

---

1) Max Scheler, *Die Wissensformen und die Gesellschaft*(Bern: Francke, 1960)〔『지식의 형태와 사회』 1·2, 정영도·이을상 옮김, 한길사, 2011〕를 참조하라. 1925년에 처음 출판된 이 논문 모음집 가운데, 원래 그보다 한 해 전에 출판된 "Probleme einer Soziologie des Wissens"라는 제목의 글에 지식사회학의 기본 정식이 담겨 있다.

씬 더 일반적인 문제, 곧 사고 그 자체의 존재구속성Seinsgebundenheit
에 사회학적 초점을 맞춘다. 여기서는 사회적 요인에 집중하고 있지만,
(역사적, 심리적 또는 생물학적인) 다른 요인들이 인간의 사고에 결정적인
것으로 제안될 때에도 비슷한 이론적 어려움이 야기된다. 이 모든 경우
에 일반적인 문제는 사고가 제시된 구속 요인들을 어느 정도 반영하는
가 또는 그로부터 어느 정도 독립적인가 하는 것이다.

최근 독일 철학에서 그 일반적인 문제가 두드러지게 된 것은 19세기
독일의 위대한 지적 결실 가운데 하나인 역사학 지식의 거대한 축적에
그 뿌리를 두고 있는 듯하다. 지성사의 다른 어느 시기와도 견줄 수 없
을 정도로, 그 과거는 과학적인 역사학의 학문적 노력을 통해 놀랍도
록 다양한 형식의 사고로서 현대인의 마음에 '자리 잡게' 되었다. 독일
학자들이 역사학에서 주요한 자리를 차지한다는 데는 이견이 없을 것
이다. 결론적으로 독일학계에 던져진 이론적 질문들이 독일에서 가장
날카롭게 감지되었다는 것은 결코 놀랄 일이 아니다. 이 문제는 상대성
의 현기증vertigo of relativity이라고 표현될 수 있을 것이다. 그 문제의 인
식론적 차원은 명백하다. 경험적인 수준에서, 그 문제는 사고와 그 역
사적 상황 사이의 구체적인 관계들을 가능한 한 공들여 조사하도록
관심을 이끌었다. 이러한 해석이 옳다면, 지식사회학은 — 확실히 초점
은 더 좁지만, 본질적으로 같은 물음들에 대한 관심을 가지고 — 원래
역사학자들이 제기한 문제를 다루는 것이다.[2]

그것을 일반적인 문제로 다루든 보다 초점을 좁혀서 보든, 모두 새

---

2) Wilhelm Windelband and Heinz Heimsoeth, *Lehbuch der Geschichte der Philo-
sophie* (Tübingen: Mohr, 1950), pp. 605 이하를 참조하라.

로운 것은 아니다. 가치와 세계관의 사회적 기초에 대한 인식은 고대에
도 있었다. 계몽주의까지만 거슬러 올라가 보아도 이러한 인식은 근대
서구 사상의 주요한 주제를 이루었다. 그러므로 지식사회학의 핵심 문
제들에 대한 다수의 '계보들genealogies'을 만드는 것도 가능할 것이다.[3]
심지어 피레네 산맥의 한쪽에서 진리인 것이 다른 쪽에서는 잘못이라
는 파스칼의 유명한 말에 그 문제의 핵심이 담겨 있다고 말할 수도 있
을 것이다.[4] 그러나 지식사회학의 직접적인 지적 선구자들은 19세기
독일에서 발전한 세 사상, 곧 마르크스주의자, 니체주의자, 역사주의
자였다.

　　지식사회학의 근본 명제, 곧 인간의 의식은 그의 사회적 존재에 의해
결정된다는 명제는 마르크스로부터 유래했다.[5] 확실히, 마르크스가
어떤 종류의 결정을 염두에 두고 있었는지에 대해서는 많은 논쟁이 있
었다. 지식사회학의 시초뿐 아니라 일반적으로 사회학의 '고전 시대'를
특징지었던 (특히 베버, 뒤르케임, 파레토Vilfredo Pareto의 저작들에 분명하
게 나타나는) '마르크스와의 위대한 싸움'의 상당 부분은, 실제로는 마
르크스 이후 마르크스주의자들의 잘못된 해석과의 싸움이었다고 말
해도 과언이 아니다. 매우 중요한 저작인 『1844년의 경제학 철학 초
고』가 1932년에서야 재발견되었고, 이 재발견이 함축하는 의미를 마

---

3) Albert Salomon, *In Praise of Enlightenment* (New York: Meridian Books, 1963); Hans
　　Barth, *Wahrheit und Ideologie* (Zurich: Manesse, 1945); Werner Stark, *The Sociology
　　of Knowledge* (Chicago: Free Press of Glencoe, 1958), pp. 46 이하; Kurt Lenk(ed.),
　　Ideologie (Neuwied/Rhein: Luchterhand, 1961), pp. 13 이하를 참조하라.
4) Blaise Pascal, *Pensée* (1670), v. 294 [『팡세』(개정판), 김형일 옮김, 서울대학교출판문화원,
　　2010, 46쪽].
5) Karl Marx, *Die Frühschriften* (Stuttgart: Kröner, 1953)을 참조하라. 『1844년의 경제학 철
　　학 초고』는 pp. 225 이하에서 찾을 수 있다.

르크스 연구에 충분히 이용할 수 있게 된 것이 2차 세계대전 이후였다
는 점을 상기해보면, 이 주장은 그럴듯하다. 그럼에도 불구하고, 지식
사회학은 마르크스로부터 가장 예리한 핵심 문제 구성뿐 아니라 주요
개념들——그 가운데 특히 '이데올로기'(사회적 이해관계에 봉사하는 무기
로서의 사상)와 '허위의식'(생각하는 주체의 진정한 사회적 존재로부터 소외
된 사고)이 언급되어야 한다——도 물려받았다.

　지식사회학은 특히 마르크스의 '하부구조/상부구조Unterbau/Ueber-
bau'라는 쌍둥이 개념에 매료되어왔다. 마르크스 고유의 사상에 대한
정확한 해석을 두고 논쟁이 불타올랐던 곳이 바로 여기다. 이후 마르
크스주의는 '하부구조'를 간단히 경제구조에 일치시키면서, (예컨대, 레
닌처럼) '상부구조'를 '하부구조'의 직접적인 '반영reflection'으로 여기는
경향이 있었다. 이러한 견해는 마르크스의 사상을 명백히 잘못 해석하
고 있다. 왜냐하면 이런 종류의 경제결정론은 변증법적이라기보다는
기계적이라서 회의를 불러일으키기 때문이다. 마르크스의 관심사는
인간 사고가 인간 활동과 이 활동에 의해 만들어진 사회적 관계 안에
서 형성된다는 것이었다. '하부구조'와 '상부구조'는 각기 인간 활동(가
장 넓은 의미에서 '노동')과 그 활동에 의해 생산된 세계로 볼 때 가장 잘
이해된다.[6] 어쨌든 근본적인 '하부/상부구조' 도식은 셸러에서 시작되

---

6) 마르크스의 하부구조/상부구조 도식에 대해서는 다음을 참조하라. Karl Kautsky, "Ver-
　hältnis von Unterbau und Ueberbau," in Iring Fetscher(ed.), *Der Marxismus*(Munich:
　Piper, 1962), pp. 160 이하; Antonio Labriola, "Die Vermittlung zwischen Basis und
　Ueberbau," 같은 책, pp. 167 이하; Jean-Yves Calvez, *La pensée de Karl Marx*(Paris:
　Editions du Seuil, 1956), pp. 424 이하. 이 문제에 대한 20세기의 가장 중요한 정식화는 죄
　르지 루카치György Lukács의 책 *Geschichte und Klassenbewusstsein*(Berlin, 1923)〔『역
　사와 계급의식』(제4판), 박정호·조만영 옮김, 거름, 1999〕에서 이루어졌다. 오늘날에는 불
　어 번역판 *Histoire et conscience de classe*(Paris: Éditions de Minuit, 1960)를 더 쉽게 구

어, 항상 사고와 사고가 아닌 '근본적인underlying' 실재 사이에 모종의 관계가 있다는 이해와 함께 지식사회학에 다양한 형태로 수용되어왔다. 지식사회학의 많은 부분이 명백히 마르크스주의에 반대하여 발전되었고, 이 도식의 두 구성 요소 사이에 존재하는 관계의 본질에 대하여 다양한 입장들이 있어왔다는 사실에도 불구하고, 그 도식의 매력은 지배적이었다.

니체의 사상은 지식사회학에서 덜 뚜렷하게 나타나고 있지만, 지식사회학의 일반적인 지적 배경과 지식사회학이 등장하게 된 '분위기'에 속한다. 니체의 반反관념론anti-idealism은, 형식면에서는 마르크스와 비슷하지만 내용 면에서는 다름에도 불구하고, 인간 사고를 생존과 권력을 위한 투쟁에서의 하나의 도구로서 볼 수 있게 하는 시각을 부여했다.[7] 니체는 기만과 자기기만의 사회적 중요성과 삶의 필수 조건으로서 환상에 대한 분석에서 자신의 고유한 '허위의식' 이론을 발전시켰다. 니체의 '원한resentment' 개념은 특정한 형태의 인간 사고의 생성 요인으로서, 셸러에 의해 직접적으로 차용되었다. 가장 일반적으로 말해서, 지식사회학은 니체가 적절하게 '불신의 예술art of mistrust'이라고 불렀던 것의 구체적인 적용을 의미한다고 할 수 있다.[8]

해 볼 수 있다. 마르크스의 변증법에 대한 루카치의 이해는 『1844년의 경제학 철학 초고』가 재발견된 것보다 거의 10년이나 앞섰다는 점에서 더더욱 주목할 만하다.

7) 지식사회학 분야에서 가장 중요한 니체의 저작은 『도덕의 계보학The Genealogy of Morals』과 『권력에의 의지The Will to Power』이다. 이차적인 논의를 위해서는 Walter A. Kaufmann, *Nietzsche*(New York: Meridian Books, 1956)와 Karl Löwith, *From Hegel to Nietzsche*(New York: Holt, Rinehart and Winston, 1964)〔『헤겔에서 니체로』, 강학철 옮김, 민음사, 2006〕를 참조하라.

8) 니체의 사상을 지식사회학에 적용시킨 가장 최초이자 가장 흥미로운 작업은 알프레트 자이델Alfred Seidel의 *Bewusstsein als Verhängnis*(Bonn: Cohen, 1927)이다. 베버의 제자였

특히 빌헬름 딜타이Wilhelm Dilthey의 저작에 나타난 것과 같은 역사주의는 지식사회학에 직접적으로 선행하는 것이었다.[9] 여기서 지배적인 주제는 인간 사건들을 바라보는 관점들의 상대성, 곧 인간 사고의 불가피한 역사성에 대한 압도적인 감각이었다. 모든 것은 그것이 일어난 특수한 역사적 상황을 생각하지 않고는 이해될 수 없다는 역사주의자의 주장은 곧바로 사고의 사회적 상황을 강조하는 것으로 풀이될 수 있다. '입장구속성Standortgebundenheit'과 '삶의 자리Sitz im Leben'와 같은 특정한 역사주의 개념들도 곧바로 사고의 '사회적 위치'를 가리키는 것으로 풀이될 수 있다. 보다 일반적으로, 지식사회학에 대한 역사주의의 유산은 지식사회학으로 하여금 역사에 대하여 강한 관심을 가지고 필수적으로 역사적 방법을 사용하는 경향을 갖도록 했다. 이 사실은 미국 사회학의 환경에서 지식사회학을 주변적인 것으로 만드는 부수적 결과를 가져왔다.

셸러가 가졌던 지식사회학과 사회학적 물음 일반에 대한 관심은 그의 전체 철학적 이력에서는 스쳐 지나가는 에피소드에 불과했다.[10] 그

던 자이델은 의식consciousness에 대한 과격한 사회학적 비판과 함께 니체와 프로이트를 결합하려고 시도했다.

9) 역사주의와 사회학의 관계에 대한 가장 함축적인 논의 가운데 하나는 카를로 안토니 Carlo Antoni의 *Dallo storicismo alla sociologia*(Florence, 1940)〔『역사학에서 사회학으로』, 이광주 옮김, 문학과지성사, 1982〕이다. 또한 스튜어트 휴스H. Stuart Hughes의 *Consciousness and Society*(New York: Knopf, 1958), pp. 183 이하〔『의식과 사회』, 김창희 옮김, 개마고원, 2007〕를 참조하라. 현재 우리의 고찰을 위해서 가장 중요한 빌헬름 딜타이의 저작은 *Der Aufbau der geschichtlichen Welt in den Geisteswissenschaften*(Stuttgart: Teubner, 1958)〔『정신과학에서 역사적 세계의 건립』, 김창래 옮김, 아카넷, 2009〕이다.

10) 셸러의 지식사회학 개념에 대한 탁월한 논의로는 Hans-Joachim Lieber, *Wissen und Gesellschaft*(Tübingen: Niemeyer, 1952), pp. 55 이하를 참조하라. 또한 Werner Stark, *The Sociology of Knowledge*의 여러 곳을 참조하라.

의 최종 목표는 역사적으로 그리고 사회적으로 위치 지어진 특정 관점들의 상대성을 초월하는 하나의 철학적 인간학을 세우는 것이었다. 지식사회학은 이 목표를 달성하기 위한 도구였으며, 그 목적은 상대성에 의해 야기되는 어려움들을 제거하여 진정한 철학적 과업이 진전될 수 있도록 하는 것이었다. 셸러의 지식사회학은 진정한 의미에서 철학의 시녀, 곧 그 철학의 부속물이었다.

이런 경향에 따라, 셸러의 지식사회학은 본질적으로 부정적인 방법이다. 셸러는—명백히 마르크스의 '하부/상부구조' 도식을 상기시키는 용어들인—'관념적 요소Idealfaktoren'와 '실재적 요소Realfaktoren' 사이의 관계는 단지 규제적인 관계라고 주장했다. 즉, '실재적 요소'는 특정한 '관념적 요소'가 역사에 출현하게 하는, 그러나 그 내용에는 영향을 미칠 수 없는 조건을 규정한다. 다른 말로, 사회는 존재Dasein를 결정하지만, 관념의 본질Sosein은 결정하지 않는다. 그렇다면 지식사회학은 관념적 내용의 사회–역사적 선택을 연구하는 절차이다. 여기서 그 내용 자체는 사회·역사적 인과로부터 독립적이며, 그래서 사회학적 분석으로는 접근할 수 없는 것으로 이해된다. 만약 셸러의 방법을 그림으로 묘사한다면, 오로지 존재론적 확실성의 성 안으로 더 잘 들어가기 위해 상대성의 용에게 큰 선물을 던져주는 것과 같다.

의도적으로 (그리고 불가피하게) 온건한 틀 안에서, 셸러는 인간 지식이 사회에 의해 질서 지어지는ordered 방식을 상당히 자세하게 분석했다. 그는 인간 지식이 개인 경험에 선험적으로*a priori* 사회 안에 주어져 있으며, 그 경험에 의미의 질서를 부여한다는 것을 강조했다. 이 질서는 특정한 사회·역사적 상황에 관련되어 있지만, 개인에게는 세계를 바라보는 자연적인 방식으로 나타난다. 셸러는 이것을 사회의 '상대적·자연적 세계관relativnatürliche Weltanschauung'이라고 불렀으며, 이 개념은 여전히 지식사회학의 핵심으로 여겨질 수 있다.

셸러가 지식사회학을 '발명'한 이래로, 독일에서는 이 새로운 학문 분야의 타당성, 범위, 적용 가능성에 대하여 폭넓은 논쟁이 있었다.[11] 이 논쟁으로부터 지식사회학을 보다 좁은 사회학적 맥락으로 위치를 옮기게 한 하나의 정식화가 생겨났다. 영어권에 도달한 지식사회학은 바로 이 정식화에 따르는 것으로, 카를 만하임Karl Mannheim에 의해 만들어졌다.[12] 오늘날 사회학자들이 지식사회학을 옹호하든 반대하든 간에, 그들은 만하임의 지식사회학에 대한 정식화를 두고 그렇게 하는 것이라고 말해도 과언이 아니다. 미국 사회학계에서 만하임의 모든 저작을 영어로 읽을 수 있었던 반면, 셸러의 지식사회학에 대한 저작은 당

---

11) 이 시기 독일 사회학의 전반적인 발전에 대해서는 Raymond Aron, *La sociologie allemande contemporaine*(Paris: Presses Universitaires de France, 1950)를 참조하라. 지식사회학에 대한 이 시기의 주요한 기여에 대해서는 다음을 참조하라. Siegfried Landshut, *Kritik der Soziologie*(Munich, 1929); Hans Freyer, *Soziologie als Wirklichkeitswissenschaft*(Leipzig, 1930); Ernst Grünwald, *Das Problem der Soziologie des Wissens*(Vienna, 1934); Alexander von Schelting, *Max Webers Wissenschaftslehre*(Tübingen, 1934). 마지막에 언급된 셸팅의 저작은 지식사회학의 논쟁을 배경에 두고, 셸러와 만하임의 정식화를 중심으로 이해되어야 한다.

12) Karl Mannheim, *Ideology and Utopia*(London: Routledge & Kegan Paul, 1936)〔『이데올로기와 유토피아』, 임석진 옮김, 김영사, 2012〕; *Essays on the Sociology of Knowledge*(New York: Oxford University Press, 1952); *Essays on the Sociology of Culture*(New York: Oxford University Press, 1956). 지식사회학에 대한 만하임의 가장 중요한 저작들에 대한 개요는 커트 울프Kurt Wolff가 엮고 서문을 써서 펴낸 Karl Mannheim, *Wissenssoziologie*(Neuwied/Rhein: Luchterhand, 1964)에 있다. 만하임의 지식사회학 개념에 대한 이차적인 논의는 다음을 참조하라. Jacques J. Maquet, *Sociologie de la connaissance*(Louvain: Nauwelaerts, 1949); Raymond Aron, *La sociologie allemande contemporaine*; Robert K. Merton, *Social Theory and Social Structure*(Chicago: Free Press of Glencoe, 1957), pp. 489 이하.; Werner Stark, *The Sociology of Knowledge*; Hans-Joachim Lieber, *Wissen und Gesellschaft*.

시에 영어로 번역되지 않았다는 것을 상기한다면, 이 점을 쉽게 이해할 수 있을 것이다(만하임의 몇몇 저작은 독일에서 나치즘이 등장한 이후 만하임이 영국에서 강의하던 시기에 영어로 쓰였거나 영어 개정판으로 나왔다). 이런 '보급'의 요인은 제쳐놓더라도, 만하임의 저작은 셸러의 저작보다는 철학적 '짐'의 무게가 덜했다. 이는 만하임의 후기 저작에서 특별히 더 그러했으며, 그의 주 저작인 『이데올로기와 유토피아』의 영어판과 독일어 원전을 비교해보면 잘 드러난다. 그래서 만하임은 그의 접근에 비판적이었거나 별로 관심을 두지 않았던 사회학자들에게조차도 보다 더 '마음에 맞는congenial' 인물이 되었다.

만하임의 지식사회학에 대한 이해는 셸러의 이해보다 훨씬 더 폭이 넓었다. 그것은 아마도 마르크스주의와의 대결이 그의 저작 속에 더 뚜렷했기 때문일 것이다. 여기서 사회는 수학과 적어도 자연과학의 일부분들을 제외하고는, 인간 관념 형성ideation의 외양뿐 아니라 내용을 결정하는 것으로 이해된다. 그래서 지식사회학은 인간 사고의 거의 모든 측면을 연구하는 긍정적 방법이 되었다.

중요한 점은 만하임의 주된 관심이 이데올로기 현상이었다는 것이다. 그는 이데올로기 개념을 특수한 이데올로기, 총체적 이데올로기, 그리고 일반적 이데올로기 — 즉 적대자opponent의 사고의 일부만을 구성하는 이데올로기, (마르크스의 허위의식과 유사한) 적대자의 사고의 총체를 구성하는 이데올로기, 그리고 (여기서 만하임이 마르크스를 넘어서고 있다고 생각했던) 적대자의 사고뿐 아니라 자신의 사고도 특징짓는 이데올로기 — 로 구별했다. 일반적 이데올로기 개념을 사용하여, 지식사회학은 (앞서 언급한 예외는 제외하고) 인간의 어떠한 사고도 그 사회적 맥락의 이데올로기화하는 영향을 받지 않는 것은 없다는 이해에 도

달했다. 만하임은 이러한 이데올로기 이론의 확장을 통해 이론의 핵심 문제를 정치적으로 사용되는 맥락으로부터 분리해내어 그것을 인식론과 역사사회학의 일반 문제로 취급하려고 했다.

만하임은 셸러의 존재론적 포부를 공유하지 않았지만, 그 역시도 그의 생각이 이르게 된 범汎이데올로기주의pan-ideologism에 대해서는 불편해했다. 그는 그의 지식사회학의 인식론적 관점을 가리키기 위해 ('상대주의'와 구별하여) '상관주의relationism'란 용어를 만들었다. 그 개념은 사고가 사회·역사적 상대성 앞에 항복한다는 것이 아니라, 지식은 항상 어떤 특정한 입장에서의 지식이어야 한다는 깨어 있는 인식을 의미한다. 아마도 딜타이는 이 지점에서 만하임의 생각 — 마르크스주의의 문제는 역사주의의 도구들에 의해 해결된다 — 에 중요한 영향을 미쳤을 것이다. 만하임은 이데올로기화하는 영향력을 완벽하게 제거할 수는 없다고 하더라도, 다양하게 사회적으로 근거 지어진 입장들을 가능한 많이 체계적으로 분석함으로써 경감시킬 수 있다고 믿었다. 달리 말하자면, 사고의 대상은 사고에 대한 각기 다른 입장들이 이와 같이 축적됨에 따라 점차적으로 보다 분명해진다. 이것은 지식사회학의 과제가 될 것이며, 따라서 인간에게 일어나는 사건들에 대한 어떠한 정확한 이해를 추구하는 데 중요한 도움이 될 것이다.

만하임은 사회 집단마다 자신들의 좁은 입장을 초월하는 능력이 천차만별이라고 믿었다. 그는 상대적으로 계급적 이해로부터 자유롭다고 믿었던 일종의 중간계급interstitial stratum인, "사회적으로 매여 있지 않은 지식인freischwebende Intelligenz"(알프레트 베버Alfred Weber로부터 유래한 용어이다)에게 희망을 걸었다. 만하임은 또한 유토피아적 사고의 힘을 강조했는데, 이는 (이데올로기와 같이) 사회적 실재의 왜곡된 이미지를 생산하지만, (이데올로기와는 다르게) 실재를 유토피아적 사고의 실재 이미지로 변형시키는 활력을 가지고 있다.

말할 필요도 없이, 위의 언급들을 통해 셸러나 만하임의 지식사회학 개념을 결코 정당하게 평가할 수 없다. 그들을 평가하는 것은 이 책에서 우리의 의도가 아니다. 우리는 단지 각각 '온건한moderate' 지식사회학과 '과격한radical' 지식사회학이라 불리어왔던 두 개념들의 몇몇 주요 특질들을 보여주었다.[13] 눈에 띄는 것은 이후의 지식사회학의 발전이 주로 이 두 개념들에 대한 비판과 수정으로 이루어졌다는 점이다. 우리가 이미 지적한 바와 같이, 지식사회학에 대한 만하임의 정식화는 특히 영어권의 사회학에서 지속적으로 지식사회학 연구의 기초와 범위를 정의하는 준거가 되었다.

지식사회학에 진지한 관심을 보인 가장 중요한 미국 사회학자는 로버트 머튼Robert Merton이었다.[14] 지식사회학에 대한 논의는 그의 주요 저작에서 두 장을 차지하는데, 이는 그 분야에 관심을 가졌던 미국 사회학자들에게 유용한 입문서 역할을 했다. 머튼은 지식사회학의 주요 주제들을 압축적이고 일관되게 재서술하여 지식사회학을 위한 하나의 패러다임을 만들었다. 이 패러다임 구성은 지식사회학적 접근과 구조기능주의 이론의 접근을 통합하려고 했다는 점에서 흥미롭다. 머튼의 '드러난manifest' 기능과 '숨은latent' 기능이라는 두 개념은 관념 형성의 영역에 적용되어, 의도되고 의식적인 관념의 기능과 의도되지 않은 무의식적인 관념의 기능이라는 구분으로 나타났다. 머튼은 그에게 있어

---

13) 이렇게 지식사회학을 두 가지로 정식화하여 특징지은 것은 Hans-Joachim Lieber, *Wissen und Gesellschaft*에서였다.

14) Robert K. Merton, *Social Theory and Social Structure*, pp. 439 이하를 참조하라.

가장 뛰어난 지식사회학자였던 만하임의 저작에 초점을 모으는 한편, 뒤르케임 학파와 피티림 소로킨Pitirim Sorokin의 저작의 중요성을 강조했다. 머튼이 같은 책의 다른 부분에서 논의하고 있는 준거집단 이론 같은 미국의 사회심리학에 있어서 중요한 발전이 지식사회학과 관련이 있음을 보지 못한 것은 흥미롭다.

탤컷 파슨스Talcott Parsons 역시 지식사회학에 대하여 논평했다.[15] 그러나 이 논평은 주로 만하임에 대한 비판에 그칠 뿐, 파슨스 자신의 이론적 체계 안에 지식사회학을 통합하고자 하는 시도는 아니었다. 파슨스의 이론 체계 안에서 "관념의 역할 문제"가 길게 분석되어 있는 것은 확실하지만, 그 준거들은 셸러나 만하임의 지식사회학과는 꽤 달랐다.[16] 그러므로 우리는 머튼이나 파슨스 모두 만하임에 의해 정식화된 지식사회학을 어떤 식으로든 결정적으로 넘어서지 못했다고 감히 말하고자 한다. 머튼과 파슨스의 비판자들에 대해서도 같은 말을 할 수 있겠다. 가장 대표적인 인물로서 라이트 밀스C. Wright Mills는 초기 저작에서 지식사회학을 다루었으나, 소개하는 정도에 그쳤으며 지식사회학의 이론적 발전에는 기여하지 못했다.[17]

독일로부터 이주한 이후 스칸디나비아 사회학에 크게 영향을 미쳤

---

15) Talcott Parsons, "An Approach to the Sociology of Knowledge," *Transactions of the Fourth World Congress of Sociology* (Louvain: International Sociological Association, 1959), Vol. VI, pp. 25 이하; "Culture and the Social System," in Talcott Parsons et. al.(eds.), *Theories of Society* (New York: Free Press, 1961), Vol. II, pp. 963 이하를 참조하라.

16) Talcott Parsons, *The Social System* (Glencoe, IL: Free Press, 1951), pp. 326 이하를 참조하라.

17) C. Wright Mills, *Power, Politics and People* (New York: Ballantine Books, 1963), pp. 453 이하를 참조하라.

던 테오도어 가이거Theodor Geiger는 지식사회학을 사회학 일반에 대한 신실증주의적neo-positivist 접근과 통합하고자 하는 흥미로운 시도를 했다.[18] 가이거는 이데올로기를 사회적으로 왜곡된 사상으로 정의하는 좁은 개념으로 돌아와서, 이데올로기를 극복하는 것은 과학적 표준 절차를 면밀하게 고수함으로써 가능하다고 주장했다. 이데올로기 분석에 대한 신실증주의적 접근은 최근 독일어권 사회학계에서 다양한 철학적 입장들의 이데올로기적 뿌리를 강조했던 에른스트 토피치Ernst Topitsch의 저작으로 이어졌다.[19] 만하임에 의해서 정의된 바와 같이 이데올로기에 대한 사회학적 분석이 지식사회학의 중요한 부분을 구성하는 한에서, 2차 세계대전 이래로 유럽과 미국의 사회학계 양측 모두에서 지식사회학에 대한 상당한 관심이 있었다.[20]

포괄적인 지식사회학을 만드는 데 있어서 만하임을 넘어서고자 한 가장 광범위한 시도는 유럽 대륙에서 망명하여 영국과 미국에서 가르쳤던 또 한 사람의 학자인 베르너 슈타르크Werner Stark의 저작에서 이루어졌다.[21] 슈타르크는 만하임이 이데올로기의 문제에 초점을 둔 것에서 가장 많이 벗어났다. 지식사회학의 과제는 사회적으로 생산된 왜

---

18) Theodor Geiger, *Ideologie und Wahrheit*(Stuttgart: Humboldt, 1953); *Arbeiten zur Soziologie*(Neuwied/Rhein: Luchterhand, 1962), pp. 412 이하를 참조하라.
19) Ernst Topitsch, *Vom Ursprung und Ende der Metaphysik*(Vienna: Springer, 1958); *Sozialphilosophie zwischen Ideologie und Wissenschaft*(Neuwied/Rhein: Luchterhand, 1961)를 참조하라. 켈젠Hans Kelsen의 법실증주의legal positivism 학파는 토피치에게 큰 영향을 미쳤다. 이 학파가 지식사회학에 대해 가지는 함의에 대해서는 Hans Kelsen, *Aufsätze zur Ideologiekritik*(Neuwied/Rhein: Luchterhand, 1964)을 참조하라.
20) Daniel Bell, *The End of Ideology*(New York: Free Press of Glencoe, 1960)〔『이데올로기의 종언』, 이상두 옮김, 범우사, 1999〕; Kurt Lenk (ed.), *Ideologie*; Norman Birnbaum (ed.), *The Sociological Study of Ideology*(Oxford: Blackwell, 1962)를 참조하라.
21) Werner Stark, *The Sociology of Knowledge*를 참조하라.

곡들을 까발리거나 폭로하는 것이 아니라, 지식 그 자체의 사회적 조건들에 대한 체계적인 연구라는 것이다. 간단히 말해서, 핵심 문제는 오류의 사회학이 아니라 진리의 사회학이다. 그의 독특한 접근 방법에도 불구하고, 슈타르크는 관념과 사회적 맥락 사이의 관계에 대한 이해에 있어서 아마도 만하임보다는 셸러에 더 가까울 것이다.

다시 분명하게 말하지만, 우리는 지식사회학에 대한 적절한 역사적 개관을 제공하려는 것이 아니다. 게다가 우리는 지금까지 이론적으로 지식사회학에 관련 있을 수 있으나, 그 주창자들에 의해서 그렇게 여겨지지 않던 발전들을 무시해왔다. 달리 말하자면, 우리는 우리의 논의를 (이데올로기 이론을 지식사회학의 한 부분으로 여기면서) 이를테면 '지식사회학'이라는 깃발 아래 항해해왔던 발전들에 한정지었다. 이로 인해 한 가지 사실이 명백해진다. 몇몇 지식사회학자들의 인식론적 관심을 떠나서, 경험적 초점이 거의 배타적으로 사상, 곧 이론적 사고의 영역에 맞춰져왔던 것이다. 이것은 지식사회학에 대한 자신의 주요 저작에 "사상사의 보다 깊은 이해를 돕기 위한 에세이An Essay in Aid of a Deeper Understanding of the History of Ideas"라는 부제목을 붙인 슈타르크의 경우에도 그러하다. 달리 말하자면, 지식사회학의 관심이 이론적인 수준에서는 인식론적 문제에, 경험적 수준에서는 지성사의 문제에 있었다는 것이다.

우리는 이 두 가지 문제의 타당성과 중요성에 대해서는 어떤 의구심도 없다는 점을 강조하고자 한다. 그러나 지금까지 이 두 가지 질문이 지식사회학을 지배해온 것은 불행한 일이다. 이 때문에 결과적으로 지식사회학의 풍부한 이론적 중요성이 가려졌다.

사회학적 지식의 타당성에 대한 인식론적 물음들을 지식사회학 안에 포함하는 것은 마치 자기가 타고 있는 버스를 밀려고 하는 것과 같다. 확실히 지식사회학은 인간 사고의 상대성과 결정에 대한 증거를 모으는 모든 경험적인 학문 분야들처럼, 사회학 자체뿐만이 아니라 다른 과학적 지식체들에 대한 인식론적 물음으로 인도한다. 앞서 언급한 바와 같이, 지식사회학은 인식론에 말썽을 일으켰던 가장 중요한 세 가지 경험적 학문 분야인 역사학, 심리학, 생물학과 같은 역할을 하고 있다. 이 말썽의 논리적 구조는 기본적으로 이 모든 경우에 동일하다. 내가 분석을 위해 사용하는 범주들이 역사적으로 상대적인 사고 형식에 의해 조건 지어지고, 나 자신과 내가 생각하는 모든 것이 나의 유전자와 내 안에 자라난 동료에 대한 적개심에 의해 결정되고, 결국에는 나 자신이 미국 중간계급의 일원이라는 견지에서 볼 때, 미국 중간계급의 관습에 대한 나의 사회학적 분석을 어떻게 확신할 수 있는가?

이러한 물음들은 일단 제쳐놓자. 우리가 여기서 주장하고자 하는 바는 이 물음들이 그 자체로 경험적인 사회학 분야의 부분은 아니라는 점이다. 적절하게 말하면, 그 물음들은—사회학 자체를 탐구 대상으로 삼기에 당연히 사회학이 아닌 철학에 속하는—사회과학의 방법론에 속한다. 지식사회학은 경험과학 가운데 다른 인식론적 말썽쟁이들과 함께, 이 문젯거리들을 방법론적 탐구에 '던져주게' 될 것이다. 지식사회학은 그 자체의 적합한 준거틀 안에서 이 물음들을 해결할 수 없다.

그러므로 우리는 지식사회학의 주요 창시자들을 괴롭혔던 인식론적이고 방법론적 문제들을 지식사회학으로부터 배제한다. 이 물음들을 배제함으로써, 우리는 셸러와 만하임의 지식사회학 개념뿐 아니라, 그 개념을 나누어 가졌던 이후의 지식사회학자들(특히 신실증주의 경향을 띠는 학자들)로부터 멀리 벗어나고 있다. 이 책 전반에 걸쳐, 우리는 지식사회학에서든 어떤 다른 영역에서든 사회학적 분석의 타당성에 대한 인식론적 질문과 방법론적 질문은 굳게 괄호 안에 넣어두고 있다. 우리는 지식사회학을 경험적 사회학 분야의 부분이라고 여긴다. 요약하면, 우리의 작업은 사회학 이론에 대한 것이지 사회학의 방법론에 대한 것이 **아니다**. (이 서론에 뒤이어) 이 책의 1부에서만 사회학 이론을 넘어서는 논의를 할 것이며, 그때 설명하겠지만 그 논의를 하는 이유는 인식론과는 별로 관계가 없다.

그러나 우리는 또한 지식사회학의 과제를 경험적 수준에서, 곧 경험적 사회학 분야에 맞게 조정된 것으로서 재정의해야 한다. 살펴보았듯이, 경험적 수준에서의 지식사회학은 사상의 역사라는 의미에서 지성사에 관심을 두어왔다. 다시 한 번, 우리는 이것이 사회학적 탐구에서 매우 중요한 초점이라는 것을 강조하고자 한다. 게다가 인식론적/방법론적 물음을 배제한 것과는 대조적으로, 이러한 초점은 지식사회학에 속한다고 인정할 것이다. 그러나 우리는 특별한 이데올로기 문제를 포함한 '사상'의 문제가 보다 큰 지식사회학의 한 부분일 뿐 핵심은 아니라고 주장한다.

지식사회학은 사회에서 '지식'으로 여겨지는 모든 것에 관심을 두어야 한다. 이 말은 지성사에 초점을 두는 것이 잘못된 선택이라기보다는, 지성사가 지식사회학의 주된 초점이 되는 것이 잘못된 선택이라는 것을 깨닫게 한다. 이론적인 사고, '사상,' 세계관Weltanschauungen은 사회에서 **그렇게** 중요하지는 않다. 비록 모든 사회가 이러한 현상들을 포함하기는 하지만, 그것은 '지식'으로 받아들여지는 것의 총합에서 단지 일부분에 불과하다. 어느 사회든지 오로지 제한된 수의 사람들만이 이론화하고 '사상'과 세계관을 세우는 일을 한다. 달리 표현하면, 오로지 소수만이 세계의 이론적 해석에 관심이 있다. 그러나 모든 사람이 바로 그 동일한 세계에 살고 있다. 이론적인 사고에만 초점을 두는 것은 지식사회학을 지나치게 제한할 뿐만 아니라, 사회적으로 통용되는 이론적 사고도 '지식'에 대한 보다 일반적인 분석틀 안에 놓이지 않으면 충분히 이해될 수 없기 때문에 불만족스럽기도 하다.

사회와 역사에서 이론적 사고의 중요성을 과장하는 것은 이론가들의 자연스런 결점이다. 그렇기 때문에 이러한 주지주의적intellectualistic 오해를 바로 잡는 일이 더욱 필요한 것이다. 실재에 대한 이론적 정식화는 그것이 과학적이든, 철학적이든, 심지어 신화적이든 간에, 그 사회의 구성원들이 '실재'한다고 여기는 모든 것을 망라하지 못한다. 그렇기 때문에 지식사회학은 무엇보다도 사람들이 그들의 일상적 삶, 곧 비非이론적인 또는 전前이론적인 삶에서 '실재'라고 '아는' 것에 관심을 두어야 한다. 달리 말하자면, '사상'보다는 상식적인 '지식'이 지식사회학의 주된 초점이 되어야 한다. 사회의 존재를 위해서 필수적인 의미의 구조the fabric of meaning를 구성하는 것이 바로 이러한 '지식'이다.

그러므로 지식사회학은 실재의 사회적 구성에 관심을 두어야 한다. 이 실재의 이론적 표현에 대한 분석은 분명 이러한 관심에 지속적으로 한 부분을 차지하겠지만, 가장 중요한 부분은 아니다. 인식론적/방법론적 물음을 배제하기는 했지만, 우리가 여기서 제안하는 것이 지식사회학의 범위를 지금까지 이해되어왔던 것보다 훨씬 폭넓게 재정의하는 일이라는 점은 분명해질 것이다.

여기서 앞서 말한 재정의를 위해 어떠한 이론적 요소가 부가되어야 하는지에 대한 물음이 생겨난다. 우리가 이렇게 재정의해야 할 필요성을 통찰하게 된 것은 알프레드 슈츠 덕분이다. 그의 저작을 통틀어 슈츠는 철학자이자 사회학자로서 일상적인 삶의 상식적 세계의 구조에 집중했다. 비록 지식사회학을 만들어내지는 않았지만, 슈츠는 분명 지식사회학이 무엇에 초점을 두어야 하는지 알고 있었다.

상식적 사고의 모든 전형들typifications은 구체적인 역사적·사회문화적 생활세계Lebenswelt에 필수불가결한 요소이다. 그 생활세계 안에서 전형들은 당연한 것으로 받아들여지고 사회적으로 승인된 것으로서 통용된다. 전형들의 구조는 무엇보다도 지식의 사회적 분배와 구체적인 역사적 상황에서 구체적인 집단의 구체적인 사회적 환경에 따른 지식의 상대성과 연관성을 결정한다. **이는 상대주의, 역사주의, 그리고 이른바 지식사회학에 합당한 문제들이다.**[22]

그리고 또한,

지식은 사회적으로 분배되며, 이 분배의 기제mechanism는 사회학 분야의 주제가 될 수 있다. 사실 우리에게는 이른바 지식사회학이 있다. 그러나 잘못 이름 붙여진 이 분야는 그저, 거의 예외 없이, 진리의 이데올로기적 기반은 사회적인, 그리고 특히 경제적인 조건에 의존한다는 각도에서, 또는 교육의 사회적 함의라는 각도에서, 또는 지식인의 사회적 역할이라는 각도에서 지식의 사회적 분배라는 문제에 접근해왔다. 사회학자들이 아니라 경제학자와 철학자들이 그 문제의 많은 다른 이론적 측

---

22) Alfred Schütz, *Collected Papers*, Vol. I (The Hague: Nijhoff, 1962), p. 149 (강조는 인용자).

면들 중 몇몇을 연구해왔다.[23]

우리는 슈츠가 여기서 언급한 지식의 사회적 분배에 핵심적 위상을 부여하지는 않지만, "잘못 이름 붙여진 분야"라는 비판에는 동의하며, 그로부터 지식사회학의 과제를 재정의해야 하는 방식에 대한 우리의 기본 개념을 끌어내었다. 뒤따르는 논의 가운데, 일상생활에서 지식의 기초에 대한 도입부는 슈츠에게 크게 의존하고 있으며, 그 이후에도 우리의 주된 논점의 여러 중요한 지점들이 그의 저작에 빚을 지고 있다.

우리의 인간학적 전제들은 마르크스, 특히 그의 초기 저작들로부터 헬무트 플레스너Helmuth Plessner와 아르놀트 겔렌Arnold Gehlen, 그리고 그 밖의 학자들의 인간 생물학human biology에서 유도된 인간학적 함의들에서 강한 영향을 받았다. 사회적 실재의 본질에 대한 우리의 견해는, 비록 마르크스로부터 유래한 변증법적 시각을 도입하고 베버로부터 유래한 주관적 의미를 통한 사회 실재의 구성을 강조함으로써 뒤르케임의 사회 이론을 수정하기는 했지만, 그럼에도 불구하고 뒤르케임과 프랑스 사회학의 뒤르케임 학파에 크게 빚지고 있다.[24] 사회 실재의 내면화를 분석하기 위해 중요한 사회심리학적 전제들은 특히 조지 허버트 미드George Herbert Mead와 이른바 미국 사회학의 상징적 교섭론 학파가 그의 저작으로부터 발전시킨 내용들로부터 크게 영향받았다.[25]

---

23) 같은 책 Vol. II (1964), p. 121.

24) 뒤르케임 사회학이 지식사회학에서 갖는 함의에 대한 논의는 다음을 참조하라. Gerard L. DeGré, *Society and Ideology* (New York: Columbia University Bookstore, 1943), pp. 54 이하; Robert K. Merton, *Social Theory and Social Structure*; Georges Gurvitch, "Problémes de la sociologie de la connaissance," *Traité de sociologie*, Vol. II (Paris: Presses Universitaires de France, 1960), pp. 103 이하.

우리는 이 다양한 요소들이 우리의 이론적 구성에 어떻게 사용되고 있는지 주석으로 표시할 것이다. 물론 그것들을 사용하는 데 있어서 그 다양한 사회 이론 흐름들의 원래 의도에 충실하지는 않으며, 또한 그럴 수도 없다는 것을 잘 알고 있다. 그러나 앞에서 이미 밝힌 바와 같이, 여기서 우리의 목적은 주해註解를 하는 것이 아니고, 종합을 위한 종합을 하는 것도 아니다. 우리가 다양한 곳에서 어떤 사상가들의 사상을 그들 중 몇몇은 꽤 이질적이라고 느낄 수 있는 이론적 구조에 통

---

25) 우리가 아는 범위 내에서, 지식사회학의 문제들에 가장 가까운 상징적 교섭론의 접근은 Tamotsu Shibutani, "Reference Groups and Social Control," in Arnold Rose (ed.), *Human Behavior and Social Processes* (Boston: Houghton Mifflin, 1962), pp. 128 이하이다. 상징적 교섭론자들이 미드의 사회심리학과 지식사회학을 연결시키는 데 실패한 것은 물론 지식사회학이 미국에서 제한적으로 '보급'된 것과 관계된다. 그러나 보다 중요한 이론적인 근거는 미드 자신과 그의 후예들이 적절한 사회구조 개념을 발전시키지 못했다는 사실에서 찾을 수 있다. 정확하게 이 이유 때문에, 우리는 미드의 접근법과 뒤르케임의 접근법을 통합시키는 것이 매우 중요하다고 생각한다. 여기서 관찰할 수 있는 것은, 미국 사회학자들 쪽에서의 지식사회학에 대한 무관심이 그들의 관점을 거시사회학 이론에 연결시키는 것을 방해했듯이, 미드에 대해 전혀 알지 못하는 것은 오늘날 유럽의 신마르크스주의neo-Marxist 사회 사상의 심각한 이론적 결함이라는 점이다. 신마르크스주의 이론가들이 그들 자신의 접근법에 이루 말할 수 없이 더 적합한 개인과 사회의 변증법에 대한 미드의 이론이 존재한다는 것을 망각한 채, (마르크스주의의 인간학적 전제들과 근본적으로 양립할 수 없는) 프로이트 심리학과의 연결을 추구해왔다는 사실은 상당한 아이러니이다. 이 아이러니한 현상의 최근 보기로는 Georges Lapassade, *L'entrée dans la vie* (Paris: Éditions de Minuit, 1963)가 있다. 그러한 아이러니만 아니라면, 이 책은 매 쪽마다 미드를 필요로 하는 매우 시사하는 바가 많은 책이다. 지적으로 분리된 상이한 맥락이지만, 마르크스주의와 프로이트주의를 화해시키고자 한 최근 미국 학자들의 노력에서도 똑같은 아이러니가 발견된다. 사회학 이론을 구성함에 있어 미드와 미드의 전통에 크게 그리고 성공적으로 기대고 있는 유럽 사회학자는 프리드리히 텐브루크Friedrich Tenbruck이다. 그의 *Geschichte und Gesellschaft* (머지않아 출판될 프라이부르크 대학 교수자격 취득 논문)〔이후 'Berlin: Duncker & Humblot, 1986'으로 출간되었다〕, 특히 "실재Realität"라는 제목의 장을 참조하라. 텐브루크은 우리와는 다른 체계적 맥락에서 그러나 미드의 논제에 대한 우리의 접근과 매우 유사한 방식으로, 실재의 사회적 기원과 실재의 유지를 위한 사회구조적 기초들에 대해 논의한다.

합시킴으로써 변형시키고 있다는 것을 잘 인식하고 있다. 역사적인 사의(謝意)의 표시는 과학적인 미덕은 아니라고 정당화할 수 있을 것이다. 여기서 (그의 이론에 대해서는 심각한 불만을 가지고 있지만, 통합하려는 의도는 우리가 공유하는) 탤컷 파슨스의 소견을 인용할 수 있겠다.

연구의 주된 목적은 이 저자들이 다루고 있는 주제들에 대하여 무엇을 말했고 어떤 믿음을 갖고 있었는지를 요약하여 서술하는 것이 아니다. 또한 그들의 '이론들' 각각이 제안하는 바에 관하여, 그들이 말한 것이 현재의 사회학적 지식과 이와 관련된 지식에 비추어 볼 때 견지할 만한지를 직접적으로 탐구하는 것도 아니다. 〔……〕 이 연구는 **이론들**에 대한 것이 아니라, 사회 **이론**에 대한 것이다. 이들의 저작들에서 발견되는 개별적이고 따로따로인 제안들에 관심을 두는 것이 아니라, 하나의 **단일한** 체계적인 이론적 추론체에 관심을 둔다.[26]

우리의 목적은 사실상 "체계적인 이론적 추론"에 참여하는 것이다.

지식사회학의 본질과 범위에 대한 우리의 재정의가 지식사회학을 주변부로부터 사회학 이론의 가장 중심으로 옮길 것이라는 점은 이미 명백해졌을 것이다. 우리는 '지식사회학'이라는 명칭에 어떠한 기득권도 가지고 있지 않다는 것을 독자에게 확인시키고자 한다. 우리를 지식사회학으로 이끌고, 지식사회학의 문제와 과제를 재정의하는 방식을 안내해준 것은 오히려 사회학 이론에 대한 우리의 이해이다. 이에 대해서는 우리가 앞으로 나아갈 길을 출발하는 데 참고가 된, 사회학에서 가

---

26) Talcott Parsons, *The Structure of Social Action* (Chicago: Free Press, 1949), p. v.

장 유명하고 영향력 있는 두 편의 '행군 명령'에 대해 서술하는 것이 가장 적절할 듯하다.

하나는 뒤르케임의 『사회학적 방법의 규칙들*The Rules of Sociological Method*』이고, 또 다른 하나는 베버의 『경제와 사회*Wirtschaft und Gesellschaft*』이다. 뒤르케임은 "제일의 그리고 가장 근본적인 규칙은 **사회적 사실을 사물로 여기는 것**"이라 말한다.[27] 그리고 베버는 "현재적 의미에서 사회학과 역사학에 있어서 인식의 대상은 행위의 주관적 의미 복합체meaning-complex이다"라고 말한다.[28] 이 두 가지 진술은 서로 모순되지 않는다. 사회는 실로 객관적 사실성을 가지고 있다. 그리고 사회는 실로 주관적 의미를 표현하는 활동에 의해서 확립된다. 그리고 덧붙이자면, 베버가 전자에 대해 잘 알고 있었듯이 뒤르케임도 후자에 대해 잘 알고 있었다. 뒤르케임의 또 다른 주요 개념을 사용하자면, 사회의 "독자적인 실재reality *sui generis*"를 만드는 것은 객관적 사실성과 주관적 의미라는 사회의 이중적 성격이다. 사회학 이론을 위한 핵심 물음은 다음과 같다. 어떻게 주관적 의미가 객관적 사실성이 **되는 것**이 가능한가? 또는 앞서 언급한 이론적 입장에 적합하게 표현하자면, 어떻게 인간 활동Handeln이 사물choses의 세계를 산출하는 것이 가능한가? 달리 말하자면, 사회의 '독자적인 실재'에 대한 적절한 이해는 이 실재가 구성되는 방식에 대한 탐구를 필요로 한다. 우리는 이 탐구가 바로 지식사회학의 과제라고 주장한다.

---

27) Emile Durkheim, *The Rules of Sociological Method* (Chicago: Free Press, 1950), p. 14 〔『사회학적 방법의 규칙들』, 윤병철·박창호 옮김, 새물결, 2002〕.

28) Max Weber, *The Theory of Social and Economic Organization* (New York: Oxford University Press, 1947), p. 101.

1부

일상생활에서의 지식의 기초들

1. 일상생활의 실재

  이 논고에서 우리가 목적하는 바는 일상생활의 실재, 좀더 정확하게는 일상생활에서 행동을 안내하는 지식에 대한 사회학적 분석이다. 또한 이 실재가 다양한 이론적 관점에서 지식인들에게 어떻게 나타나는지에 대해서는 그다지 관심이 없기 때문에, 그 실재가 평범한 사회 구성원들의 상식에 유용한 것이라는 점을 명백히 밝히면서 시작하고자 한다. 어떻게 그 상식의 실재가 지식인이나 다른 사상 전문가들[1]의 이론적인 구성에 의해서 영향을 받을 수 있는지는 나중에 다룰 물음이다. 우리의 작업은 그 성격상 이론적이지만, 사회학이라는 경험과학의 연구 주제를 형성하는 실재, 즉 일상생활의 세계에 대한 이해에 맞추어져 있다.

---

1) (옮긴이) 여기서 '사상 전문가들merchants of ideas'이란 표현은 사상만을 지식으로 고려하면서 일상생활의 지식에는 관심을 두지 않는 학자들이라는 뉘앙스를 담고 있다.

그렇기 때문에 우리의 목적이 철학에 관여하는 것이 **아니라는** 점은 분명히 해야겠다. 그럼에도 불구하고 일상생활의 실재를 이해하려 한다면, 그에 대한 사회학적 분석을 진행하기 전에 그 실재의 본질적 특징을 고려해야 한다. 일상생활은 사람들에 의해 해석되며, 하나의 일관된 세계로서 그 사람들에게 주관적으로 의미 있는 실재로 스스로를 드러낸다. 사회학자로서 우리는 이 실재를 분석의 대상으로 삼는다. 이 실재의 기초에 대해서는 더 탐구하지 않으면서도(그것은 철학적 과제이다), 경험과학으로서 사회학의 준거틀 안에서 이 실재를 주어진 것으로 취급하고 그 안에서 떠오르는 특정한 현상들을 자료로 취급할 수 있다. 그러나 이 글의 특별한 목적을 고려할 때, 철학적 문제를 완전히 간과할 수는 없다. 일상생활의 세계는 평범한 사회 구성원들의 삶에서 주관적으로 의미 있는 행동 가운데 실재로서 당연하게 받아들여질 뿐만 아니라, 그들의 생각과 행위로부터 기원하며, 그 생각과 행위에 의해서 실재로서 유지되는 세계이다. 그러므로 우리의 주과제로 넘어가기 전에 일상생활에서 지식의 기초들, 곧 **상호**주관적*inter*subjective 세계를 구성하는 주관적 과정들(과 의미들)의 객관화objectivation에 대해 명백히 밝히고자 한다.

당면한 목적을 위해서, 이것은 예비적인 과제이며, 우리가 철학적 문제에 대한 적절한 해답이라고 믿는 것의 주요 특징들에 대한 개요를 제시할 수 있을 뿐이다. 서둘러 덧붙이자면, 여기서 적절하다는 것은 단지 그것이 사회학적 분석의 출발점이 될 수 있다는 의미에서이다. 그러므로 바로 뒤이어 나오는 논의는 철학적 도입부의 특징을 가지며, 따라서 전前사회학적이다. 일상생활에서 지식의 기초들을 명백히 밝히는 데 가장 적절하다고 여기는 방법은 순전히 기술적記述的, descriptive 방법이며, 그래서 우리가 경험과학의 본질을 이해하는 바대로, '경험적'이지만 '과학적'이지는 않은 현상학적 분석의 방법이다.[2]

일상생활에 대한, 정확히 말하자면 일상생활의 주관적 경험에 대한 현상학적 분석은 분석되는 현상의 존재론적 지위에 대한 주장들뿐만 아니라, 어떠한 인과적 또는 발생론적 가설도 삼간다. 이것을 기억하는 것이 중요하다. 상식은 당연하게 여겨지는 일상생활의 실재에 대한 무수히 많은 전前과학적이고 유사과학적인 해석들을 담고 있다. 상식의 실재를 묘사하려고 한다면, 당연하게 받아들여지는 실재의 성격을 고려해야 하듯이 이 해석들도 참고해야 한다. 그러나 그 해석들을 참고하는 일은 현상학적 괄호[3] 안에서 이루어질 것이다.

의식은 항상 지향적intentional[4]이다. 의식은 항상 대상을 지향하거나 대상을 향해 있다. 우리는 어떤 의식의 기층substratum이라고 가정하

---

2) 이 장은 모두 현재 출간 예정인 Alfred Schütz and Thomas Luckmann, *Die Strukturen der Lebenswelt*〔영문판은 *The Structures of the Life-world*, Evanston, III.: Northwestern University Press, 1973으로, 독일어판은 *Strukturen der Lebenswelt*, Neuwied: H. Luchterhand, 1975으로 발간되었다〕에 기반을 두고 있다. 그래서 우리는 동일한 문제들이 논의되고 있는 이미 출판된 알프레드 슈츠 저작의 여러 곳으로부터 개별적인 참조문을 제시하는 것은 삼가고 있다. 여기서 우리의 논점은 앞에 언급한 저작 전체에서 루크만에 의해 발전된 슈츠의 논의에 기반을 두고 있다. 지금까지 출판된 슈츠의 저작에 친숙해지기를 원하는 독자들은 Alfred Schütz, *Der sinnhafte Aufbau der sozialen Welt*(Vienna: Springer, 1960); *Collected Papers*, Vol. I과 Vol. II를 보라. 슈츠가 현상학적 방법을 사회세계의 분석에 적용한 것에 관심 있는 독자들은 특별히 그의 *Collected Papers*, Vol. 1, pp. 99 이하와 Maurice Natanson (ed.), *Philosophy of the Social Sciences*(New York: Random House, 1963), pp. 183 이하를 보라.

3) (옮긴이) '현상학적 괄호phenomenological brackets'는 후설Edmund Husserl의 현상학 방법으로서, 사물의 궁극적 본질에 대한 판단을 중지하는 것을 의미한다. 그럼으로써 현상은 실재에 대한 어떠한 믿음에 근거하지 않고 단순히 현상으로서 고려될 수 있다.

4) (옮긴이) 현상학에서 현상이란 마음과 의식 앞에 나타나는 일이나 사태를 의미하는데, 그와 같은 현상은 정신의 지향성을 통하여 성립한다. 이때 의식은 항상 무엇에 관한, 무엇의 의식이다. 그래서 실재는 항상 지향된 실재로 경험된다.

는 것을 그 자체로 이해할 수 없다. 단지 어떤 것의 또는 다른 것의 의식을 이해할 뿐이다. 이것은 의식의 대상이 외부의 물리적 세계에 속하는 것으로 경험되는지, 또는 내적인 주관적 실재의 요소로 이해되는지와 상관없다. 내(뒤이어 설명하겠지만, 일상생활에서 평범한 자의식을 상징하는 1인칭 단수)가 뉴욕 시의 전경을 보고 있든지, 또는 내적 불안을 의식하게 되든지, 여기에 관여된 의식의 과정들은 두 경우 모두 지향적이다. 엠파이어스테이트 빌딩의 의식과 불안의 의식이 다르다는 점을 굳이 상세히 검토할 필요는 없다. 상세한 현상학적 분석은 경험의 다양한 층위들, 예컨대 개에게 물린 것과 개에게 물렸던 것을 기억하는 것, 그리고 모든 개에게 공포증을 갖는 것 등에 관여된 각기 다른 의미의 구조들을 찾아내는 것이다. 여기서 우리가 관심 있는 것은 모든 의식의 공통된 지향적 특징이다.

각기 다른 대상은 의식에 각기 다른 실재 영역의 구성 요소들로서 나타난다. 나는 내가 일상생활의 과정 가운데 관계를 맺어야 하는 동료들을, 꿈에 나타나는 실체 없는 인물과는 다른 실재에 관련된 것으로 인식한다. 두 가지 대상들은 서로 다른 긴장감을 내 의식 안으로 들여오며, 나는 그 긴장감들을 꽤 다른 방식으로 의식하게 된다. 그러므로 나의 의식은 각기 다른 실재 영역들을 옮겨 다닐 수 있다. 달리 말하자면, 나는 세계를 다수의 실재들[5]로 구성된 것으로 인식한다. 한 실재에서 다른 실재로 옮겨갈 때, 나는 그 이동을 일종의 충격으로 경험한다. 이 충격은 그 이동에 수반하는 주의력의 전환에 의해 야기되는 것

---

5) (옮긴이) 'multiple realities'는 흔히 '다중적 실재'라고 번역된다. 하지만 실재가 여러 층으로 나뉘어 중첩되어 있다는 뜻이 아니라 실재가 여러 개라는 의미이므로, '다수의 실재'나 '복수의 실재'가 더 적절한 번역이다.

으로 이해할 수 있다. 꿈에서 깨어나는 것이 이러한 전환을 가장 단순하게 보여주는 예일 것이다.

다수의 실재들 가운데, 진정한 의미에서의 실재로서 나타나는 실재가 있다. 그것은 일상생활의 실재이다. 그 특권적 지위는 지배적인 실재라고 불릴 만한 자격을 가지고 있다. 의식의 긴장감은 일상생활에서 가장 고조된다. 즉, 일상생활은 가장 육중하고 긴박하며 강렬한 방식으로 의식에 부과된다. 그 일상생활의 필수적인 존재를 무시하는 것은 불가능하며, 약화시키는 것조차 어렵다. 결론적으로, 일상생활은 나로 하여금 일상생활에 완전한 주의를 기울이도록 강요한다. 나는 일상생활을 완전히 깨어 있는 상태로 경험한다. 일상생활의 실재 안에서 완전히 깬 상태로 존재하고 그 실재를 이해하는 일은, 나에게는 정상적이고 자명한 것으로 여겨진다. 즉, 그것은 나의 자연적 태도를 구성한다.

나는 일상생활의 실재를 하나의 질서 정연한 실재로 이해한다. 그 실재의 현상들은 유형들 안에 미리 마련되어 있는데, 이 유형들은 내 마음대로 이해할 수 없는 것처럼 보이며, 내가 그것을 이해하는 방식은 강요된 것이다. 일상생활의 실재는 이미 객관화되어 나타난다. 즉, 그 실재는 내가 무대에 나서기 전에 대상으로 지정되어온 대상들의 질서에 의해 구성된 것이다. 일상생활에서 사용되는 언어는 지속적으로 나에게 필수적인 객관화objectifications를 제공하며, 이 객관화를 이해하게 해주고 일상생활을 나에게 의미 있도록 만들어주는 질서를 사실로 상정한다. 나는 지리적으로 지정된 장소에 살고, 통조림 따개에서 스포츠카에 이르는 도구들을 사용하며, (역시 어휘들에 의해서 질서 지어지는) 체스클럽에서 미국에 이르는 인간관계의 망 안에서 산다. 이런 방식으로 언어는 사회 속에서 나의 삶에 좌표를 표시해주며, 내 삶을 의미 있는 대상들로 채워준다.

일상생활의 실재는 '여기'에 있는 나의 육체와 '지금' 나의 존재함을 중심으로 조직된다. 이 '지금 여기'가 내가 일상생활의 실재에 주의를 기울이는 초점이다. 일상생활에서 '지금 여기'에 나에게 제시되는 것은 나의 의식의 참된 실재*realissimum*[6]이다. 그러나 즉각적인 존재만이 일상생활의 실재 전부를 구성하는 것은 아니다. 일상생활의 실재는 '지금 여기'에 존재하지 않는 현상들도 포함한다. 이것은 내가 일상생활을 공간적으로나 시간적으로나 모두 각기 상이한 정도로 가깝거나 멀게 경험한다는 것을 의미한다. 나에게 가장 가까운 것은 일상생활에서 직접적으로 나의 육체적인 조작이 가능한 영역이다. 이 영역은 내 손이 미치는 세계, 곧 그 안에서 현실을 고치기 위해 행위를 하거나 일을 하는 세계를 포함한다. 내가 일하는 이 세계에서 나의 의식은 실용적인 동기에 의해서 지배된다. 즉, 이 세계에 대한 나의 관심은 주로 내가 무엇을 하는지, 무엇을 해왔는지, 또는 무엇을 하려고 계획하는지에 의해서 결정된다. 이런 식으로 그것은 진정한 의미에서 **나의** 세계이다. 물론 나는 일상생활의 실재 가운데 이런 식으로 내가 접근할 수 없는 영역이 있다는 것을 알고 있다. 그러나 나는 이 영역들에 대해 실용적인 관심을 가지고 있지 않거나, 내가 잠재적으로 조정할 수 있는 가능성이 있는 경우 간접적인 관심만을 갖는다. 전형적으로, 먼 영역에 대한 관심은 덜 강렬하고 확실히 덜 긴급하다. 나는 내 매일의 직업에 관계된 대상들, 예컨대 내가 정비사라면 자동차 정비 공장의 세계에 강한 관심을 둘 것이다. 그리고 덜 직접적이지만, 디트로이트에 있는 자동차 공장의 실험

---

6) (옮긴이) '*realissimum*'은 라틴어로 '가장 실재적인 존재'라는 뜻이다.

연구실에 관심을 둘 것이다. 내가 이 연구실 가운데 한 곳에 있을 가능성은 없지만, 그곳에서 이루어지는 일들은 결국에는 나의 일상에 영향을 미칠 것이다. 나는 또한 케이프케네디[7]에서 또는 우주 공간에서 무슨 일이 일어나고 있는지 관심 있을 수도 있으나, 이 관심은 나의 일상생활에서 긴급히 필요한 일이라기보다 사적인 '여가시간' 선택의 문제이다.

일상생활의 실재는 나아가 나에게 상호주관적인 세계, 곧 다른 이들과 함께 공유하는 세계로 나타난다. 이 상호주관적인 세계는 내가 의식하고 있는 다른 실재들로부터 일상생활을 날카롭게 구분해준다. 나는 꿈의 세계에서는 혼자이지만, 일상생활의 세계는 그것이 나 자신에게 실재하듯이 다른 이들에게도 실재한다는 것을 알고 있다. 실로 나는 지속적으로 다른 이들과 교섭하고 소통하지 않고서는 일상생활 안에 존재할 수 없다. 나는 이 세계에 대한 나의 자연적인 태도가 다른 이들의 자연적인 태도와 일치하고, 그들도 이 세계를 질서 짓는 객관화를 이해하고 있으며, 또한 그들이 이 세계를 **그들의** 존재가 '지금 여기'에 존재하고 그 안에서 일을 위한 설계를 하는 세계로서 조직한다는 것을 알고 있다. 물론 나는 다른 이들이 이 공통세계common world에 대하여 나와는 동일하지 않은 관점을 가지고 있다는 것도 알고 있다. 나의 '여기'는 그들의 '저기'이다. 나의 '지금'은 그들의 것과 완전히 겹치지 않는다. 나의 계획은 그들의 계획과 다르며, 심지어 충돌을 일으킬 수도 있다. 마찬가지로 나는 내가 그들과 공통세계에 살고 있다는 것을 알고 있다. 가장 중요한 것은, 나는 이 세계 안에서 **나의** 의미와 **그들의** 의

---

7) (옮긴이) 케이프케네디Cape Kennedy는 미국 플로리다 주 동쪽 대서양 연안의 곶으로, 1973년부터 케이프커내버럴Cape Canaveral로 지명이 바뀌었다. 케네디우주센터가 있으며, 미국의 우주선들이 발사되는 곳이다.

미 사이에 지속적인 일치가 있다는 것, 곧 우리가 그 실재에 대해 공통의 의미를 나누어 가지고 있다는 것을 알고 있다. 많은 사람들에게 공통인 세계를 가리킨다는 바로 그 이유 때문에, 그 자연적 태도는 상식적인 의식의 태도이다. 상식적 지식은 내가 정상적이고 자명한 일상생활의 일과 가운데 다른 이들과 공유하는 지식이다.

일상생활의 실재는 실재**로서** 당연하게 받아들여진다. 그 실재는 단순한 현존을 넘어서는 그 이상의 부가적인 검증을 요구하지 않는다. 그것은 단지 **그곳에**, 자명하고 거부할 수 없는 사실성으로서 존재한다. 나는 그것이 실재한다는 것을 **알고 있다**. 나는 그 실재에 대하여 의심을 품을 수 있지만, 매일의 삶에서 일상적으로 살아가려면 그러한 의심을 중지해야 한다. 이러한 의심의 중지는 확고부동하기에, 그것을 포기하기 위해서는 마치 이론적인 숙고나 종교적인 명상 가운데 하듯이 극단적인 전이transition를 해야 한다. 일상생활의 세계는 스스로 공언하기에, 그 실재의 공언에 도전하려고 한다면 반드시 의도적인 노력을 기울여야만 한다. 그것은 결코 쉬운 일이 아니다. 철학자나 과학자의 자연적 태도로부터 이론적 태도로의 전이가 이 점을 잘 보여준다. 그러나 이 실재의 모든 측면이 똑같이 문제없는 것은 아니다. 일상생활은 일상적으로 이해되는 부분과 이러저러한 종류의 문제들을 가진 부분으로 나뉜다. 내가 모든 미국제 차에 대하여 매우 정통한 자동차 수리공이라고 가정해보자. 미국제 차와 상관있는 모든 것은 나의 일상생활에서 평범하고 문제가 없는 측면이다. 그러나 어느 날 어떤 이가 정비공장에 나타나서 그의 폭스바겐을 고쳐달라고 요청한다. 나는 이제 외국제 차라는 문제적인 세계에 들어가도록 강요된다. 마지못해서일 수도 또는 전문가적인 호기심을 가지고서일 수도 있으나, 어떤 경우라도 나는 이제 아직 일상화되지 않은 문제들에 직면하게 된다. 물론 동시에 나는 일상생활의 실재를 떠나지 않는다. 실로 일상생활의 실재는 외국제 차를 고치기 위해 필요한 지식과 기술들을 그 안에 통합시키기 시작하면서 더욱 풍부해진다. 문제로 나타난 것이 다른 실재(말하자면, 이론물리학의 실재나 악몽의 실재)와 상관있지 않는 한, 일상생활의 실재는 두 부분 모두를 아우른다. 일상생활의 반복적 일과가 방해 없이 지속하는 한, 그 일과는 문제가 없는 것으로 이해된다.

그러나 일상생활에서 문제가 없는 부문조차도 이후에 문제를 알아차리기 전까지만, 곧 어떠한 문제의 출현으로 인해 그 지속성이 방해받기 전까지만 문제시되지 않은 채 남아 있게 된다. 이런 일이 생기면, 일상생활의 실재는 문제가 되는 부분을 이미 문제가 없는 부분으로 통합하려고 애쓰게 된다. 상식적 지식은 이것이 어떻게 이루어질 수 있는지에 대해 다양한 지침을 가지고 있다. 예를 들어, 내가 함께 일하는 다른 이들이 내 사무실 옆 책상에서 타자를 치는 것과 같이 친숙하고 당연하게 받아들여지는 평범한 일과를 수행하는 한, 나에게 문제가 되지 않는다. 그들이 만약 구석에 모여서 귓속말로 수군거리며 애기하는 것과 같이 이 평범한 일과를 방해한다면, 그들은 나에게 문제가 된다. 내가 이 평범하지 않은 행동의 의미에 대하여 물어볼 때, 나의 상식적 지식이 그것을 일상생활의 문제없는 일과로 재통합시킬 수 있는 가능성은 여러 가지가 있다. 그들은 망가진 타자기를 어떻게 고칠지 의논하고 있거나, 그들 가운데 하나가 상사로부터 어떤 긴급한 지시를 받았을 수도 있다. 다른 한편, 나는 그들이 파업에 들어가기 위해 노동조합의 지침에 대해 토의하고 있다는 것을 알게 될 수도 있다. 그것은 내가 아직 겪어보지 못한 일이지만, 여전히 나의 상식적 지식이 대처할 수 있는 문제의 범위 안에 있다. 내 상식은 단순히 그것을 일상생활의 문제가 없는 부분으로 재통합시키기보다는 하나의 문제**로서** 대처하게 될 것이다. 그러나 만약 내 동료들이 집단적으로 미쳤다는 결론에 이른다면, 드러난 그 문제는 다른 종류의 것이 된다. 나는 이제 일상생활의 경계를 넘어서 전혀 다른 실재에 이르는 문제에 직면하게 된 것이다. 내 동료들이 미쳤다는 나의 결론은 사실상 그들이 더 이상 일상생활의 공통세계가 아닌 세계로 가버렸다는 것을 의미한다.

일상생활의 실재와 비교하여 다른 실재들은 제한된 의미 구역finite provinces of meaning, 즉 한정된 의미와 경험 양식으로 특징지어지는 지배적인 실재 내의 소小영역으로 나타난다. 지배적인 실재는 말하자면 그 구역의 모든 면을 감싸고 있으며, 의식은 벗어났던 지배적인 실재로 항상 다시 돌아온다. 이것은 꿈의 실재나 이론적 사고의 실재에 대하여 이미 보여준 바와 같이 명백하다. 이와 비슷한 '전환commutations'이 일상생활의 세계와 놀이의 세계 사이 — 아이들의 놀이에서는 물론 어른들의 놀이에서는 훨씬 더 날카롭게 — 에서 일어난다. 극장은 어른들 입장에서 그러한 놀이의 좋은 보기를 제공한다. 실재들 사이의 전이는 커튼의 올라감과 내려감에 의해 표시된다. 커튼이 올라가면, 구경꾼은 자체의 의미를 지니고 있고 일상생활의 질서와 많은 관계가 있을 수도 그렇지 않을 수도 있는 질서를 지닌 '다른 세계로 전이된다.' 커튼이 내려가면, 구경꾼은 '실재,' 곧 일상생활의 지배적인 실재로 '돌아간다.' 이 지배적인 실재와 비교할 때, 무대 위에서 제공된 실재는 불과 몇 분 전의 공연이 아무리 생생했다 할지라도 이제 빈약하고 순간적으로 보인다. 예술과 종교가 제한된 의미 구역의 고유한 생산자인 만큼, 미적·종교적 경험은 이러한 종류의 전이를 풍부하게 만들어낸다.

　모든 제한된 의미 구역들은 일상생활의 실재로부터 관심을 돌리는
것으로 특징지어진다. 물론 일상생활 **내에서의** 관심의 전환도 있지만,
제한된 의미 구역으로의 전환은 훨씬 더 과격한 종류의 것이다. 과격
한 변화는 의식의 긴장 가운데 일어난다. 종교적 경험의 맥락에서 이
는 '신앙의 도약'으로 적절히 불려왔다. 그러나 일상생활의 실재는 심지
어 그러한 '도약'이 일어날 때조차도 그 지배적인 지위를 유지한다는
점을 강조하는 것이 중요하다. 다른 무엇보다도 언어가 이를 확인시켜
준다. 내 경험의 객관화를 위해 내가 사용할 수 있는 공통언어common
language는 일상생활에 기초를 두고 있으며, 제한된 의미 구역에서의
경험을 해석하기 위해 사용할 때에도 끊임없이 일상생활에로 주의를
되돌리게 한다. 그러므로 전형적으로, 나는 제한된 의미 구역의 실재를
해석하는 데 공통언어를 사용하기 시작하자마자, 그 실재를 '왜곡'한다.
즉, 나는 비일상적 경험을 일상생활의 지배적인 실재로 '번역'하게 된다.
이는 꿈의 경우에 바로 알 수 있으며, 이론적, 미적 또는 종교적 의미
세계에 대하여 보고하려는 사람들에게서도 전형적이다. 예술가가 자
신의 창작물에 대하여 이야기하는 것처럼, 또는 신비주의자가 자신의
신과의 만남에 대하여 이야기하는 것처럼, 이론물리학자는 그의 공간
개념은 언어적으로 전달될 수 없다고 말한다. 그러나 이 모든 이들 —
꿈꾸는 이, 물리학자, 예술가, 신비주의자 —도 **역시** 일상생활의 실재
에 살고 있다. 실로 그들에게 중요한 문제 가운데 하나는, 이 실재와 그
들이 과감하게 넘어 들어간 소영역 실재와의 공존을 해석하는 것이다.

　일상생활의 세계는 공간적으로도 시간적으로도 구조화된다. 공간
적 구조는 현재 우리의 논의에서 주변적이다. 공간적 구조는 내가 조
정할 수 있는 영역이 다른 이들의 영역과 교차한다는 사실에 의해 사

회적 차원을 가진다고 지적하는 것으로 충분하다. 현재 우리의 목적을 위해서 보다 중요한 것은 일상생활의 시간적 구조이다.

시간성temporality은 의식의 본질적 속성이다. 의식의 흐름은 항상 시간적으로 질서 지어져 있다. 이 시간성은 내㈜주관적으로intrasubjectively 유용하기 때문에, 각기 다른 수준으로 구분할 수 있다. 모든 개인은 시간의 내적 흐름을 의식하고 있으며, 그것은 유기체의 생리적 리듬과 동일한 것은 아니지만 그 리듬에 기초하고 있다. 이 내㈜주관적 시간성의 수준들에 대한 상세한 분석으로 들어가는 것은 이 도입부의 범위를 많이 벗어나는 것이다. 그러나 지적한 바와 같이, 일상생활의 상호주관성도 역시 시간성을 가지고 있다. 일상생활의 세계는 상호주관적으로 유용한 그 자체의 표준 시간을 가지고 있다. 앞서 구분 지은 바와 같이, 이 표준 시간은 우주적 시간과 자연의 시간적 연속에 기초하여 사회적으로 정립된 시간, 그리고 내적 시간 사이의 교차로서 이해될 수 있다. 기다림의 경험이 가장 잘 보여주듯이, 이 다양한 시간성의 수준들 사이에 결코 완전한 동시성은 있을 수 없다. 나의 유기체와 나의 사회는 둘 다 기다림을 포함하는 어떤 일련의 사건들을 나와 나의 내적 시간에 부과한다. 나는 스포츠 경기에 참여하기를 원할 수 있으나, 내 멍든 무릎이 낫기를 기다려야 한다. 또는 나는 서류가 처리되어 그 경기에 참여할 자격이 공식적으로 인정될 수 있을 때까지 기다려야 한다. 일상생활의 시간적 구조는 굉장히 복잡하다. 왜냐하면 경험적으로 현재의 시간성의 각기 다른 수준들이 진행되면서 상호 관련되어야 하기 때문이다.

일상생활의 시간적 구조는 내가 고려해야 하는, 곧 나 자신의 계획을 그것에 맞춰 진행해야 하는 사실성으로서 나와 직면한다. 나는 일상의 실재에서 지속적이고 제한적인 것으로 시간을 경험하게 된다. 이 세계 안에서 나의 모든 경험은 그 시간에 의해서 지속적으로 질서 지어지며, 실제로 그 시간에 의해 둘러싸여 있다. 나 자신의 삶은 외부적으로 인위적인 시간의 흐름 가운데 하나의 에피소드이다. 그것은 내가 태어나기 전부터 그곳에 있었으며, 내가 죽고 난 후에도 그곳에 있을 것이다. 내가 죽음을 피할 수 없다는 사실을 알게 되는 것은 **나에게 있어** 이 시간을 한정적인 것으로 만든다. 나는 나의 계획을 실현하는 데 단지 어느 정도의 시간만을 가지고 있으며, 이것을 아는 것은 이 계획에 대한 나의 태도에 영향을 준다. 또한 나는 죽기를 원하지 않기 때문에, 이러한 앎은 근본적인 불안감을 나의 계획 안으로 밀어 넣게 된다. 그래서 나는 스포츠 경기에 영원히 참여할 수 없게 된다. 나는 내가 점점 늙어가고 있음을 알고 있다. 심지어 이것이 내가 경기에 참여할 수 있는 마지막 기회일 수도 있다. 이 시간의 유한성이 그 계획에 영향을 미치는 만큼 나의 기다림은 불안한 것이다.

이미 지적한 바와 같이, 동일한 시간적 구조는 강제력이 있다. 그 시간적 구조에 의해 나에게 부과되는 순서는 내 마음대로 뒤집을 수 없다. "먼저 해야 할 것은 먼저"라는 원칙은 나의 일상생활의 지식에 있어 필수적인 요소이다. 그래서 나는 특정한 교육 프로그램을 마치기 전에는 특정한 시험을 치를 수 없으며, 이 시험을 치르기 전에는 직업을 가질 수 없다, 등등. 또한 동일한 시간적 구조는 일상생활의 세계에서 나의 상황을 결정하는 역사성을 제공한다. 나는 어느 특정한 날에 태어났고, 어느 날 학교에 들어갔으며, 어느 날 전문가로서 일하기 시작했다, 등등. 그러나 이날들은 모두 훨씬 더 포괄적인 역사 안에 '위치해' 있으며, 이 위치는 결정적으로 나의 상황을 형성한다. 그래서 나는 내 아버지가 재산을 다 잃었던 은행 파산의 해에 태어났으며, 혁명 직

전에 학교에 들어갔고, 세계전쟁이 발발한 직후 일하기 시작했다, 등
등. 일상생활의 시간적 구조는 이미 마련된 시간적 순서를 어떤 하루
의 '일정'뿐만 아니라, 내 생애 전체에 부과한다. 이 시간적 구조에 의
해서 정해진 좌표 안에서 나는 매일의 '일정'과 전 생애를 이해한다. 시
계와 달력은 내가 정말로 '내 시간의 사람'이라는 것을 확인시켜준다.
일상생활은 오로지 이 시간적 구조 안에서 나에게 실재라는 느낌을 갖
게 한다. 그래서 이러저러한 이유로 '혼란에 빠질disoriented' 경우(가령,
교통사고를 당해서 의식을 잃고 쓰러져 있을 때)에, 나는 일상생활의 시간
적 구조 안에 나 자신을 '재정립reorient'하고자 하는 본능적인 충동을
느끼게 된다. 나는 시계를 보고 그날이 무슨 날인지 기억하려고 애쓰
게 된다. 이러한 행동들에 의해서만 나는 일상생활의 실재로 다시 들어
가게 된다.

2. 일상생활에서의 사회적 교섭

일상생활의 실재는 다른 이들과 공유된다. 그러나 이 타자들은 일상생활에서 어떻게 경험되는가? 마찬가지로, 그러한 경험은 몇 가지 양식으로 구별해볼 수 있다.

타자의 경험 가운데 가장 중요한 것은 사회적 교섭에서 가장 원형적인 사례인 면대면 상황에서 일어난다. 다른 모든 경우들은 거기서 파생된 것이다.

면대면 상황에서 상대방은 우리가 함께 공유하는 생생한 현재 안에 있는 존재로 나에게 공현전한다.[8] 나는 내가 이 동일하게 생생한 현재

---

8) (옮긴이) 후설의 용어인 'appräsentation'은 어원적으로는 'Ad'(~로 향하여)와 'Präsentation'이 합쳐진 개념으로서 '대상을 파악하는 하나의 유형'을 가리킨다. 후설이 "the appresentation of the other"라는 표현을 썼을 때, 이는 타자가 가진 여러 양상이나 속성이 (의식 주체의) 의식 앞에 함께 나타난다는 뜻으로, 직접적으로 의식에 나타나지 않는 무언가가 함께 존재copresent하는 것으로 의식하는 것을 의미한다. 즉, 타자를 체험할 때 우리는 직접적으로 체험하는 것이 아니라, 내적·외적으로 언제나 미리 주어진 공허하고 비현실적인

안에 있는 존재로서 그에게 공현전한다는 것을 알고 있다. 면대면 상황이 지속하는 한, 나와 그의 '지금 여기'는 지속적으로 서로에게 영향을 미친다. 결과적으로 나의 표현과 그의 표현의 끊임없는 교환이 있다. 나는 미소 짓던 그가 그 미소를 멈춤으로써 나의 찡그림에 반응하고, 내가 미소를 지으면 다시 미소 지어 반응한다는 것을 안다. 나의 모든 표현은 그를 향해 있고 그의 모든 표현은 나를 향해 있으며, 이 끊임없는 표현 행위의 상호성은 동시에 우리 모두에게 유효하다. 이것은 면대면 상황에서 상대방의 주관성이 최대한의 징후들을 통하여 나에게 유효해진다는 것을 의미한다. 분명 나는 어떤 징후들을 잘못 해석할 수도 있다. 상대방이 실제로는 억지웃음을 짓고 있는데 웃고 있다고 생각할 수도 있다. 그럼에도 불구하고, 어떠한 다른 형태의 사회적 관계도 면대면 상황에서 존재하는 주관성의 징후들의 풍부함을 재현할 수는 없다. 상대방의 주관성이 현저하게 '가까운' 곳은 오로지 여기이다. 타자와 관계 맺는 모든 다른 형태들은 다양한 정도의 '거리'를 갖고 있다.

면대면 상황에서 상대방은 완전히 실재한다. 이 실재는 일상생활의 전체 실재의 부분이며, 그렇기에 무게 있고 강력하다. 확실히 직접 만나본 적은 없지만, 어떤 다른 이가 나에게 ─가령, 평판이나 편지 교환을 통해서─ 실재할 수도 있다. 그럼에도 불구하고, 오로지 얼굴을 맞대고 그를 만날 때에만, 그가 가장 완전한 의미에서 나에게 실재하게

확정되지 않은 지평을 수반한다. 의식은 타자가 가진 여러 다른 양상이나 속성을 함께 지각한다고 말할 수도 있다. 예를 들어, 다른 사람을 지각할 때 우리는 그를 '생물체'로서 의식할 수도 있고 '친구'로서 의식할 수도 있는데, 어떻든 간에 한 대상의 여러 다른 양상이 내 의식 앞에 함께 나타나는 것을 뜻한다. 그런 뜻에서 'appresentation'은 '공현전共現前' 또는 '공현시共顯示'라고 옮길 수 있다. 여기서는 공현전이라고 옮겼다.

된다. 사실상, 면대면 상황에서는 상대방이 나 자신보다 더 실재적이라고 주장할 수도 있다. 물론 내가 그를 알 수 있는 것보다 나는 '나 자신을 더 잘 알고 있다.' 우리의 관계가 아무리 '가깝다' 하더라도, 그의 주관성이 결코 미칠 수 없는 방식으로 나의 주관성은 나에게 접근 가능하다. 나의 과거는 기억 속에서 나에게 충분히 유용하다. 그렇지만 나는 그가 나에게 자신의 과거에 대해 아무리 많이 이야기해준다 하더라도, 결코 그의 과거를 재구성할 수는 없다. 그러나 나 자신에 대해 '보다 잘 알기' 위해서는 성찰이 필요하다. 그것은 즉각적으로 나에게 공현전하는 것이 아니다. 그러나 상대방은 면대면 상황에서 즉각적으로 나에게 공현전한다. 그러므로 '그의 존재what he is'는 〔교섭이〕 진행되는 가운데 나에게 유효하다. 이 유효성은 지속적이고, 전前성찰적이다. 다른 한편, '나의 존재what I am'는 그렇게 유효하지 **않다**. 나의 존재가 유효하기 위해서는 멈추어서, 나의 경험의 지속적인 자발성을 중단시키고, 의도적으로 나의 주의를 나 자신에게 돌려야 한다. 나아가 그러한 나 자신에 대한 성찰은 전형적으로 **타자**가 나에 대하여 보이는 태도에 의해서 야기된다. 그것은 전형적으로 타자의 태도에 대한 '거울' 반응이다.

면대면 상황에서 타자들과의 관계는 매우 융통성이 있다. 부정적으로 말하자면, 면대면 상황에 딱딱한 유형을 부과하기란 비교적 어렵다. 어떤 유형이 도입되든지 간에, 그것은 계속되는 극히 다양하고 미묘한 주관적 의미의 교환을 통해서 지속적으로 수정될 것이다. 예를 들어, 내심 나는 상대방을 나에게 비우호적인 사람으로 보고, 내가 '비우호적 관계'라고 이해하는 유형 안에서 그에게 행동할 수 있다. 그러나 면대면 상황에서 상대방은 이 유형과 모순되는 태도와 행위를 가지고 나와 직면할 수 있다. 그리하여 어쩌면 나로 하여금 그 유형을 부적절한 것으로 여겨 포기하고, 그를 우호적으로 보게 되는 지점에 이르게 할 수도 있다. 달리 말하자면, 그 유형은 면대면 상황에서 나에게 유효한 상대방의 주관성이라는 무게 있는 증거를 견뎌낼 수 없다. 반대로 내가 상대방과 직접 부딪치지 않는 한, 그러한 증거를 무시하기는 훨씬 더 쉽다. 편지 교환에 의해서 유지될 수 있는 상대적으로 '가까운' 관계에서조차, 나는 상대방이 표현한 우정에 대한 항변을 나에 대한 그의 실제 태도를 나타내는 것이 아니라고 여겨서 보다 성공적으로 무시할 수 있다. 이는 단지 편지에서는 직접적이고 지속적이며 중량감 있게 실재하는 그의 표현expressivity의 존재가 부족하기 때문이다. 확실히 면대면 상황에서도 상대방이 '위선적으로' 자신의 의미를 감추는 것이 가능하듯이, 내가 상대방의 의미를 오해하는 것도 가능하다. 그렇지만 오해와 '위선'은 모두 덜 '가까운' 사회관계의 유형들에서보다 면대면 상황에서 유지되기가 더 어렵다.

　다른 한편, 나는 면대면 상황에서도 전형적인 도식에 의해서 상대방을 이해한다. 이 도식이 거리가 '먼' 교섭의 형태들에서보다 면대면 상황에서 상대방의 간섭에 더 '취약'하지만 말이다. 달리 말하자면, 면대면 교섭에 엄격한 유형을 부과하는 것은 비교적 어렵지만, 면대면 교섭이 일상생활의 반복적인 일과 안에서 일어나기 위해서는 처음부터 유형화되어 있어야 한다(공통된 일상생활의 배경을 지니지 않은 완전히 낯선 이들 사이에서 일어나는 교섭의 경우는 나중의 논의를 위해 남겨두자). 일상생활의 실재는 전형적인 도식을 포함하고 있는데, 그 도식에 의해서 면대면 만남에서 타자들을 이해하고 '마주 대하게' 된다. 그래서 나는 상대방을 '남자' '유럽인' '구매자' '명랑한 타입' 등등으로 이해한다. 이 모든 전형들은 그와의 교섭이 진행되는 동안 그 교섭에 영향을 준다.

가령 나는 그에게 나의 상품을 팔기 전에 그를 시내에서 즐겁게 해주기로 결정한다. 우리의 면대면 교섭은 상대방의 간섭에 의해서 문제시되지 않는 한, 이러한 전형들에 의해서 유형화될 것이다. 그가 '남자'이고 '유럽인'이며 '구매자'이지만, 또한 독선적인 도덕주의자이며, 그래서 처음에는 명랑하게 보였던 것이 사실은 미국인 일반에 대한, 특히 미국인 판매원에 대한 경멸의 표현이라는 증거가 드러날 수 있다. 물론 이 지점에서 나의 전형적 도식은 수정되어야 할 것이며, 저녁 시간은 이 수정된 도식에 따라 달리 계획되어야 할 것이다. 그렇게 도전받지 않는다면, 그 전형은 추후 통보가 있을 때까지〔즉, 어떠한 문제의 출현으로 인해 그 지속성이 방해받기 전까지〕 유지될 것이며, 그 상황에서 나의 행위들을 결정할 것이다.

면대면 상황 속으로 들어오는 전형적 도식은 물론 상호적이다. 상대방 또한 나를 전형적인 방식 ─'남자' '미국인' '판매원' '싹싹한 친구' 등등 ─으로 이해한다. 나의 전형들이 상대방의 간섭에 영향받기 쉽듯이, 그의 전형들도 나의 간섭에 영향받기 쉽다. 달리 말해서, 두 전형적 도식들이 면대면 상황에서 진행되고 있는 '협상'에 들어가게 된다. 일상의 삶에서는 그러한 '협상' 자체가 전형적인 방식 ─ 구매자와 판매자 사이의 전형적인 거래 과정에서와 같이 ─으로 미리 마련되어 있을 가능성이 많다. 그래서 대부분의 경우 일상생활에서 다른 이와의 만남은 두 가지 의미에서 전형적이다 ─나는 상대방을 하나의 유형**으로서** 이해하고, 그 자체로 전형적인 상황에서 그와 교섭한다.

사회적 교섭의 전형들은 면대면 상황으로부터 멀어질수록, 점진적으로 익명적인 것이 된다. 물론 모든 전형은 애초에 익명성을 함의한다. 내가 만약 친구 헨리를 범주 X의 구성원(가령, 영국인)으로 전형화한다면, 나는 사실상 그의 행동 가운데 적어도 어떤 측면들을 이 전형으로 부터 나온 것이라고 해석한다. 예를 들면, 그의 음식에 대한 취향, 예절, 특정한 감정적 반응 등은 영국인에게 특징적인 것이다. 이것은 내 친구 헨리의 이러한 특징과 행위들이 영국인 범주 안에 있는 누구에게라도 속한다는 것을, 곧 내가 그의 존재의 이런 측면들을 익명적인 특징으로 이해한다는 것을 의미한다. 그럼에도 불구하고, 내 친구 헨리를 면대면 상황의 수많은 표현 안에서 접할 수 있는 한, 그는 끊임없이 내가 갖고 있는 익명적인 영국인의 유형을 깨뜨리고, 자신을 독특하고 그래서 비전형적인 개인인 나의 친구 헨리로 드러내게 될 것이다. 면대면 상황이 과거의 문제인 한(내가 대학생 시절 알았던 나의 친구 헨리라는 바로 그 영국인), 또는 그 상황이 피상적이고 일시적인 한(기차에서 잠깐 대화를 나눈 영국인), 또는 면대면 상황이 결코 일어난 적이 없는 한(영국에 있는 사업 경쟁자들), 유형의 익명성은 명백히 이런 종류의 개인화에 영향을 덜 받는다.

일상의 삶에서 타자들에 대한 경험의 한 중요한 측면은 그것의 직접성 또는 간접성이다. 언제라도 내가 면대면 상황에서 교섭하는 동료들과, 단지 동시대를 사는 어느 정도 자세한 기억을 갖고 있거나 단지 들어서만 알고 있는 타자들을 구분하는 것은 가능하다. 면대면 상황에서 나는 나의 동료와 그의 행위들, 그리고 그의 속성들 등에 대한 직접적인 증거를 가지고 있다. 동시대인의 경우는 다소간 믿을 만한 지식을 갖고는 있으나, 직접적인 증거를 가지고 있지는 않다. 게다가 나는 면대면 상황에서 나의 동료들에게 주의를 기울여야 한다. 반면 동시대인에게는 생각을 기울일 수는 있으나 반드시 그럴 필요는 없다. 익명성은 전자에서 후자로 가면서 점점 증가한다. 왜냐하면 면대면 상황에서 동료들을 이해하는 전형들의 익명성은 구체적인 인간과 관련되는 수많은 생생한 징후들에 의해 지속적으로 '채워지기' 때문이다.

물론 이것이 이야기의 전부는 아니다. 단지 동시대를 살아가는 사람들에 대한 나의 경험에는 명백한 차이점들이 있다. 어떤 이는 면대면 상황에서 반복적으로 경험하여 정기적으로 다시 만나기를 기대하게 된다(나의 친구 헨리). 어떤 이는 과거의 만남에서 구체적인 인간으로 **기억하지만**(길에서 스쳐 지나친 금발), 그 만남은 짧았고 따라서 거의 다시 반복되지 않을 것이다. 또한 어떤 이는 구체적인 인간으로서 **알고 있지만**, 익명적이고 스쳐 지나가는 전형에 의해서만 이해할 수도 있다(나의 영국인 사업 경쟁자, 영국의 여왕). 후자 가운데에서도 또다시 면대면 상황에서 다시 만나게 될 사람(나의 영국인 사업 경쟁자)과 잠재적이기는 하나 만날 가능성이 없는 사람(영국의 여왕)으로 구분할 수 있다.

그러나 일상생활에서 타자의 경험을 특징짓는 익명성의 정도는 다른 요소에도 의존한다. 나는 나의 아내를 보듯이 거리의 모퉁이에 있는 신문팔이를 정기적으로 본다. 그러나 그는 나에게 그다지 중요하지 않으며, 그와 친밀한 관계에 있지 않다. 그는 나에게 상대적으로 익명인 존재로 남을 것이다. 관심의 정도와 친밀함의 정도는 합쳐져서 경험의 익명성을 증가시키거나 감소시킬 수 있다. 각각의 정도는 서로 독립적으로 영향을 미칠 수 있다. 나는 테니스 클럽의 여러 멤버들과는 친밀한 관계를 가질 수 있지만, 내 직장 상사와는 매우 형식적인 관계만 가질 수 있다. 그러나 테니스 클럽의 멤버들은 완전히 익명적이지는 않지만 '코트에서 한 무리'로 뭉쳐질 수 있는 반면, 직장 상사는 한 명의 독특한 개인으로 도드라진다. 그리고 마지막으로, 익명성은 —'전형적인『런던 타임스』독자'처럼 — 결코 개인화되지 않는 특정 전형과 거의 같아질 수 있다. 최종적으로, 전형의 '범위'—따라서 범위의 익명성—는 '영국의 여론'을 말하는 데까지 더 넓어질 수 있다.

그래서 일상생활의 사회적 실재는 면대면 상황의 '지금 여기'로부터 멀어지면서 점진적으로 익명적인 것이 되는 전형의 연속선에서 이해된다. 그 연속선의 한 극단에는 내가 면대면 상황에서 자주 친밀하게 교섭하는 타자들, 말하자면 나의 '내內집단'이 있다. 다른 극단에는 본질적으로 면대면 상황에서 결코 마주칠 수 없는 매우 익명적이고 추상적인 사람들이 있다. 사회구조는 이러한 전형들과 그 전형들에 의해 이루어지는 반복적인 유형들의 총합이다. 이와 같이, 사회구조는 일상생활의 실재의 필수적인 요소이다.

여기서 더 정교하게 발전시킬 수는 없지만, 한 가지만 더 지적해야겠다. 나의 타자들과의 관계는 나의 동료나 동시대인에게 국한되지 않는다. 나는 또한 조상과 후손, 곧 내가 속한 사회의 전체 역사에서 나보다 앞섰던 이들과 내 뒤를 이을 이들과도 관계한다. 과거의 동료들(죽은 친구 헨리)을 제외하면, 나는 매우 익명적인 전형들—'이민 온 나의 증조부들,' 그리고 더 나아가 '건국의 아버지들'[9]—을 통하여 나의 조상들과 관계한다. 나의 후손은 이해할 만한 이유들로 훨씬 더 익명적인 방식으로—'내 자손의 자손' 또는 '미래 세대'로—전형화된다. 후손에 대한 전형화는 개인화된 내용이 거의 완전히 결여된, 실질적으로 텅 빈 투사projections이다. 반면 조상에 대한 전형화는 매우 신비적인

---

9) (옮긴이) '건국의 아버지들the Founding Fathers'은 1776년 미국 독립선언서에 서명함으로써 미국 혁명에 참여하고, 1787년 미국 필라델피아에서 헌법을 제정하여 나라를 설립한 정치 지도자와 의원들을 가리킨다. 대표적으로 벤저민 프랭클린, 토머스 제퍼슨, 조지 워싱턴, 존 애덤스, 알렉산더 해밀턴 등이 있다.

종류의 것이겠지만, 적어도 어느 정도 내용은 가지고 있다. 그러나 이 두 종류의 전형들의 익명성은 때로는 매우 결정적인 방식으로 그 요소들이 일상생활의 실재로 들어가는 것을 막지 않는다. 결국, 나는 '건국의 아버지들'에 대한 충성심으로, 또는 미래 세대들을 위하여 나를 희생할 수도 있다.

3. 일상생활에서의 언어와 지식

인간의 표현은 객관화가 가능하다. 즉, 그 표현은 공통세계의 요소들로서 그 생산자와 타인들 모두에게 유용한 인간 활동의 산물들 속에서 드러난다. 그러한 객관화는 그 생산자들의 주관적 과정을 어느 정도 지속적으로 보여주는 지표 역할을 하며, 그것이 직접적으로 이해될 수 있는 면대면 상황을 넘어서 확장되어 이용될 수 있게 된다. 예를 들어, 분노의 주관적 태도는 면대면 상황에서 다양한 신체적 지표들 — 얼굴 표정, 일반적인 몸의 자세, 특정한 팔과 다리의 움직임 등등 — 에 의해서 직접적으로 표현된다. 이 지표들은 면대면 상황에서 지속적으로 유용하며, 그 이유는 바로 다른 이의 주관성에 접근할 수 있는 최적 상황을 나에게 허용하기 때문이다. 동일한 지표들이 면대면 상황의 생생한 현재를 넘어서 존재하는 것은 불가능하다. 그러나 분노는 무기에 의해서 객관화될 수 있다. 가령, 나는 나에게 자신의 분노를 명백하게 표현하는 타인과 언쟁을 했다. 그날 밤 나는 깨어나서 내 침대 위 벽에 칼이

꽂혀 있는 것을 발견한다. 사물로서의 칼은 적의 분노를 표현한다. 그가 칼을 던졌을 때 내가 비록 자고 있었고 나를 거의 맞출 뻔하고 나서 도망간 후 그를 결코 보지 못했지만, 칼은 나로 하여금 그의 주관성에 접근할 수 있게 해준다. 내가 칼을 그 자리에 그대로 놔둔다면 다음 날 아침 다시 그 칼을 보게 되고, 내게 그것을 던진 사람의 분노가 다시 표현될 것이다. 더구나 다른 사람들이 와서 그것을 보면 동일한 결론에 이르게 된다. 달리 말하자면, 내 방 벽에 있는 칼은 내가 나의 적과 다른 사람들과 공유하는 실재에 객관적으로 유효한 구성 요소가 될 것이다. 아마도 그 칼은 오로지 **나에게** 던질 목적을 위해서 만들어진 것은 아닐 것이다. 그러나 그 칼은 분노 때문이든 식용으로 무언가를 죽이는 것과 같은 공리적인 목적 때문이든 간에, 주관적인 폭력의 의도를 표현한다. 실제 세계에서 사물로서의 무기는 폭력을 행사하려는 일반적인 의도를 지속적으로 표현하며, 이는 무기가 무엇인지 아는 누구라도 인식 가능하다. 그래서 무기는 인간의 산물이요, 또한 인간 주관성의 객관화이다.

일상생활의 실재가 객관화로 채워져 있기만 한 것이 아니지만, 그 실재는 오로지 객관화 때문에 가능하다. 비록 특히 어떤 특정한 사물이 내가 잘 알지 못하거나 면대면 상황에서 전혀 알지 못했던 사람들에 의해 만들어진 경우 그것이 '보여주고 있는' 바가 무엇인지 확신하는 데 때때로 어려움을 겪을 수도 있지만, 나는 끊임없이 내 동료들의 주관적 의도를 '보여주는' 사물들에 의해 둘러싸여 있다. 모든 민족학자나 고고학자들이 그러한 어려움을 잘 증언하겠지만, 그럼에도 그들이 그 어려움을 극복하고 어떤 유물로부터 수천 년 전에 사라졌던 사회의 사람들의 주관적인 의도를 재구성할 수 있다는 사실은 인간의 객관화가 얼마나 지속하는 힘이 있는지 생생하게 보여주는 증거이다.

분리될 수 있다. 이것은 단지 내가 어둠 속에서 또는 멀리서 소리를 칠수 있거나, 전화나 라디오를 통해 이야기할 수 있거나, (말하자면 2차 기호 체계를 구성하는) 글로써 언어적 의미화를 전달할 수 있기 때문만이아니다. 언어의 분리는 훨씬 더 기본적으로 '지금 여기'의 주관성을 직접 표현하지 않는 의미들을 소통하는 능력에 있다. 언어는 다른 기호체계들과 이러한 능력을 공유하지만, 그 엄청난 다양성과 복잡성은 언어로 하여금 다른 어떠한 기호 체계(예컨대, 몸짓의 체계)보다도 면대면상황으로부터 훨씬 더 잘 분리되게 한다. 나는 내가 직접 경험하지 못했거나 결코 경험하지 않을 문제들을 포함하여, 면대면 상황에 전혀 존재하지 않는 수많은 문제들에 대하여 이야기할 수 있다. 이런 식으로,언어는 의미와 경험의 막대한 축적을 위한 객관적인 저장고가 될 수 있으며, 시간의 흐름 속에 그것을 보존하여 다음 세대들에게 전달해줄수 있다.

면대면 상황에서 언어는 다른 기호 체계와는 구별되는 내재적인 상호성의 특질을 가지고 있다. 대화가 진행되는 가운데 생산되는 음성 기호는 대화 당사자들의 주관적인 의도와 민감하게 일치될 수 있다. 대화 중에 나는 내가 생각하는 대로 말하며 상대편도 마찬가지이다. 우리는 모두 실질적으로 각자가 말하는 동시에 그것을 들으며, 이는 우리의 두 주관성에 지속적이고 동시적이며 상호적인 접근을 가능하게 한다. 게다가 나는 말을 하면서 그것을 **스스로** 듣는다. 나 자신의 주관적의미들은 객관적이고 지속적으로 나에게 유용하게 되며, 사실상 나에게 '더욱 실재적'이게 된다. 이를 달리 표현하는 방법은, 면대면 상황에서 나 자신에 대해 아는 것보다 상대방에 대하여 '더 잘 알고 있다'는지적을 다시 떠올리는 것이다. 겉으로 보기에 이 역설적인 사실은, 면대면 상황에서 나 자신의 존재는 성찰을 통해서 유용해지는 반면, 상대방의 존재는 육중하고 지속적이며 전前성찰적으로 유용하다는 것으로 설명되었다. 그러나 이제 언어에 의해서 나 자신의 존재를 객관화하면, 나의 존재는 상대방에게 유용하게 됨과 동시에 나 자신에게도 육중하고 지속적으로 유용하게 된다. 그래서 나는 심사숙고한 성찰로 '중단됨' 없이 그에 즉각적으로 반응할 수 있게 된다. 그러므로 언어는 나의 대화 상대자뿐만 아니라 나 자신에게도 나의 주관성을 '더욱 실재적'인 것으로 만든다고 할 수 있다. 나 자신의 주관성을 구체화시키고 안정화시키는 언어의 이러한 능력은 언어가 면대면 상황으로부터 분리되면서도 (수정되기는 하지만) 유지된다. 바로 이러한 언어의 중요한 특징은 "사람은 자신을 알 때까지 스스로에 대하여 이야기해야 한다"는 격언 속에 잘 표현되어 있다.

언어는 일상생활에서 기원하며 그것에 우선적으로 준거하고 있다. 언어는 무엇보다 완전히 깨어 있는 의식 가운데 내가 경험하는 실재를 가리키는데, 그것은 실용적 동기(곧, 직접적으로 현재 또는 미래의 행위들과 관계되는 의미들의 집합)에 의해 지배되고, 내가 타인들과 당연한 방식으로 공유하는 실재이다. 언어는 다른 실재들을 가리키기 위해 사용될 수도 있지만(이 문제는 잠시 후에 더 논의하겠다), 그때도 일상생활의 상식적 실재에 그 뿌리를 두고 있다. 하나의 기호 체계로서, 언어는 객관성의 특질을 지니고 있다. 나는 나 자신에게 외재적인 사실성으로서 언어를 만나게 되며, 언어는 강제적으로 나에게 영향을 준다. 언어는 나를 강제적으로 그 유형들 안으로 끌어들인다. 나는 영어로 말을 할 때, 독일어 구문 규칙을 사용할 수 없다. 내가 가족 밖의 사람들과 소통하려고 한다면, 내 세 살짜리 아들이 만든 낱말들은 사용할 수 없다.

나는 다양한 행사에 적절한 연설을 하기 위해, 설사 나만의 '부적절한' 기준을 더 선호한다 하더라도 지배적인 기준을 고려해야만 한다. 언어는 내가 경험하는 것들을 객관화할 수 있는 가능성을 이미 만들어진 형태로 제공한다. 달리 말하자면, 언어는 내 삶의 과정에서 겪게 되는 무수히 다양한 경험을 내가 객관화할 수 있도록 유연하게 확장된다. 언어는 또한 경험들을 전형화하여 내가 경험들을 넓은 범주 아래 포함시킬 수 있게 해줌으로써, 그것이 나 자신뿐만 아니라 나의 동료들에게도 의미를 갖게 한다. 또한 언어는 전형화함으로써 그 경험들을 익명화한다. 전형화된 경험은 원칙상 그 범주의 문제에 처한 누구에 의해서나 되풀이될 수 있는 것이다. 예를 들자면, 나는 내 장모와 다투었다. 이 구체적이고 주관적인 독특한 경험은 '장모와의 불화'라는 범주로서 언어적으로 전형화된다. 장모와의 다툼은 이 전형 안에서 나 자신에게, 다른 이들에게, 그리고 아마도 장모에게도 이해된다. 그러나 동일한 전형은 익명성을 수반한다. 나뿐만 아니라 누구라도(보다 정확하게는, 사위의 범주에 있는 누구라도) '장모와의 불화'를 겪을 수 있다. 이런 식으로, 나의 개인적인 인생 경험은 그 과정에서 객관적/주관적으로 실재하는 일반적인 의미의 질서 아래 포섭된다.

언어는 '지금 여기'를 초월하는 능력 때문에 일상생활의 실재 안에 상이한 영역들 사이에서 교량 역할을 하며, 그 영역들을 의미 있는 전체로 통합시킨다. 그 초월transcendence은 공간적, 시간적, 사회적 차원을 갖고 있다. 언어를 통하여, 나는 내가 조정할 수 있는 영역과 다른 이가 조정할 수 있는 영역 사이의 간격을 초월할 수 있다. 나는 나의 개인적 일생의 시간 순서를 그의 것과 일치시킬 수 있다. 그리고 나는 그와 함께 현재 면대면 교섭을 하고 있지 않은 개인과 집단들에 대하여 대화를 나눌 수 있다. 이러한 초월의 결과로 언어는 공간적, 시간적, 사회적으로 '지금 여기'에 존재하지 않는 다양한 대상들을 '현존하게 해줄 making present' 수 있다. 사실상, 막대하게 축적된 경험과 의미들이 '지금 여기'에서 객관화될 수 있다. 간단히 말해서, 언어를 통해서 전체 세계는 언제라도 현실화될 수 있다. 이러한 언어의 초월하고 통합하는 힘은 내가 실제로 다른 이와 대화하고 있지 않을 때에도 유지된다. 언어적 객관화를 통해서, 심지어 혼자 사색하며 '혼잣말'을 할 때에도 전체 세계는 언제라도 나에게 공현전할 수 있다. 사회적 관계가 관련된 한, 언어는 육체적으로 부재한 동료뿐 아니라 기억되거나 재구성된 과거의 동료와 미래에 투사된 상상의 인물로서의 동료도 나에게 '현존하게 해준다.' 당연히 이 모든 '존재'는 진행되는 일상생활의 실재에서 매우 의미 있을 수 있다.

게다가 언어는 일상생활의 실재를 전적으로 초월할 수 있다. 언어는 제한된 의미 구역에 관계되는 경험들을 언급할 수 있으며, 별개의 실재 영역들을 연결하는 다리를 놓을 수 있다. 예를 들어, 나는 꿈을 언어적으로 일상생활의 질서 안에 통합시킴으로써 그 '의미'를 해석할 수 있다. 그러한 통합은 꿈이라는 별개의 실재를 일상생활의 실재 안의 소영역으로 만듦으로써 전자를 후자 안으로 옮겨 놓는다. 꿈은 이제 그 자체로 별개의 실재라기보다는 일상생활의 실재에 의해서 의미 있게 된다. 이러한 전환에 의해서 만들어진 소영역들은 어떤 의미에서 두 실재 영역 모두에 속한다. 그것은 하나의 실재에 '위치해' 있으나, 다른 실재를 '가리키기도' 한다.

실재 영역들을 의미화하여 연결하는 어떠한 주제도 상징으로 정의될 수 있으며, 그러한 초월을 이루는 언어적인 양식을 상징적 언어라고 부를 수 있다. 상징 체계symbolism의 수준에서 언어적 의미화는 일상생활의 '지금 여기'로부터 가장 멀리 분리되며, 언어는 실질적일 뿐만 아니라 선험적으로 일상의 경험에 유용하지 않은 영역들로 들어간다. 언어는 마치 다른 세계로부터 온 거인 같은 존재처럼 일상생활 위에 우뚝 솟아오른 거대한 상징적 재현의 체계를 구성한다. 종교, 철학, 예술, 과학은 역사적으로 가장 중요한 이런 종류의 상징 체계들이다. 이것들을 열거하는 것은 이미, 이러한 체계의 구성을 위해서는 일상 경험으로부터 최대한 분리될 필요가 있음에도 불구하고, 그것들이 일상생활의 실재를 위해 실제로 가장 중요할 수 있다고 말하고 있는 것이다. 언어는 일상생활로부터 고도로 추상화된 상징을 구성할 뿐만 아니라, 이 상징들을 일상생활 안으로 '가지고 들어와서' 객관적으로 실재하는 요소로서 공현전하게 할 수 있다. 이런 방식으로, 상징 체계와 상징적 언어는 일상생활의 실재이자 이 실재를 상식적으로 이해하는 데 필수적인 구성 요소가 된다. 나는 매일 기호**와** 상징들의 세계에서 살고 있다.

언어는 언어적으로 규정되는 의미론적 분야, 곧 의미의 영역을 구성한다. 어휘, 문법, 통사법syntax은 이러한 어의적 영역들을 조직하도록 조정된다. 그래서 언어는 '젠더gender'(물론 성sex과는 상당히 다른 문제이다)나 숫자에 의해서 대상들을 구분 짓는 분류 체계, 존재의 진술에 반하여 행위의 진술을 하는 형식들, 사회적 친밀성의 정도를 보여주는 양식 등등을 구성한다. 예를 들어 (프랑스어에서 'tu〔너〕'와 'vous〔당신〕,' 독일어에서 'du〔너〕'와 'Sie〔당신〕'와 같은) 대명사에 의해서 친밀한 담론과 공식적 담론을 구분하는 언어에서, 이러한 구분은 의미론적 분야 내에서 친밀성의 영역이라 불릴 수 있는 좌표를 표시해준다. 여기에 나의 사회적 경험을 질서 있게 정리하는 데 지속적으로 필요한 의미

들의 풍부한 축적물을 지닌 말 놓기tutoiement[10]와 형제애Bruderschaft[11]
의 세계가 있다. 언어적으로 보다 더 제한되기는 하지만, 그러한 의미론
적 분야는 영어 사용자에게도 존재한다. 또는 다른 예를 들자면, 나의
직업과 관련되는 언어적 객관화들의 총합은 내가 매일의 일 속에서 부
딪치는 모든 일상적인 사건들을 의미 있게 질서 짓는 또 다른 의미론적
분야를 구성한다. 그래서 의미론적 분야 안에서 생애적이고 역사적인
경험들이 객관화되고 유지되고 축적되는 것이 가능하다. 물론 개인과
사회의 전체 경험 가운데 무엇이 유지되고 무엇이 '잊힐'지를 결정하
는 의미론적 분야와 더불어 그 축적은 선택적이다. 이러한 축적에 의해
서, 한 세대에서 다음 세대로 전달되고 일상생활에서 개인에게 유용한
지식의 사회적 저장고social stock of knowledge가 구성된다. 나는 특정한
지식의 결정체들을 갖추고 일상생활의 상식세계에서 살고 있다. 더구
나 나는 다른 이들이 적어도 이 지식의 일부를 공유하고 있다는 것을
알고 있고, 그들도 내가 이것을 안다는 것을 알고 있다. 그러므로 일상
생활에서 다른 이와의 교섭은 사용 가능한 지식의 사회적 축적에 우리
가 함께 참여하는 것으로부터 끊임없이 영향을 받는다.

　지식의 사회적 저장고는 나의 상황과 그 한계에 대한 지식을 포함한
다. 예를 들면, 나는 내가 가난하기 때문에 멋진 교외에서 살 수 없다
는 것을 알고 있다. 물론 이 지식은 가난한 사람들과 보다 특권적 상황
에 있는 사람들 모두가 공유하고 있다. 지식의 사회적 저장고에 참여함

---

10) (옮긴이) 프랑스어 'tutoiement'은 다른 사람을 친밀한 'tu' 형식을 사용하여, 곧 비공식적
　　으로 부르는 것을 말한다.
11) (옮긴이) 독일어 'Bruderschaft'는 가깝거나 친밀한 우정을 의미한다. 영어 단어로는
　　'brotherhood' 또는 'fraternity'가 이에 해당된다.

으로써 개인들은 사회에서 '위치'를 갖게 되며, 적절한 방식으로 '다루어지게' 된다. 그 사회에서는 가난의 기준이 상당히 달라서 — 신발을 신고 있고 배고파 보이지 않는다면 어떻게 해서 가난한 것인가? — 내가 가난한 것을 인지할 수 없는 외국인 같이, 이 지식에 참여하지 않는 사람에게는 이것이 가능하지 않다.

일상생활은 실용적 동기에 의해서 지배되기 때문에 처방전 지식recipe knowledge, 곧 일상적인 일을 하는 데 필요한 실용적 능력에 한정된 지식이 지식의 사회적 저장고에서 두드러진 자리를 차지한다. 예를 들어, 나는 나 자신의 특정한 실용적 목적을 위해 매일 전화기를 사용한다. 나는 어떻게 전화기를 사용하는지 알고 있다. 나는 또한 내 전화기가 잘 작동하지 않으면 무엇을 해야 하는지 알고 있다. 이것은 내가 전화기를 고칠 줄 안다는 의미가 아니라, 누구에게 도움을 요청해야 하는지 알고 있다는 의미이다. 전화기에 대한 나의 지식은 또한 전화 통신 체계에 대한 보다 폭넓은 정보를 포함한다. 예를 들어, 나는 전화번호부에 등록되지 않은 번호를 가지고 있고, 특별한 상황 아래서 두 장거리 상대자와 동시에 통화할 수 있으며, 홍콩에 있는 누군가에게 전화를 걸기 원한다면 시차를 고려해야 한다는 것 등등을 알고 있다. 전화에 대한 이 모든 지식은 지금 현재와 가능한 미래의 실용적 목적을 위해서 알아야 할 것들 이외에는 무엇과도 관계가 없기 때문에 처방전 지식이다. 나는 전화기가 왜 이런 식으로 작동하는지에 대해서는, 곧 전화기를 만들 수 있게 해주는 거대한 과학적/기술적 지식 결정체에 대해서는 관심이 없다. 나는 가령 해상 교신 목적으로 단파 라디오와 결합하여 사용하는 것과 같은 나의 목적을 벗어나는 전화 사용법에도 관심이 없다. 이와 비슷하게, 나는 인간관계를 위한 처방전 지식을 가지고 있다. 예를 들어, 나는 여권을 신청하기 위해서 무엇을 해야 하는지 알고 있다. 일정한 기간 동안 기다리고 난 후 여권을 받는 것만이 내가 관심 있는 전부이다. 내 신청서가 정부 기관에서 어떻게 처리되는지, 누구에 의해서, 어떤 단계를 거쳐서 승인이 되는지, 서류에 누가 어떤 도장을 찍는지에 대해서는 관심도 없고 알지도 못한다. 나는 정부의 관료체제에 대한 공부를 하고 있는 것이 아니라, 단지 해외로 휴가를 가고 싶을 뿐이다. 여권 발급이 진행되는 숨은 과정에 대한 관심은 오로지 내가 결국 여권을 발급받는 데 실패할 때에만 생길 것이다. 그때는 전화기가 망가지면 전화기 수리 전문가를 부르는 것과 마찬가지로, 여권 발급에 있어서 전문가 ─가령 변호사, 국회의원 또는 미국시민자유연맹─ 에게 요청하게 된다. 본질적으로는 같지만 필요한 수정을 보태자면, 지식의 사회적 저장고는 대부분 일상적인 문제를 해결하는 데 필요한 처방전들로 구성되어 있다.

지식의 사회적 저장고는 친밀성의 정도에 따라 실재를 구분 짓는다. 그것은 내가 자주 다루어야 하는 일상생활의 부문들에 관하여 복잡하고 자세한 정보를 제공한다. 보다 간접적인 부문에 대해서는 훨씬 더 일반적이고 부정확한 정보를 제공한다. 그래서 내 직업과 그 세계에 대한 지식은 매우 풍부하고 구체적이지만, 다른 사람의 직업세계에 대해서는 아주 대강의 지식만을 가질 뿐이다. 지식의 사회적 저장고는 나에게 일상생활의 주된 일과들을 위해 필요한 전형적인 틀, 곧 이전에 논의했던 타인의 전형뿐 아니라 사회적이고 자연적인 모든 종류의 사건과 경험에 대한 전형을 제공해준다. 그래서 나는 친지, 직장 동료, 알아볼 수 있는 공무원의 세계 안에 살고 있다. 결론적으로 이 세계에서 나는 가족 모임, 직업상 모임, 교통경찰과의 조우를 경험한다. 이러한 사

건들의 자연스러운 '배경'도 지식 저장고 안에 전형화되어 있다. 나의
세계는 좋은 날씨나 나쁜 날씨에, 건초열 계절에, 그리고 눈에 티끌이
들어간 상황에 해당하는 일상들에 의해 구조화된다. 나는 일상생활 안
에서 이 모든 타자와 이 모든 사건에 관하여 '무엇을 해야 하는지 알고
있다.' 지식의 사회적 저장고는 나에게 하나의 통합된 전체로 나타남으
로써, 내 지식의 별개의 요소들을 통합할 수 있는 수단을 제공해준다.
달리 말하자면, '모든 사람이 아는 것'은 그 자체의 논리를 가지고 있
으며, 그 동일한 논리는 내가 아는 다양한 것들을 질서 짓는 데 적용될
수 있다. 예를 들면, 나는 내 친구 헨리가 영국인인 것을 알고, 그가 항
상 약속 시간을 아주 정확하게 지킨다는 것을 알고 있다. 시간을 정확
히 지키는 것은 영국인의 속성이라는 것을 '모든 사람이 알기' 때문에,
이제 나는 지식의 사회적 저장고에 의해서 헨리에 대해 내가 갖고 있는
이러한 지식의 두 요소를 의미 있는 하나의 전형으로 통합할 수 있다.

　일상생활에 대한 나의 지식의 타당성은 이후에 주목을 받게 될 때까
지, 곧 그 지식에 의해 해결되지 않는 문제가 떠오르기 전까지 나 자신
과 타인들에 의해 당연한 것으로 받아들여진다. 나의 지식이 만족스럽
게 작동하는 한, 나는 대개 그 지식에 대한 의심을 중지하게 된다. 극장
이나 교회에서 농담을 하거나 철학적 추론에 몰두하는 것과 같은, 일
상생활의 실재로부터 분리된 특정 태도에서는 아마도 그 요소들을 의
심할 수도 있다. 그러나 이 의심들은 '심각하게 받아들여지지 않는다.'
예를 들어, 사업가로서 나는 다른 사람들에 대한 배려가 없으면 그에
대한 대가를 치른다는 것을 알고 있다. 나는 이 원칙이 실패로 이끈다는
농담에 웃을 수도 있고, 배려의 미덕을 칭송하는 연기자나 설교자에 감
동할 수도 있고, 모든 사회적 관계는 그 황금률에 의해 지배되어야 한

74

다는 철학적 풍조를 인정할 수도 있다. 웃고 감동받고 철학화하고서, 나는 '신중한' 사업의 세계로 돌아와서 그 원칙의 논리를 한 번 더 인정하고 그대로 행동하게 된다. 오로지 그 원칙이 적용되는 세계에서 '기대에 부응하는 데' 실패할 때에만, 그것은 '진정으로' 나에게 문제가 될 수 있다.

지식의 사회적 저장고는 일상의 세계를 친밀한 영역과 멀리 떨어진 영역에 따라 구별하면서 통합된 방식으로 그것을 공현전하게 하지만, 그 세계의 총체는 불투명하게 남겨둔다. 달리 말하면, 일상생활의 실재는 항상 그 이면에 어둠의 배경을 지닌 밝음의 영역으로 나타난다. 실재의 어떤 영역들은 밝게 비추어지고, 다른 영역들은 그늘져 있다. 나는 이 실재에 대하여 알아야 하는 모든 것을 다 알 수는 없다. 예를 들면, 만약 내가 겉으로 보기에 가족 내에서 전권을 쥔 독재자이고 그것을 알고 있다 할지라도, 내 독재를 지속적인 성공으로 이끌어줄 모든 요인들을 알 수는 없다. 나는 내 명령이 항상 준수된다는 것을 알고 있지만, 나의 명령 지시와 그 수행 사이에 있는 모든 단계와 모든 동기를 확신할 수는 없다. 항상 '내 등 뒤에서' 일어나는 것들이 있다. 가족관계보다 더 복잡한 사회관계가 관련될 때는 더욱 그러하며, 이는 부수적으로 왜 독재자들이 특유하게 신경질적인지 설명해준다. 나의 일상생활에 대한 지식은 숲을 가로지르는 길을 내는 도구의 성질을 가지고 있으며, 그렇게 하여 —그 길의 사방은 계속 어둠이 깔려 있지만— 바로 앞과 그 주변에 무엇이 있는지 밝혀주는 좁은 탐색등 빛을 비추어준다. 이러한 이미지는 물론 그 안에서 일상생활이 지속적으로 초월되는 다수의 실재에 훨씬 더 부합한다. 이 진술을 비록 완벽하게는 아닐지라도 시적으로 바꾸어 표현하자면, 우리 꿈의 반▯그림자가 일상생활의 실재에 드리워져 있다고 말할 수 있다.

나의 일상생활의 지식은 상관성에 의해서 구조화되어 있다. 이 상관성 가운데 어떤 것은 나의 당면한 실용적 이해관계에 의해 결정되고, 어떤 것은 사회 속에서 나의 일반적 상황에 의해서 결정된다. 내 아내가 내가 좋아하는 굴라시[12]를 맛있게 만들기만 하면 그것을 어떻게 만드는지는 나에게 상관없는 일이다. 내가 회사의 주식을 소유하고 있지 않다면 그 주식이 떨어지는 것은 나와 상관없는 일이다. 또는 내가 무신론자라면 가톨릭교가 교리를 현대화하는 것은 나에게 상관없는 일이고, 내가 아프리카에 가고 싶지 않다면 직행편으로 그곳에 갈 수 있다는 것도 나와 상관없는 일이다. 그러나 나의 상관성 구조는 많은 지점에서 다른 이의 상관성 구조와 교차하며, 그 결과 우리는 서로에게 얘기할 수 있는 '재미있는' 것들을 갖게 된다. 나의 일상생활에 대한 지식에서 가장 중요한 요소는 다른 이들의 상관성 구조에 대한 지식이다. 그래서 나는 의사에게 나의 투자 문제를 이야기하거나, 변호사에게 나의 궤양으로 인한 통증을 이야기하거나, 회계사에게 나의 종교적인 진리 추구에 대하여 이야기하는 것보다는 '더 잘 알고 있다.' 일상생활에 관련되는 기본적인 상관성 구조는 지식의 사회적 저장고 그 자체에 의해서 이미 마련되어 나에게 제시된다. '여자들끼리 이야기'는 남자인 나에게 상관없고, '한가한 심사숙고'는 행동파인 나와는 상관없다는 것 등을 나는 알고 있다. 마지막으로, 전체로서 지식의 사회적 저장고는 그 나름의 상관성 구조를 가지고 있다. 그래서 미국 사회에서 객관화된 지식 저장고에 의하면, 별들의 움직임을 연구하는 것은 주식 시장 예측과 상관없는 일이지만, 어떤 개인의 말실수를 연구하는 것은

---

12) (옮긴이) 헝가리 요리로, 양파를 볶아서 파프리카로 양념을 한 쇠고기 스튜.

그의 성생활에 대해 알아내는 데 상관이 있다. 반대로 다른 사회에서는 점성술이 경제학에 고도로 관련될 수 있으나, 담화분석은 성애적 호기심과 그다지 관련 없을 수 있다.

마지막으로 지식의 사회적 분배에 대하여 한 가지 언급하겠다. 나는 일상생활에서 사회적으로 분배된 지식, 곧 각기 다른 개인과 그 개인들의 각기 다른 유형에 의해 각기 다르게 소유된 지식과 마주친다. 나는 내 지식을 동료들과 똑같이 공유하지 않으며, 누구와도 공유하지 않는 지식도 있을 것이다. 나는 나의 전문적인 기술을 동료와 공유하지만 가족과는 그러지 않으며, 카드 게임에서 속이는 방법은 누구와도 공유하지 않을 것이다. 일상생활의 실재의 특정 요소들에 대한 지식의 사회적 분배는 고도로 복잡하며, 심지어 외부인에게는 혼란스러운 것일 수도 있다. 짐작건대 나는 내 신체의 병을 치유하는 데 필요한 지식만을 가지고 있지 않은 것이 아니라, 당황스러울 정도로 다양한 전문의 가운데 누가 나를 괴롭히는 병에 대한 전문가인지에 대해서도 모를 수 있다. 그러한 경우에, 나는 전문가의 진단뿐 아니라, 먼저 전문가에 대한 전문가의 진단도 필요로 한다. 지식의 사회적 분배는 내가 나의 동료들에게 알려져 있는 모든 지식을 알지 못하며, 그 동료들도 내가 알고 있는 모든 지식을 알지 못한다는 단순한 사실과 함께 시작하며, 이는 극도로 복잡하고 난해한 전문 지식 체계에서 정점에 이른다. 사회적으로 유용한 지식 저장고가 **어떻게** 분배되는지에 대한 (최소한 개략적인) 지식은, 그 동일한 지식 저장고에서 중요한 요소이다. 일상생활에서 나는 적어도 대강은 누구로부터 무엇을 갋출 수 있는지, 내가 알지 못하는 정보를 위해 누구에게 도움을 청해야 하는지, 그리고 어떠한 유형의 개인들에게 어떠한 유형의 정보가 있다고 기대되는지 알고 있다.

2부

객관적 실재로서의 사회

1. 제도화

유기체와 활동

인간은 동물의 왕국에서 독특한 위치를 차지하고 있다.[1] 다른 고등 동물들과 달리 인간은 그 종 특유의 환경,[2] 곧 자신의 본능적인 조직

---

1) 동물 왕국에서 인간이 차지하는 독특한 지위에 대한 최근 생물학적 연구로는 다음을 참조하라. Jakob von Uexküll, *Bedeutungslehre*(Hamburg: Rowohlt, 1958); F. J. J. Buytendijk, *Mensch und Tier*(Hamburg: Rowohlt, 1958); Adolf Portmann, *Zoologie und das neue Bild vom Menschen*(Hamburg: Rowohlt, 1956). 철학적 인간학의 견지에서 이들 생물학적 관점에 대한 가장 중요한 평가로는 헬무트 플레스너(Helmuth Plessner, *Die Stufen des Organischen und der Mensch*, 1928 and 1965)와 아르놀트 겔렌(Arnold Gehlen, *Der Mensch, seine Natur und seine Stellung in der Welt*, 1940 and 1950)이 있다. 제도의 사회학 이론의 견지에서 이 관점들을 더욱 발전시킨 사람은 겔렌이었다(특히 그의 책 *Urmensch und Spätkultur*, 1956〔『최초의 인간과 그 이후의 문화』(발췌 번역본), 박만준 옮김, 지식을만드는지식, 2011〕). 제도의 사회학 이론에 대한 소개는 Peter L. Berger and Hansfried Kellner, "Arnold Gehlen and the Theory of Institutions," *Social Research*, 32, 1, 1965, pp. 110 이하를 참조하라.

2) '종 특유의 환경species-specific environment'이란 용어는 폰 윅스퀼Jakob von Uexküll

에 의해서 확고하게 구조화된 환경을 가지고 있지 않다. 개의 세계나 말의 세계라고 할 수 있는 그런 의미에서 인간의 세계란 없다. 개별적인 학습과 축적의 영역이 있음에도 불구하고, 개별적인 개나 말은 — 자기 종의 모든 다른 구성원들과 공유하는 — 환경과 거의 고정된 관계를 맺고 있다. 이것의 한 가지 분명한 결과는, 인간에 비해 개와 말은 특정한 지리적 분포에 훨씬 더 제한되어 있다는 것이다. 그러나 이 동물들의 환경의 특유성은 지리적 한계 이상이다. 지리적인 차이를 고려하더라도, 동물들의 환경과의 관계는 생물학적으로 고정된 특징을 갖고 있다는 데 그 특유성이 있다. 이런 의미에서, 인간 이외의 모든 동물은 종으로서 그리고 개체로서 그 구조가 동물 종의 몇몇 생물학적 능력에 의해 미리 결정되어 있는 폐쇄적인 세계에 살고 있다.

반대로 인간의 환경과의 관계는 세계 개방성[3]에 의해 특징지어진다. 인간은 지구상의 대부분의 지역에서 정착하는 데 성공했을 뿐만 아니라, 주변 환경과의 관계는 모든 곳에서 인간 자신의 생물학적 구조에 의해 매우 불완전하게 구조화되어 있다. 이중 후자는 확실히 인간으로 하여금 여러 다른 활동에 참여하도록 허용한다. 그러나 인간이 한 곳에서는 유목 생활을 하고, 다른 곳에서는 농경 생활을 한다는 사실은 생물학적 과정에 의해서 설명될 수 없다. 이것은 물론 인간이 환경과 관계를 맺는 데 생물학적으로 결정된 한계가 없다는 의미는 아니다. 인간 종 특유의 감각 능력과 운동 능력은 그 가능성들의 범위에 명백한 한계를 부과한다. 인간의 생물학적 구조의 특유성은 오히려 인간의 본

로부터 가져온 것이다.

3) '세계 개방성world-openness'이란 용어의 인간학적 함의는 플레스너와 겔렌에 의해서 발전되었다.

능적인 구성 요소에 있다.

인간의 본능적 조직은 다른 고등동물의 본능적 조직과 비교해서 덜 발달되어 있다고 묘사할 수 있다. 인간은 물론 충동을 가지고 있다. 그러나 이 충동들은 거의 분화되어 있지 않으며, 통제되어 있지도 않다. 이는 인간 유기체가 체질적으로 주어진 능력을 매우 넓은, 게다가 끊임없이 변할 수 있고 또 변하는 활동 영역에 적용할 능력이 있다는 의미이다. 이러한 인간 유기체의 특유성은 인간의 개체발생적ontogenetic 발달에 근거해 있다.[4] 실제로 이 문제를 유기체의 발달이라는 견지에서 보면, 인간의 태아 기간은 생후 약 1년 동안 연장된다고 말할 수 있다.[5] 동물의 경우에는 어미의 몸속에서 완성되는 중요한 유기체의 발달들이, 인간 아기의 경우에는 자궁으로부터 분리된 이후 일어난다. 그러나 이때 인간의 아기는 바깥 세계 **안에** 있을 뿐만 아니라, 수많은 복잡한 방식으로 바깥 세계와 상호관계를 맺는다.

그래서 인간 유기체는 이미 환경과 관계를 맺고 있는 동안에도 생물학적으로는 여전히 발달하고 있다. 달리 말하자면, 인간이 되는 과정은 환경과의 상호관계 속에서 일어난다. 이 환경이 자연적이면서 동시에 인간적이라는 것을 상기한다면, 이 진술은 중요성을 얻게 된다. 즉, 발달하고 있는 인간은 특정한 자연환경과 상호관계를 맺을 뿐 아니라, 그를 돌보는 중요한 타자들에 의해 매개되는 독특한 문화적·사회적 질서와도 상호관계를 맺는다.[6] 인간 아기의 생존이 특정한 사회적 환경

---

4) 개체발생적으로 근거 지어진 인간 유기체의 독특성은 특히 포트만Adolf Portmann의 조사 연구가 잘 보여준다.

5) 인간의 태아 기간이 생의 첫 해까지 연장된다는 주장은 포트만이 제기했으며, 그는 그해를 "자궁 밖의 봄extrauterine Frühjahr"라고 불렀다.

에 의존할 뿐만 아니라, 그의 유기체적 발달의 방향도 사회적으로 결정된다. 출생의 순간부터 인간의 유기체적 발달과 사실상 생물학적 존재의 많은 부분이 사회적으로 결정된 지속적인 간섭에 종속된다.

이 두 가지 환경과의 상호관계 안에서 인간이 되어가는 가능하고 상이한 방식들의 범위에 명백하게 생리학적 제한이 있음에도 불구하고, 인간 유기체는 자신에게 작용하는 환경의 힘에 반응하는 데 엄청난 유연성을 보인다. 이것은 특히 다양한 사회문화적 결정에 종속되는 인간의 생물학적 체질의 유연성을 관찰해보면 명백하다. 인간이 되어가고 또 되는 방식들이 인간 문화의 수만큼 많은 것은 민족학적 상식이다. 인간다움은 사회문화적으로 다양하다. 달리 말하자면, 사회문화적 형성의 가변성을 결정하는 생물학적으로 고정된 본체라는 의미에서의 인간 본질이란 없다. 인간의 사회문화적 형성을 제한하고 허용하는 인간학적 상수(예를 들어, 세계 개방성과 본능적 구조의 유연성)라는 의미에서의 인간 본질이 있을 뿐이다. 그러나 이 인간다움이 만들어지는 구체적인 모양은 그 사회문화적 형성에 의해서 결정되며, 그 형성의 수많은 변화와 관련된다. 인간은 본질을 가지고 있다고 말하는 것이 가능하기는 하지만, 인간은 자신의 본질을 만들어낸다거나, 보다 단순하게 인간은 스스로를 생산한다고 말하는 것이 보다 의미 있다.[7]

---

6) '중요한 타자들significant others'이라는 용어는 조지 허버트 미드로부터 가져온 것이다. 미드의 자아의 개체발생 이론에 대해서는 그의 *Mind, Self and Society*(Chicago: University of Chicago Press, 1934)〔『정신 자아 사회』, 나은영 옮김, 한길사, 2010〕를 참조하라. 미드의 저작들을 유용하게 간추린 것으로는 Anselm Strauss (ed.), *George Herbert Mead on Social Psychology*(Chicago: University of Chicago Press, 1964)를 보라. 시사점이 많은 이차적 논의로는 Maurice Natanson, *The Social Dynamics of George H. Mead*(Washington: Public Affairs Press, 1956)를 보라.

7) 자기 생산적self-producing 존재로서의 인간 개념과 '인간 본질' 개념 사이에는 근본적인 이

성sexuality에 대한 민족학적 증거는 인간 유기체의 유연함과 사회적으로 결정되는 간섭에 영향받기 쉬운 특성을 가장 잘 보여준다.[8] 인간은 다른 고등동물과 비견할 만한 성충동을 지니고 있지만, 인간의 성은 고도의 유연성에 의해 특징지어진다. 인간의 성은 상대적으로 시간적 리듬으로부터 독립적일 뿐만 아니라, 그것이 향해 있는 대상과 그 표현 방식에 있어서 유연하다. 민족학적 증거가 보여주는 바는 인간은 성적인 문제에 있어서 거의 어떠한 일이든 할 수 있다는 것이다. 사람은 자신의 성적 상상력을 열렬한 욕정의 정도까지 자극할 수는 있지만, 다른 어떤 문화에서 확립되어 있는 규범 또는 적어도 수월하게 벌어질 수 있는 일과 일치하지 않는 어떤 이미지를 떠올릴 수는 없을 것 같다. '정상성'이라는 용어가 인류학적으로 근본적인 것 또는 문화적으로 보편적인 것을 가리킨다면, 정상성과 그 반대어 모두 인간의 성의 다양한 형태들에 의미 있게 적용될 수 없다. 물론 동시에 모든 특정한 문화에서 인간의 성은 통제되어 있으며, 때로는 굳게 구조화되어 있다. 모든 문화는 나름의 분화된 성적 행동의 유형과 성 영역에서 나름의 '인

분법이 있다. 이것은 한편으로 마르크스와 엄밀하게 사회학적인 관점(특별히 미드의 사회심리학에 근거해 있는 관점)이, 다른 한편으로 프로이트와 대부분의 비非프로이트적인 심리학적 관점이 있으며, 그 사이에 명백한 인간학적 차이를 이룬다. 오늘날 사회학 영역과 심리학 영역 사이에 어떠한 의미 있는 대화를 하려고 한다면, 이 차이를 명백히 하는 것이 매우 중요하다. 사회학 이론 자체 내에서도 '사회학적' 축 또는 '심리학적' 축에 가까운 정도에 따라 입장을 구분하는 것이 가능하다. 아마도 빌프레도 파레토Vilfredo Pareto는 사회학 자체 내에서 '심리학적' 축에 대한 가장 정교한 접근을 표현하고 있다. 부수적으로, '인간 본질' 전제를 받아들이느냐 거부하느냐는 정치적 이데올로기에 따라 흥미로운 함의를 가지고 있는데, 이 논의를 여기서 전개할 수는 없다.
8) 이와 관련하여, 브로니슬라브 말리노프스키Bronislaw Malinowski, 루스 베네딕트Ruth Benedict, 마거릿 미드Margaret Mead, 클라이드 클럭혼Clyde Kluckhohn과 조지 머독 George Murdock의 저작들이 인용될 수 있다.

류학적' 가정들을 가진 독특한 성적인 특징을 가지고 있다. 이러한 특징들의 경험적 상대성, 무수한 다양성과 풍부한 독창성은 이 특징들이 생물학적으로 고정된 인간 본질의 산물이라기보다는 인간 자신의 사회문화적 형성의 산물이라는 것을 보여준다.[9]

또한 인간 유기체가 환경과의 상호관계 속에 완성을 향해 발전해가는 기간은 인간 자아가 형성되는 기간이다. 따라서 자아의 형성도 진행되는 유기체적 발전과 사회적 과정의 관계 안에서 이해되어야 한다. 이 사회적 과정 안에서 자연 환경과 인간 환경이 중요한 타자들을 통하여 매개된다.[10] 자아를 위한 유전적 전제 조건은 물론 출생 시에 주어져 있다. 그러나 주관적으로나 객관적으로 인지할 수 있는 정체성으로서 나중에 경험되는 자아는 그렇지 않다. 유기체의 완성을 결정하는 그 동일한 사회적 과정들이 특유하고 문화적으로 상대적인 형태의 자아를 만들어낸다. 사회적 산물로서 자아의 특징은 개인이 자신(예를 들어, 문제의 문화에서 그 정체성이 정의되고 형성되는 특정한 방식에서 '한 남자')이라고 인정하는 특정한 형태에 한정되는 것이 아니라, 그 특정한 형태의 부속물 역할을 하는 포괄적인 심리학적 능력(예를 들어, '남성다운' 감정, 태도, 심지어 신체적 반응)까지 포함한다. 그러므로 유기체, 더 더구나 자아는 그들이 형성되는 특정한 사회적 맥락으로부터 떼어놓고는 적절하게 이해될 수 없다는 것은 말할 필요도 없다.

사회적으로 결정된 환경 안에서 인간 유기체와 인간 자아의 공통적인 발전은 유기체와 자아의 특수한 인간관계와 관련된다. 이 관계는 특

---

9) 여기에 제시된 인간의 성적 유연성에 대한 견해는 본래적으로 형성되어 있지 않은 리비도 libido의 성격에 대한 프로이트의 개념과 유사하다.

10) 이 점은 조지 허버트 미드의 자아의 사회적 생성 이론에 설명되어 있다.

이한 것이다.[11] 한편으로, 인간은 다른 동물 유기체에 대하여 말할 수 있는 것과 동일한 방식으로 하나의 육체**이다**. 다른 한편으로, 인간은 육체를 **가지고 있다**. 즉, 인간은 자신을 그의 육체와 동일하지 않지만, 반대로 자신의 마음대로 할 수 있는 육체를 가진 하나의 총체로서 경험한다. 달리 말하자면, 인간의 자신에 대한 경험은 항상 육체인 것과 육체를 가진 것 사이의 균형, 곧 거듭 재수정되는 균형 가운데에서 맴돈다. 자신의 육체에 대한 인간 경험의 이러한 특이성은 인간 활동을 물리적 환경 안에서의 행동으로서, 그리고 주관적 의미의 외재화로서 분석하는 특정한 결과를 낳는다. 근본적인 인류학적 사실에 근거한 이유들 때문에, 인간 현상에 대한 적절한 이해는 이 두 가지 면을 모두 고려해야 할 것이다.

이제까지의 논의로부터, 인간은 자신을 생산한다는 명제가 결코 고독한 개인의 일종의 프로메테우스적 비전을 의미하지 않는다는 것을 명확히 해야 한다.[12] 인간의 자기 생산은 항상 그리고 필연적으로 사회적 기획이다. 인간은 **함께** 인간 환경을 만드는데, 이는 사회문화적 형성과 심리학적 형성의 종합으로서 이루어진다. 이러한 형성의 어떠한

---

11) '특이성eccentricity'이라는 개념은 플레스너로부터 가져왔다. 철학적 인간학에 대한 셸러의 후기 저작에서 비슷한 관점들을 발견할 수 있다. Max Scheler, *Die Stellung des Menschen im Kosmos* (Munich: Nymphenburger Verlagshandlung, 1947)〔『우주에서 인간의 위치』, 진교훈 옮김, 아카넷, 2001〕를 참조하라.

12) 인간의 자기 생산의 사회적 특징은 슈티르너Max Stirner를 비판한 마르크스의『독일 이데올로기』에서 가장 날카롭게 발전되었다. 초기의 실존주의로부터 후기에 마르크스주의로 옮겨 간 사르트르Jean-Paul Sartre의 발전, 곧『존재와 무L'être et le néant』로부터『변증법적 이성비판Critique de la raison dialectique』로의 발전은 현대의 철학적 인간학에서 사회학적으로 중요한 통찰을 성취한 가장 인상 깊은 보기이다. 거시적인 사회-역사적 과정들과 개인적 생애 사이의 '중개'에 대한 사르트르 자신의 관심은 미드의 사회심리학의 고려를 통하여 한 번 더 그 의의가 평가될 수 있을 것이다.

것도 인간의 생물학적 체질의 산물로서 이해될 수 없다. 논의한 대로, 생물학적 체질은 단지 인간의 생산적 활동에 외부적 제한만을 줄 수 있을 뿐이다. 인간이 고립되어 인간으로 발전해가는 것이 불가능하듯이, 고립된 인간이 인간 환경을 만드는 것도 불가능하다. 고립된 인간 존재는 (당연히 인간이 다른 동물과 공유하는) 동물 수준에 있는 존재이다. 본질적으로 인간적인 현상을 관찰해보면, 곧 사회적인 것의 영역으로 들어가게 된다. 인간의 특징적인 인간성과 사회성은 분리할 수 없게 서로 얽혀 있다. 호모 사피엔스*Homo sapiens*는 항상 그리고 같은 정도로 호모 소시우스*Homo socius*이다.[13]

인간 유기체에는 인간 행동에 안정성을 주는 데 필요한 생물학적 수단이 결핍되어 있다. 만약에 유기체적 근원 그 자체까지 거슬러 올라간다면, 인간 존재는 일종의 혼돈 가운데 있는 존재일 것이다. 그러나 그 혼돈은 이론적으로는 생각해볼 수 있을지라도 경험적으로는 불가능하다. 경험적으로 인간 존재는 질서, 방향, 안정성의 맥락에서 생겨난다. 그렇다면 질문이 제기된다. 경험적으로 존재하는 인간 질서의 안정성은 무엇으로부터 유래하는가? 해답은 두 가지 수준에서 주어질 수 있다. 먼저 주어진 사회 질서가 어떠한 개인적인 유기체적 발전보다 앞선다는 명백한 사실을 지적할 수 있다. 즉, 세계 개방성은 인간의 생물학적 구조에 본질적으로 내재하기는 하지만, 항상 사회 질서에 의해 선취先取된다. 또한 생물학적으로 내재적인 인간 존재의 세계 개방성은 항상 그리고 반드시 사회 질서에 의해서 상대적인 세계 폐쇄성으로 변

---

13) 인간의 인간성과 사회성 사이의 불가분의 관계는 뒤르케임에 의하여, 특히 그의 『종교생활의 원초적 형태*Les Formes élémentaires de la vie religieuse*』의 결론 부분에서 가장 날카롭게 정식화되어 있다.

형되어야 한다고 말할 수 있다. 단지 인간적으로 생산되고 그래서 '인공적'이라는 특징 때문에, 이러한 재再폐쇄는 동물 존재의 폐쇄성과 전혀 유사하지 않지만, 그럼에도 불구하고 대부분의 인간 행위에 방향과 안정성을 제공할 수 있다. 그렇다면 질문은 다른 수준으로 넘어간다. 즉, 사회 질서 그 자체는 어떤 방식으로 발생하는가라고 질문할 수 있다.

이 질문에 대한 가장 일반적인 해답은 사회 질서는 인간의 산물, 보다 정확하게 말하자면 항상 진행 중인 인간의 산물이라는 것이다. 사회 질서는 인간의 지속적인 외재화 과정 가운데 인간에 의해 만들어진다. 사회 질서는 생물학적으로 주어지거나, 그 질서의 경험적 표현에 드러난 어떤 생물학적 **재료**로부터 유래한 것이 아니다. 또한 덧붙일 필요도 없이, 비록 자연 환경의 독특한 특질들이 사회 질서의 어떤 특질들(예를 들어, 사회 질서의 경제적 또는 기술적 배열)을 결정하는 요소가 될 수는 있지만, 사회 질서는 인간의 자연 환경 안에 주어진 것이 아니다. 사회 질서는 '사물들의 본질'의 부분이 아니며, '자연의 법칙들'로부터 유래할 수 없다.[14] 사회 질서는 **오로지** 인간 활동의 산물로서 존재한다. 경험적으로 드러난 사실을 서툴게 혼돈하지만 않는다면, 사회 질서에 다른 어떠한 존재론적 지위를 부여할 일은 없을 것이다. 그것은 그 생성(사회 질서는 과거 인간 활동의 결과이다)에 있어서, 그리고 얼마 동안 존재하든지 간에 그 사회적 존재(사회 질서는 오로지 인간 활동이 그것을 생산하기 위해 지속하는 한 존재한다)에 있어서 인간의 산물이다.

인간 외재화의 사회적 산물은 유기체적 맥락과 환경적 맥락에 대하

---

14) 사회 질서는 어떠한 '자연의 법칙들laws of nature'에도 근거하지 않는다고 주장함에 있어, 우리는 사실상 '자연 법칙natural law'의 형이상학적 개념에 대해 어떤 입장을 취하지 않고 있다. 우리의 주장은 경험적으로 가능한 자연의 사실들에 국한된다.

여 독립적인 나름의 고유한*sui generis* 특징을 가지고 있지만, 외재화 그 자체가 인간학적 필요성이라는 점을 강조하는 것이 중요하다.[15] 인간 존재는 고요한 내면의 폐쇄된 영역 안에서는 불가능하다. 인간 존재는 활동 가운데 자신을 지속적으로 외재화해야 한다. 이 인간학적 필요성은 인간의 생물학적 체질에 근거해 있다.[16] 인간 유기체의 선천적인 불안정성은 인간 스스로 자신의 행동을 위한 안정적인 환경을 제공하는 것을 필수불가결하게 만든다. 인간은 스스로 자신의 충동을 한정하고 방향 지어야 한다. 이러한 생물학적 사실들은 사회 질서의 생산을 위해 필수적인 전제로 작용한다. 달리 말하자면, 현존 사회 질서는 생물학적 **재료**로부터 기원할 수 없지만, 그러한 사회 질서를 위한 필요성은 인간의 생물학적 체질로부터 유래한다.

사회 질서의 출현, 유지와 전달의 — 생물학적 상수들에 의해 가정된 것이 아닌 — 원인들을 이해하기 위해서는 제도화의 이론으로 귀착되는 분석을 수행해야 한다.

제도화의 기원

모든 인간 활동은 습관화되기 쉽다. 반복되는 어떠한 행위도 흔히 하나의 유형이 되고, 그 유형은 노력의 경제[17]와 함께 재생산될 수 있으

---

15) 사회 질서의 고유하고 독특한 특징에 대해 가장 강하게 주장한 이는 특히 『사회학적 방법의 규칙들*Règles de la méthode sociologique*』에서 뒤르케임이었다. 외재화의 인간학적 필요성은 헤겔과 마르크스에 의해 발전되었다.

16) 외재화의 생물학적 기초와 그것의 제도의 출현과의 관계는 아르놀트 겔렌에 의해 발전되었다.

며, 사실상 그 수행자에 의해 바로 그 유형**으로서** 이해된다. 나아가 습관화는 문제의 행위가 미래에 동일한 방식으로 동일한 경제적 노력을 들여 다시 수행될 수 있음을 의미한다. 이것은 비非사회적 활동뿐만 아니라 사회적 활동도 그러하다. 심지어 그 유명한 무인도에 고립된 개인도 자신의 활동을 습관화한다. 아침에 일어나서 나뭇가지로 카누를 만드는 시도를 다시 시작할 때, 이를테면 모두 열 단계로 이루어진 작업 과정 가운데 첫번째 단계를 시작하면서 스스로에게 이렇게 중얼거릴 수 있다. "또 시작이네." 달리 말해서, 고립된 인간도 최소한 자신의 작업 과정이라는 친구를 가지고 있다는 것이다.

습관화된 행위들은 비록 그 행위와 관련된 의미들이 개인의 일반적인 지식 저장고에 판에 박힌 일로 새겨져서, 그에게 당연하게 여겨지고 미래의 활동을 위해 즉시 사용할 수 있게 되겠지만, 그 개인에게 의미 있는 특성을 유지한다.[18] 습관화는 선택의 폭이 좁아진다는 중요한 심리학적 이점을 가지고 있다. 이론상으로는 나뭇가지로 카누를 만드는 방법이 수백 가지가 있을 수 있겠지만, 습관화는 그 방법을 한 가지로 좁혀준다. 습관화는 미리 방향 지어지지 않은 인간의 본능적 구조에 기초를 둔 심리학적 안정감을 주면서, 개인을 '그 모든 결정들'의 부담으로부터 자유롭게 해준다. 습관화는 인간의 생물학적 체질 속에는 결여되어 있는 활동의 방향과 전문성을 제공함으로써, 맹목적인 충동

---

17) (옮긴이) '노력의 경제economy of effort'는 노력 집중의 원칙으로서, 목표를 성취하기 위해 가능한 자원을 집중적으로 사용하는 것을 의미한다. 여기서는 이전에 했던 행위를 반복함으로써, 가능한 행위의 선택지 가운데 하나를 골라야 하는 의식적 노력을 줄이는 것을 의미한다.

18) '지식 저장고stock of knowledge'라는 용어는 알프레드 슈츠로부터 가져온 것이다.

에서 기인하는 긴장의 축적을 완화시켜준다.[19] 대부분의 시간 동안 최소한의 의사 결정만으로 인간이 활동할 수 있는 안정적인 배경을 제공함으로써, 습관화는 어떤 일에 필요할 수 있는 결정을 하기 위한 에너지를 마련해준다. 달리 말하자면, 습관화된 활동의 배경은 숙고와 혁신을 위한 전경前景, foreground을 열어준다.[20]

인간이 자신의 활동에 부여하는 의미라는 견지에서, 습관화는 각각의 상황을 단계적으로 새로이 정의하는 것을 불필요하게 만들어준다.[21] 상당히 다양한 상황들이 이미 정의된 범주 아래 포함된다. 따라서 이 상황들에서 행해지는 활동은 예상될 수 있다. 심지어 행동의 대안들도 관례적인 유형 안에서 예상될 수 있다.

이러한 습관화의 과정들은 어떠한 제도화보다도 우선하며, 사실상 어떠한 사회적 교섭으로부터도 분리된 가설적인 고립된 개인에게도 적용될 수 있다. 그러한 고립된 개인이라도 그가 자아로 형성되었다면(나뭇가지로 카누를 만드는 사람의 경우에서 우리가 가정해야 했던 것처럼), 자신의 고립에 선행하는 사회 제도들의 세계에 대한 생애적 경험에 따라 그의 활동을 습관화할 것이라는 사실은 현재 우리의 관심사가 아니다. 경험적으로, 인간 활동 가운데 보다 중요한 습관화된 부분은 인간 활동의 제도화와 동연한다.[22] 그렇다면 문제는 어떻게 제도가 발생하는

---

19) 겔렌은 '본능적 충동Triebüberschuss'과 '부담 완화Entlastung'라는 개념에서 이 점을 언급한다.

20) 겔렌은 '배경의 충만함Hintergrundserfüllung'이라는 개념에서 이 점을 언급한다.

21) '상황의 정의the definition of the situation'라는 개념은 윌리엄 토머스William I. Thomas에 의해 만들어졌으며, 그의 사회학 저작을 통해 발전되었다.

22) (옮긴이) '동연同延, coextensive한다'는 것은 동일한 시공간에 걸쳐 존재한다는 뜻이다. 여기서는 습관화와 제도화가 함께 존재함을 뜻한다.

가 하는 것이다.

제도화는 여러 유형의 행위자에 의해 습관화된 행위들의 상호적인 전형화가 이루어지면 언제나 발생한다. 달리 말하자면, 그러한 어떠한 전형도 하나의 제도이다.[23] 강조되어야 할 것은 제도적 전형의 상호성과 행위뿐만 아니라 제도 안에 있는 행위자들의 전형성이다. 제도를 구성하는 습관화된 행위들의 전형은 항상 공유된 것들이다. 그 전형은 문제의 특정한 사회 집단의 모든 구성원들에게 **사용 가능**하며, 제도 그 자체는 개별적인 행위들뿐만 아니라 개인 행위자들도 전형화한다. 제도는 유형 X의 행위가 유형 X의 행위자들에 의해 행해질 것이라고 가정한다. 예를 들면, 법 제도는 특정한 상황에서 특정한 방법으로 참수형이 행해지며, 특정한 유형의 개인들(말하자면, 사형 집행인, 불순한 계층의 사람, 특정한 나이 이하의 처녀, 또는 신탁에 의해 지정된 사람)이 참수를 행하게 된다는 것을 가정한다.

나아가 제도는 역사성과 통제를 의미한다. 행위의 상호적인 전형화는 공유된 역사의 과정 가운데 형성된다. 그 전형들은 순간적으로 만들어질 수 없다. 제도는 항상 역사를 가지고 있으며, 역사의 산물이다. 제도가 생성되는 역사적 과정에 대한 이해 없이 제도를 제대로 이해하는 것은 불가능하다. 제도가 존재한다는 바로 그 사실에 의해, 제도는 또한 이론적으로 가능한 많은 다른 방향들에 반하여 하나의 방향으로

---

23) 우리는 이 '제도'의 개념이 현대 사회학에서 널리 쓰이고 있는 개념보다 더 넓은 의미라는 사실을 의식하고 있다. 우리는 그렇게 넓은 개념이 기본적인 사회적 과정에 대한 포괄적인 분석을 위해서 유용하다고 생각한다. 사회 통제에 대해서는 다음을 참조하라. Friedrich Tenbruck, "Soziale Kontrolle," *Staatslexikon der Görres-Gesellschaft* (1962) 와 Heinrich Popitz, "Soziale Normen," *European Journal of Sociology*, Vol 2, Issue 2(1961).

이끄는 미리 정의된 행동 유형을 만들어냄으로써 인간 행동을 통제한다. 이러한 통제하는 특성은 제도를 지지하기 위해 특별히 마련된 어떤 제재의 기제 이전에, 또는 그것과 상관없이 제도 그 자체에 내재해 있다. 이 기제들(그것들을 통틀어 일반적으로 사회 통제 체계라고 부른다)은 물론 많은 제도와 우리가 사회라고 부르는 모든 제도의 집합 안에 존재한다. 그러나 그 기제의 통제적 효력은 이차적인 또는 부수적인 것이다. 나중에 다시 살펴보겠지만, 일차적인 사회 통제는 제도 자체의 존재 안에 주어져 있다. 인간 활동의 한 부분이 제도화되었다고 말하는 것은 그 부분이 이미 사회의 통제 아래 있다는 것을 뜻한다. 부가적인 통제 기제는 오로지 제도화의 과정들이 완전히 성공적이지 못할 때에만 요청된다. 그래서 예를 들어 법은 근친상간 금기를 어기는 사람은 누구든지 참수형에 처한다고 규정할 수 있다. 이 규정은 그 금기를 어기는 사람들이 있었기 때문에 필수적일 수 있다. (여기서 자세히 언급할 필요가 없는 특별한 사례이긴 하지만, 근친상간 금기에 의해 서술된 제도 자체가 해체의 과정에 있지 않다면) 이 제재가 지속적으로 발동되어야 할 것 같지는 않다. 그러므로 인간의 성性이 어떤 개인들을 참수함으로써 사회적으로 통제된다고 말하는 것은 그다지 타당하지 않다. 오히려 인간의 성은 문제가 되는 특별한 역사의 과정 안에서 성의 제도화에 의해 사회적으로 통제된다. 물론 근친상간 금기 자체가 애초에 어떤 성적 행동이 근친상간이고 어떤 것이 그렇지 않은지 규정하는 전형들의 집합의 부정적인 측면에 불과하다고 첨언할 수도 있다.

실제 경험에서 보면 제도는 일반적으로 상당한 수의 사람들을 포함하는 집합체 안에서 나타난다. 그러나 상호적인 전형의 제도화 과정은 심지어 두 개인이 새로이 교섭을 시작할 때에도 일어난다는 점을 강조하는 것이 이론적으로 중요하다. 제도화는 시간적으로 지속하는 모든 사회적 상황 속에서 시작된다. 전혀 다른 사회적 세계로부터 온 두 사람이 교섭을 시작한다고 가정해보자. '사람'이라고 말함으로써, 우리는 이 두 개인이 자아를, 곧 당연히 사회적 과정에서만 생길 수 있는 무언가를 형성했다고 가정한다. 따라서 여기서는 아담과 이브의 경우나 원시 정글의 개간지에서 만난 두 '야생의' 아이들의 경우를 제외하고 있다. 그러나 그 두 개인이 서로 분리되어 역사적으로 생성되어온 사회세계로부터 그들이 만나는 장소에 이르러서, 참여자 모두에게 제도적으로 정의되어 있지 않은 상황에서 교섭이 일어난다고 가정하고 있다. 맨 프라이데이[24]가 무인도에서 우리의 카누 제작자와 만나는 것을 상상할 수도 있고, 맨 프라이데이를 파푸아인으로 카누 제작자를 미국인으로 상상할 수도 있을 것이다. 그러나 그러한 경우에 그 미국인은 로빈슨 크루소의 이야기를 읽었거나 들었을 가능성이 있으며, 그 이야기는 적어도 그에게 그 상황에 대한 어느 정도의 사전 정의를 제공해줄 것이다. 따라서 이 두 사람을 단순히 A와 B로 부르기로 하자.

A와 B가 어떤 식으로든 교섭을 하면, 상당히 빨리 전형들이 만들어질 것이다. A는 B가 행하는 것을 지켜본다. 그는 B의 행위에 동기가 있다고 생각하고, 행위가 반복되는 것을 보면서 그 동기가 반복되는 것으로 전형화한다. B가 계속해서 행하는 것을 보면서, A는 곧 "아하, 저 친구가 또 시작하는구나"라고 스스로에게 말할 수 있게 된다. 동시에 A는 B가 그와 관련하여 같은 일을 하고 있다고 가정할 수 있다. 처

---

24) (옮긴이) 다니엘 디포의 소설 『로빈슨 크루소』에 나오는 인물로, 로빈슨 크루소는 처음에는 말이 통하지 않았던 그를 금요일에 처음 만났기 때문에 프라이데이로 이름 지었다. 소설의 영향으로 '맨 프라이데이Man Friday'는 충실하고 능력 있는 종을 가리키는 표현이 되었다.

음부터 A와 B 모두 이러한 전형의 상호성을 가정하고 있다. 그들의 교섭 과정에서 이 전형들은 특정한 행동 유형 가운데 표현될 것이다. 즉, A와 B는 서로에 대하여 역할을 수행하기 시작할 것이다. 이것은 각자가 상대방의 행위와 다른 행위를 계속하여 수행할지라도 일어날 것이다. 다른 이의 역할을 취할 가능성은 두 사람 모두에 의해 행해지는 같은 행위들과 관련하여 나타날 것이다. 즉, A는 B의 반복되는 역할들을 내면적으로 전유專有하여, 그 자신의 역할 수행을 위한 모델로 만들 것이다. 예를 들어, 음식을 준비하는 행위에서 B의 역할은 A에 의해서 그렇게 전형화되어 있을 뿐만 아니라, 하나의 구성 요소로서 A 자신의 음식 준비 역할 속으로 들어온다. 그래서 역할들 속에서 각자에게 습관화되어 있는 상호적으로 전형화된 행위들의 모음이 등장하며, 그 가운데 어떤 것들은 개별적으로 행해지고 어떤 것들은 공통으로 수행된다.[25] (단지 두 개인만이 존재하여 행위자들의 유형이 분류될 가능성이 없기 때문에) 이 상호적인 전형은 아직 제도화되지 않았지만, 제도화의 핵이 이미 존재한다는 것은 명백하다.

이 단계에서 이러한 발달로 인하여 두 개인에게 무슨 유익이 생기는지 물을 수 있을 것이다. 가장 중요한 유익은 각자가 상대방의 행위를 예측할 수 있을 것이라는 점이다. 부수적으로 두 사람의 상호 교섭도 예측 가능하게 된다. "저 친구가 또 시작하는구나"가 "**우리**가 또 시작하는군"이 되는 것이다. 이것은 두 개인 모두에게 상당한 양의 긴장을 덜어준다. 그들이 개별적으로나 공동으로 관여하게 될 수 있는 어

---

[25] '타자의 역할 취하기'라는 개념은 미드로부터 가져온 것이다. 우리는 여기서 미드의 사회화 패러다임을 가져다가 보다 넓은 제도화 문제에 적용하고 있다. 그 논의는 미드의 접근과 겔렌의 접근의 주요한 점을 결합시키고 있다.

떠한 외부적인 과제들뿐만 아니라, 그들 각자의 심리학적 경제에 있어서도 시간과 노력을 아끼게 된다. 그들이 함께하는 삶은 이제 당연하게 받아들여지는 일상의 영역이 넓어지는 것으로 정의될 수 있다. 많은 행위들이 주의를 많이 기울이지 않을 때에도 가능해진다. 각자의 행위는 더 이상 상대방을 깜짝 놀라게 하거나 잠재적인 위험의 원인이 되지 않는다. 대신에 일어나는 많은 일들은 두 사람 모두에게 일상생활의 사소한 일이 된다. 이것은 두 개인이 앞서 논의한 의미에서 그들의 개별적인 행위들과 상호 교섭 모두를 안정화하는 데 기여하는 하나의 배경을 구성하고 있다는 것을 의미한다. 이 일상적 일과의 배경의 구성은 높은 수준의 주의력을 요구하는 혁신을 위한 길을 열어주면서, 그들 사이에 분업을 가능하게 한다. 분업과 혁신은 새로운 습관화로 이끌게 되며, 나아가 두 개인 모두에게 공통적인 배경을 넓혀준다. 달리 말하자면, 사회적 세계는 그 안에 확장하는 제도적 질서의 뿌리를 담고 있는 구성의 과정 안에 있을 것이다.

다른 사람에 의해 관찰되는 모든 행위가 그들 편에서 어떤 전형화를 포함하고 있듯이, 일반적으로 한 번 이상 반복되는 모든 행위는 어느 정도 습관화되는 경향이 있다. 그러나 방금 묘사한 상호적 전형의 종류가 생겨나기 위해서는 둘 이상의 개인의 습관화된 행위가 서로 맞물리는 지속적인 사회적 상황이 있어야 한다. 어떤 행위가 이런 방식으로 상호적으로 전형화될 것인가?

일반적인 해답은 A와 B의 공통의 상황 안에서 둘 다에게 관련 있는 행위들이다. 물론 다른 상황에서는 이런 식으로 관련 있는 영역도 달라질 것이다. 어떤 영역은 A와 B의 이전 생애에서 그들이 겪어왔던 것이며, 다른 영역은 자연적이고 전前사회적인 환경의 결과일 수 있다. 이 모든 경우에 습관화되어야 할 것은 A와 B 사이의 의사소통 과정이다. 노동, 성 그리고 영역성territoriality은 전형화와 습관화의 또 다른 가능한 초점들이다. 이 다양한 영역에서 A와 B의 상황은 보다 큰 사회에서 일어나는 제도화의 패러다임이 된다.

우리의 패러다임을 한 단계 더 밀고 나가 A와 B에게 아이들이 있다고 상상해보자. 이 지점에서 상황은 질적으로 달라진다. 제3자의 출현은 A와 B 사이에 진행되고 있는 사회적 교섭의 성격을 변화시키며, 다른 사람이 계속하여 추가되면 훨씬 더 변화하게 될 것이다.[26] A와 B의 본래 상황에서 형성되는 단계에 있는 제도적 세계는 이제 다른 사람들에게 전해진다. 이 과정에서 제도화는 완성된다. A와 B 두 개인의 특별한 목적을 위한 개념들을 가지고 둘의 공통의 삶에서 수행된 습관화와 전형화는 이제 역사적인 제도가 된다. 역사성의 획득과 함께, 이 습관화와 전형화는 또 다른 중요한 특질을 얻게 된다. 보다 정확하게 말하면, A와 B가 그들 행동의 상호적인 전형화를 시작하자마자 발달하기 시작했던 특질을 완성하게 된다. 이 특질은 객관화이다. 이것은 이제 확고해진 제도(예를 들어, 아이들이 겪게 되는 가부장 제도)가 그 순간에 그 제도들을 체화'하게 된' 개인들을 초월하여 존재하는 것으로 경험된다는 의미이다. 달리 말하자면, 제도들은 이제 자체의 독특한 실재, 곧 외부적이고 강제하는 사실로서 개인과 부딪치게 되는 실재를 소유하는 것으로 경험된다.[27]

발달 초기의 제도들은 A와 B의 상호 교섭 안에서만 구성되고 유지

---

26) 이와 관련하여 2자 관계dyad에서 3자 관계triad로의 확장에 대한 게오르크 지멜Georg Simmel의 분석이 중요하다. 뒤이은 논의는 지멜과 뒤르케임의 사회적 실재의 객관성에 대한 개념을 결합한 것이다.

되는 한, 단지 그것들의 형성이라는 사실에 의해서 어느 정도의 객관성을 얻게 될지라도, 그 객관성은 여전히 빈약하고 쉽게 변화 가능하며 거의 일정하지 않다. 이것을 조금 달리 표현하면, A와 B의 활동의 일상화된 배경은 A와 B의 의도적인 간섭에 상당히 영향받기 쉬운 채로 남아 있다. 일상은 일단 형성되고 나면 지속하는 경향을 갖고 있지만, 그 일상을 변화시키거나 폐지할 수 있는 가능성은 의식 안에 항상 남아 있다. A와 B만이 이 세계를 구성하는 데 책임이 있다. A와 B는 그 세계를 변화시키거나 폐지할 수 있다. 나아가서 그들은 그들이 기억할 수 있는 공유된 생애의 과정 가운데서 그들 스스로 이 세계를 만들었기 때문에, 그렇게 형성된 세계는 그들에게 완전히 투명하게 나타난다. 그들은 그들 스스로 만든 세계를 이해한다. 이 모든 것은 새로운 세대로 전달되는 과정에서 변화한다. 제도적 세계의 객관성은 아이들에게뿐만 아니라, (거울 효과에 의해서) 부모에게도 '두터워지고' '단단해진다.' 이제 "우리가 또 시작하는군"은 "이런 일은 이런 식으로 일어나는 거야"가 된다. 그렇게 여겨지는 세계는 의식 안에서 견고함을 얻게 된다. 그 세계는 훨씬 더 견고한 방식으로 실재하게 되며, 더 이상 쉽사리 변화할 수 없게 된다. 특히 사회화의 초기 단계에서, 아이들에게 그것은 **바로 그** 세계가 된다. 부모에게 그 세계는 가단성可鍛性을 잃게 되며 '심각해진다.' 아이들에게 부모로부터 물려받은 세계는 완전히 투명하지 않다. 그들은 그것을 만들 때 역할을 하지 않았기 때문에, 마치 자연처럼 그 세계를 적어도 곳곳이 불투명한 주어진 실재로서 만나게 된다.

---

27) 뒤르케임의 견지에서, 이것은 2자 관계에서 3자 관계로의 확장과 함께 또한 그것을 넘어서 본래의 구성물이 진정한 '사회적 사실'이 된다는 것, 곧 물질성choséité을 얻게 된다는 것을 의미한다.

오로지 이 지점에서야 자연적 세계의 실재와 유사한 방식으로 개인이 마주하게 되는 포괄적이고 주어진 실재라는 의미에서의 사회적 세계를 말하는 것이 가능해진다. 오로지 이런 방식으로 하나의 객관적인 **세계로서의** 사회적 구성물이 새로운 세대에게 전달될 수 있다. 사회화의 초기 단계에서 어린아이는 자연 현상의 객관성과 사회적 구성물의 객관성을 구분하는 것이 불가능하다.[28] 사회화에 있어 가장 중요한 항목으로서, 언어는 사물들의 본질에 내재해 있는 것으로 어린아이에게 나타나며, 어린아이는 언어의 관습성이라는 개념을 이해할 수 없는 점을 들 수 있다. 어떤 사물은 불리는 **그대로이며**, 다른 어떤 것으로도 불릴 수 없다. 모든 제도는 같은 방식으로 주어진 것으로서, 변할 수 없는 것으로서, 그리고 자명한 것으로서 나타난다. 경험적으로는 있을 것 같지 않지만, 예를 들어 부모가 새로이 제도적 세계를 구성하는 경우라도, 아이들에 의해 경험되는 객관성은 이 세계에 대한 자신의 경험에 다시 반영되기 때문에, 이 세계의 객관성은 그 아이들의 사회화에 의해서 증가될 것이다. 물론 경험적으로 대부분의 부모에 의해 전달된 제도적 세계는 이미 역사적이고 객관적인 실재를 가지고 있다. 그 전달 과정은 부모의 실재에 대한 감각을 강화한다. 거칠게 이야기해서, 누군가 "이런 일은 이런 식으로 일어나는 거야"라고 말하는 것만으로, 흔히 스스로 그렇게 믿기에 충분해진다.[29]

그렇기 때문에 제도적 세계는 객관적 실재로 경험된다. 그것은 개인

---

28) 장 피아제Jean Piaget의 유아적 '실재론' 개념이 여기서 비교될 수 있다.

29) 현대 가족 제도 속에서 이 과정을 분석하고자 한다면, Peter L. Berger and Hansfried Kellner, "Marriage and the Construction of Reality," *Diogenes* 46(1964), pp. 1 이하를 참조할 것.

의 출생보다 앞서며, 그 개인이 생애에 대한 회고를 통해 접근할 수 없는 역사를 가지고 있다. 제도적 세계는 개인이 태어나기 전에 그곳에 있었으며, 개인이 죽은 뒤에도 그곳에 있을 것이다. 현존하는 제도들의 전통으로서 이 역사 자체는 객관성의 특징을 가지고 있다. 개인의 생애는 사회의 객관적 역사 안에 위치한 하나의 에피소드로서 이해된다. 개인은 역사적이고 객관적인 사실성으로서의 제도들을 거부할 수 없는 사실로서 직면하게 된다. 개인이 좋아하든 그렇지 않든, 그 제도들은 개인의 외부에, 지속적으로 그들의 실재 안에, 바로 **그곳에** 있다. 개인은 그 제도들이 사라지기를 바랄 수 없다. 제도들은 그것을 변화시키거나 회피하려는 개인의 시도에 저항한다. 제도들은 제도의 사실성이라는 절대적인 힘에 의해 그 자체 안에, 그리고 대개 그 제도의 가장 중요한 부분에 부과되는 통제 기제를 통해, 개인을 강제하는 힘을 가지고 있다. 개인이 제도의 목적과 작동 방식을 이해하지 못하더라도, 제도의 객관적 실재는 감소하지 않는다. 개인은 사회적 세계의 많은 부분을 이해할 수 없는 것으로, 제도의 불투명함 가운데 아마도 강압적인 것으로, 그럼에도 불구하고 실재하는 것으로 경험할 것이다. 제도들은 외재하는 실재로서 존재하기 때문에, 개인은 내적인 성찰을 통해서 그것을 이해할 수 없다. 개인은 마치 자연에 대하여 배워야 하듯이, '밖으로 나가서' 제도들에 대하여 배워야 한다. 이것은 인간이 만들어낸 실재로서의 사회적 세계가 자연 세계의 경우에는 가능하지 않은 방식으로 잠재적으로 이해 가능할지라도 그러하다.[30]

---

30) 앞서 묘사한 것은 사회적 실재에 대한 뒤르케임의 분석을 충실하게 따르고 있다. 이것은 사회의 의미 있는 특성에 대한 베버의 개념과 모순되지 않는다. 사회적 실재는 항상 의미 있는 인간 행위에서 유래하기 때문에, 설사 주어진 시점에 개인에게 불투명할지라도 지속적으로

　제도적 세계의 객관성은 개인에게 아무리 거대하게 보일지라도 인간에 의해 생산되고 구성되는 객관성이다. 인간 활동의 외재화된 산물이 객관성이라는 특징을 얻게 되는 과정이 객관화이다.[31] 제도적인 세계는 객관화된 인간 활동이며, 모든 개별적인 제도 역시도 그러하다. 달리 말하자면, 객관성은 인간 경험에서 사회적 세계를 특징짓지만, 그럼에도 그것을 생산하는 인간 활동과 관계없는 존재론적 지위를 얻지는 못한다. 인간은 세계를 만드는 것이 가능하지만, 그 세계를 인간 산물이 아닌 다른 무엇으로서 경험한다는 역설에 대해서는 나중에 이야기할 것이다. 지금은 생산자인 인간과 인간의 생산물인 사회적 세계 사이의 관계는 변증법적이며, 계속 그러할 것이라는 점을 강조하는 것이 중요하다. 즉, (당연히 고립되어 있지 않고 집합체 안에 있는) 인간과 그 인간의 사회적 세계는 서로 교섭한다. 산물은 그 생산자에게 반응한다. 외재화와 객관화는 끊임없는 변증법적 과정 가운데 있는 계기들이다. 이 과정에서 세번째 계기는 내재화인데(객관화된 사회적 세계는 내재화에 의해서 사회화의 과정에 있는 의식 안으로 되돌아온다), 나중에 상당히 자세하게 다룰 것이다. 그러나 이미 사회적 실재 안에 있는 이 세 변증법적 계기들의 근본적인 관계를 볼 수 있다. 각각의 계기는 사회적 세계의 기본적인 특성들에 상응한다. **사회는 인간의 산물이다. 사회는 객관적인 실재이다. 인간은 사회적 산물이다.** 이 세 계기들 가운데 어느 하나라도 빠뜨린다면, 사회적 세계의 분석은 왜곡될 것이라는 점은 이미 명

의미를 가지고 있다. 원래의 세계는 베버가 이해Verstehen라고 불렀던 것에 의해 재구성될 수 있다.

31)　'객관화objectivation'라는 용어는 헤겔주의와 마르크스주의의 물화Versachlichung로부터 유래했다.

백할 것이다.[32] 사회적 세계가 새로운 세대로 전달(즉, 사회화에서 이루어지는 내면화)되어야만 근본적인 사회적 변증법이 완전하게 드러나게 된다고 첨언할 수도 있을 것이다. 다시 말하자면, 새로운 세대가 등장해야만 사회적 세계에 대하여 제대로 말할 수 있다.

동일한 지점에서, 제도적 세계는 정당화legitimation, 곧 그 세계가 '설명될' 수 있고 올바르다고 주장될 수 있는 방식들을 필요로 한다. 이것은 그 세계가 덜 실재하는 것처럼 보이기 때문이 아니다. 앞에서 보았듯이, 사회적 세계의 실재는 전달 과정에서 그 견고함을 획득한다. 그러나 이 실재는 한 생애의 기억이라기보다는 전통으로서 새로운 세대에게 전달되는 역사적인 것이다. 우리가 제시한 전형적인 보기에서, 애초의 사회적 세계의 창조자였던 A와 B는 그들의 세계와 그 세계의 모든 부분이 만들어진 환경을 항상 재구성할 수 있다. 즉, 그들은 기억의 힘을 사용하여 제도의 의미에 도달할 수 있다. A와 B의 아이들은 완전히 다른 상황에 놓여 있다. 제도적인 역사에 대한 그들의 지식은 '전해 들은' 것이다. 그 아이들은 기억에 의해서 그 제도의 본래의 의미를 알 수 없다. 그러므로 그들에게 이 의미를 정당화하는 다양한 공식으로 해석해주는 것이 필수적인 일이 된다. 새로운 세대에게 확신을 주고자 한다면, 이 공식들은 제도적 질서의 견지에서 일관되고 포괄적이어야 할 것이다. 말하자면 동일한 이야기가 모든 아이들에게 전해져야 한다.

---

32) 현대 미국 사회학은 첫번째 계기를 빼버리는 경향이 있다. 미국 사회학의 사회에 대한 관점은 마르크스가 일컬었던 물화의 경향이 있다. 즉, 진행 중인 인간 산물로서의 사회적 실재의 특성을 가리고, 대신 사회적 실재를 자연 세계에만 적절한 사물과 같은 범주 안에서 바라봄으로써 그것을 비非변증법적으로 왜곡한다. 여기에 내포되어 있는 비인간화가 사회의 보다 큰 전통에서 유래하는 가치들에 의해 약화된다는 것은 아마도 도덕적으로는 다행스럽지만, 이론적으로는 부적합할 것이다.

이어서 확장하는 제도적 질서는 상응하는 정당화의 덮개canopy를 발달시키며, 인지적이고 규범적인 해석을 보호하는 보호막을 그 위에 펼치게 된다. 아이들은 그들을 제도적인 질서 안으로 사회화하는 동일한 과정 가운데 이러한 정당화들을 배우게 된다. 이것도 역시 나중에 더 자세하게 다룰 것이다.

제도의 역사화와 객관화와 함께 특별한 사회 통제 기제의 발달 또한 필요해진다. 만약 제도들이 그것을 만들어낸 구체적인 사회적 과정에서 있었던 본래의 상관성으로부터 이탈된 실재가 되면, 제도적으로 '프로그램화된' 행위의 과정들로부터 일탈이 생길 수 있다. 이것을 보다 단순하게 말하자면, 사람은 스스로 만든 프로그램보다는, 다른 사람이 그를 위해 만든 프로그램으로부터 일탈하게 될 가능성이 더 높을 것이다. 새로운 세대는 순응의 문제를 제기하며, 제도적 질서로의 사회화는 제재 조치를 마련할 것을 요청한다. 제도들은 개인이 어떤 특별한 상황에 부여하는 주관적 의미와는 독립적으로 개인에 대하여 권위를 주장해야 하며 또한 주장하고 있다. 제도적인 상황 정의의 우선성은 다시 정의하고자 하는 개인적 유혹을 넘어서 일관되게 유지되어야 한다. 아이들은 '처신하는 방법을 배워야' 하며, 일단 배우고 나면 '규칙을 지켜야' 한다. 당연히 어른들도 마찬가지로 지켜야 한다. 행동이 더 제도화될수록, 그 행동은 더 예측 가능해지며, 따라서 더 통제되게 된다. 제도로의 사회화가 효과적이면, 철저히 강제적인 수단들이 경제적이고 선택적으로 적용될 수 있다. 대부분 행동은 제도적으로 고정된 방향 안에서 '자연스럽게' 일어날 것이다. 의미의 수준에서 행동이 당연하게 받아들여질수록, 제도적 '프로그램'에 대한 대안들은 줄어들 가능성이 높으며, 행동은 보다 더 예측 가능하고 통제 가능해질 것이다.

　원칙상 제도화는 집합적으로 관련 있는 행위의 어떤 영역에서도 일어날 수 있다. 실제로는, 일단의 제도화 과정들은 동시에 일어난다. 이 과정들이 논리적으로 일관된 체계라고 가정할 이유는커녕, 반드시 기능적으로 '서로 잘 통합될' 것이라고 가정해야 할 선험적인 이유도 없다. 허구적 상황을 약간 바꾸어 다시 한 번 우리의 전형적인 보기로 돌아가 보자. 이번에는 부모와 아이들로 이루어진 발달 초기의 가족이 아니라, 남자 A와 양성애 여성 B와 레즈비언 C로 이루어진 독특한 삼각관계를 가정하자. 이들 세 사람의 성적인 관련성이 서로 일치하지 않으리라는 점을 상세히 논의할 필요는 없다. A와 B 사이의 관련성을 C는 공유하지 않는다. A와 B 사이의 관련성의 결과로서 생성된 습관화는, B와 C 사이의 관련성과 C와 A 사이의 관련성에 의해 생성된 습관화와 아무런 관계도 가질 필요가 없다. 결국 성애적 습관화의 두 과정, 곧 이성애와 동성애가 기능적으로 서로 통합되지 않고서, 꽃을 키우는 것(또는 적극적인 이성애 남성과 적극적인 레즈비언에게 함께 관련 있을 수 있는 일이라면 무엇이든)과 같이 서로 공유된 이해관계에 기초한 제3의 습관화와 함께 동시에 일어나지 말란 법은 없다. 달리 말하자면, 습관화 또는 초기의 제도화의 세 과정들은 기능적으로나 논리적으로 사회적 현상으로서 통합됨 없이 일어날 수 있다. A, B, C가 개인이 아니라 집합체로 가정된다 하더라도, 그들의 관련성이 어떤 내용인지에 상관없이 동일한 추론이 적용된다. 또한 습관화 또는 제도화 과정들이 우리의 보기에서 가정한 개별적인 개인 또는 집합체가 아닌 동일한 개인과 집합체에 한정될 때, 기능적 또는 논리적 통합은 선험적으로 가정될 수 없다.

　그럼에도 불구하고, 제도들이 '서로 잘 통합되는' 경향이 있다는 경험적 사실은 여전하다. 이 현상이 당연하게 받아들여지지 않는다면,

그것은 설명되어야 한다. 어떻게 설명될 수 있을까? 먼저, **어떤** 관련성들은 한 집합체의 모든 구성원들에게 공통적일 것이라고 주장할 수 있다. 다른 한편, 많은 행동의 영역들이 특정한 유형에만 관련 있을 수 있다. 후자는 적어도 이 유형들에게 상대적으로 안정적인 의미를 할당하는 방식의 초기 분화를 포함한다. 이 할당은 성sex과 같은 전前사회적인 차이에, 또는 노동 분업에 의해 생성되는 것과 같이 사회적 교섭의 과정에서 발생하는 차이에 기초해 있을 수 있다. 예를 들어, 여성만이 다산의 주술과 관련될 수 있으며, 수렵인만이 동굴 벽화 그리기에 참가할 수 있을 것이다. 또는 노인만이 기우제를 지낼 수 있으며, 무기 제작자만이 외사촌들과 함께 잠을 잘 수 있다. 그들의 외부적인 사회적 기능성 면에서, 이러한 몇 가지 행동 영역들이 **하나의** 일관된 체계로 통합될 필요는 없다. 그것들은 분리되어 행해지면서 지속적으로 공존할 수 있다. 그러나 행동들이 개별적으로 수행될 수 있을지라도, 적어도 의미는 최소한의 일관성을 향하는 경향이 있다. 연속적인 자신의 경험의 순간들을 돌이켜 보면서, 개인은 그 순간들의 의미를 일관된 생애적 틀 안에 맞추고자 한다. 개인이 다른 사람들과 함께 자신의 의미와 그들의 생애적 통합을 공유하게 되면서, 이러한 경향은 증가한다. 의미를 통합하는 이러한 경향은 심리학적 욕구에 근거할 수 있으며, 이 욕구는 생리학적으로 근거해 있을 수도 있다(즉, 인간의 심리·생리학적 구성에 통합을 추구하는 타고난 '욕구need'가 있을 수 있다). 그러나 우리의 주장은 그러한 인간학적 가정에 근거한 것이 아니라, 오히려 제도화의 과정에서 의미 있는 상호성에 대한 분석에 근거하고 있다.

이에 따라 제도의 '논리'에 대한 어떠한 주장에도 상당한 주의가 요구된다. 그 논리는 제도와 그 제도의 외적인 기능성에 있는 것이 아니라, 제도에 대한 성찰에서 그것이 다루어지는 방식에 있다. 달리 말하자면, 성찰적 의식은 제도적 질서 위에 논리의 성질을 부가한다.[33]

언어는 객관화된 사회적 세계에 근본적으로 논리를 부가한다. 정당화의 체계는 언어 위에 세워지며, 언어를 그 정당화의 주요한 수단으로 사용한다. 그렇게 제도적 질서에 부가된 '논리'는 사회적으로 유용한 지식 저장고의 부분이며, 또한 당연하게 그러한 것으로 여겨진다. 사회화가 잘된 개인은 그의 사회적 세계가 일관된 전체라고 '알고 있기' 때문에, 이러한 '지식'에 의해서 사회적 세계의 기능과 역기능을 설명하도록 제한받는다. 결과적으로, 어떤 사회를 관찰하는 사람이 그 사회의 제도들이 기능하고 통합하기로 '되어 있는 대로' 정말로 기능하고 통합하고 있다고 가정하는 것은 매우 쉽다.[34]

사실상, 제도들은 통합**되어 있다**. 그러나 그 통합은 제도들을 생산하는 사회적 과정을 위한 기능적 필수 요건이 아니다. 그것은 오히려 파생적인 방식으로 생겨난다. 개인은 자신의 생애의 맥락 안에서 개별적인 제도화된 행위들을 수행한다. 이 생애는 하나의 성찰된 전체이며, 그 전체 안에서 개별적인 행위들은 분리된 사건으로서가 아니라, 주관적으로 의미 있는 — 그 의미는 개인에게 한정된 것이 아니라, 사회적으로 만들어지고 공유된다 — 우주 안에서 관계된 부분들로 생각된

---

33) 여기서 제도의 '논리'에 대한 파레토의 분석이 관련된다. Friedrich Tenbruck, "Soziale Kontrolle"은 우리와 유사한 점을 지적하고 있다. 텐브루크 역시 "일관성을 향한 긴장"이 인간 행위의 의미 있는 특징에 뿌리내리고 있다고 주장한다.

34) 물론 이것은 기능주의적인 경향을 가진 모든 사회학이 갖고 있는 근본적인 약점이다. 여기에 대한 탁월한 비판으로는 레비스트로스Claude Lévi-Strauss가 *Tristes tropiques*(New York: Atheneum, 1964)[『슬픈 열대』, 박옥줄 옮김, 한길사, 1998]에서 보로로 족 사회에 대하여 논의하는 내용을 참조하라.

다. 오로지 이 사회적으로 공유된 의미의 우주라는 우회로를 통해서만 우리는 제도적인 통합을 위한 필요에 도달하게 된다.

이것은 사회적 현상에 대한 어떠한 분석에서든 폭넓은 함의를 지니고 있다. 제도적인 질서의 통합이 그 제도의 구성원들이 가지고 있는 '지식'에 의해서만 이해될 수 있다면, 그러한 '지식'의 분석이 문제의 제도적 질서에 대한 분석에 필수적일 것이다. 이것이 제도적 질서를 위한 정당화로서 기능하는 복잡한 이론적 체계들에 배타적으로 또는 우선적으로 몰두하는 것이 아님을 강조하는 것이 중요하다. 물론 이론들도 고려되어야 한다. 그러나 이론적인 지식은 한 사회에서 지식으로 통하는 것의 단지 작은 부분이며, 결코 가장 중요한 부분이 아니다. 이론적으로 세련된 정당화는 어떤 제도적 역사의 특정한 순간에 등장한다. 제도적 질서에 대한 주요 지식은 전前이론적 수준에 있는 지식이다. 그것은 사회세계에 대하여 '모두가 아는 것,' 격언의 집합, 도덕, 지혜로운 속담, 가치와 믿음, 신화 등등의 총합이며, 이에 대한 이론적 통합은 호메로스부터 최근의 사회학적 체계의 창건자들에 이르는 수많은 영웅적인 통합자들이 증언하는 바와 같이, 그 자체로서 상당한 지적 견고함이 요구된다. 그러나 전前이론적 수준에서 모든 제도는 전해져 내려오는 처방전 지식, 곧 제도적으로 적절한 행동 규칙을 제공하는 지식을 가지고 있다.[35]

그러한 지식은 제도화된 행동에 동기를 부여하는 힘이 된다. 그것은 제도화된 행동의 영역들을 정의하며, 그 영역들 안에 속하는 모든 상황들을 지정한다. 그러한 지식은 문제가 되는 제도의 맥락 안에서 취해

---

[35] '처방전 지식recipe knowledge'이라는 용어는 알프레드 슈츠로부터 가져온 것이다.

지는 역할들을 정의하고 만들어낸다. 사실상, 그 지식은 그러한 모든 행동을 통제하고 예측한다. 이러한 지식은 사회적으로 지식**으로서**, 곧 일반적으로 유효한 실재에 대한 진리들의 집합체로서 객관화되기 때문에, 제도적 질서로부터의 어떠한 급격한 이탈도 실재로부터의 이탈로 보이게 된다. 그러한 이탈은 도덕적 타락이나, 정신병 또는 단순한 무지로 불릴 수 있다. 이러한 분명한 구분은 이탈자를 취급하는 데 명백히 다른 결과들을 가져오겠지만, 그들은 모두 특정한 사회세계 안에서 열등한 인지적 지위를 공유하고 있다. 이런 식으로 특정한 사회적 세계는 간단히 말하여 바로 그 세계가 된다. 사회 안에서 지식으로서 당연하게 받아들여지는 것은 알 수 있는 것들과 동연同延하게 되거나, 적어도 지금까지 알려지지 않았던 것들이 미래에 알려지게 되는 틀을 제공한다. 이것은 사회화의 과정 가운데 배우게 되는 지식이며, 사회적 세계의 객관화된 구조들이 개인의 의식 안으로 내면화되는 것을 중재한다. 이런 의미에서 지식은 사회의 근본적인 변증법의 한가운데 있다. 지식은 외재화가 어떤 방향으로 객관적인 세계를 생산할지에 대한 '프로그램'을 작성한다. 지식은 언어와 언어에 기반한 인지 기제를 통해 이 세계를 객관화한다.[36] 즉, 지식은 이 세계를 실재로서 이해될 수 있는 대상들로 질서 짓는다. 그 지식은 다시 사회화의 과정에서 객관적으로 유효한 진리**로서** 내면화된다. 그래서 사회에 대한 지식은 이중적인 의미에서, 곧 객관화된 사회적 실재의 이해라는 의미이자 그 실재를 지속적으로 생산한다는 의미에서 실재화realization이다.

---

36) '객관화objectification'라는 용어는 헤겔의 객체화(또는 대상화)Vergegenständlichung로부터 유래한다.

예를 들자면, 노동 분화의 과정에서 이와 관련된 특정한 행위들을 일컫는 일련의 지식이 발전된다. 그 언어적 바탕 안에서, 이러한 지식은 이미 이 경제적 행위들을 제도적으로 '프로그래밍'하는 데 필수적이다. 말하자면 다양한 사냥 방식, 사용되는 무기, 미끼로 사용하는 동물들 등등을 지시하는 어휘가 있을 것이다. 게다가 올바르게 사냥하려고 할 때 반드시 배워야 하는 방법들도 있을 것이다. 이러한 지식은 그 자체로 방향을 설정하고 통제하는 힘으로서, 곧 이 행위 영역의 제도화에 필수 불가결한 요소로서 작용한다. 사냥 제도가 구체화되고 지속되면, 같은 지식의 집합체가 사냥에 대한 객관적인 (그리고 덧붙여 말하자면, 경험적으로 검증할 수 있는) 묘사로서 기능하게 된다. 사회세계의 모든 부분이 이러한 지식에 의해 객관화된다. 수렵 경제의 객관적 실재에 상응하는 객관적인 사냥의 '과학'이 있을 것이다. 여기서 '경험적인 검증'과 '과학'은 근대 과학적 기준이라는 의미에서 이해되는 것이 아니라, 경험에서 나와서 그 결과 지식의 집합체로서 체계적으로 조직화될 수 있는 지식이라는 의미에서 이해될 수 있다는 점을 애써 지적할 필요는 없을 것이다.

또한 동일한 지식의 집합체가 다음 세대로 전달된다. 그들은 사회화의 과정에서 그 지식을 객관적인 진리로서 배우게 되며, 따라서 그것은 주관적인 실재로서 내면화된다. 이어서 이 실재는 개인을 형성하는 힘을 갖게 된다. 그것은 특정한 유형의 사람, 곧 사냥꾼을 만들어낸다. 사냥꾼으로서 그의 정체성과 생애는 앞서 말한 지식 집합체에 의해 구성된 하나의 전체로서의 우주(즉, 사냥꾼들의 사회), 또는 부분적인 우주(즉, 사냥꾼들이 그들의 하위세계로 모이는 우리의 사회) 안에서만 의미를 가진다. 달리 말하자면, 사냥의 제도화의 어느 부분도 사냥에 관하여 사회적으로 생산되고 객관화된 특정한 지식 없이는 존재할 수 없다. 사냥을 하고 사냥꾼이 된다는 것은 이러한 지식의 집합체에 의해 정의되고 통제되는 사회세계 안에 존재한다는 것을 의미한다. 각각의 차이를 고려할 때, 동일한 원칙이 모든 제도화된 행위 영역에 적용된다.

침전 작용과 전통

전체 인간 경험 가운데 단지 작은 부분만이 의식 안에 간직된다. 그렇게 간직된 경험들은 침전, 곧 인식할 수 있고 기억할 수 있는 실체로 기억 안에 응결된다.[37] 그러한 침전이 일어나지 않는다면, 개인은 자신의 생애를 이해할 수 없을 것이다. 각 개인이 하나의 공통된 생애를 공유하고, 그 경험들이 하나의 공통의 지식 저장고 안에 통합될 때에 상호주관적인 침전도 일어난다. 상호주관적인 침전은 어떠한 기호 체계 안에서 객관화될 때에만, 곧 공유된 경험의 반복적인 객관화의 가능성이 생겨날 때에만 진정으로 사회적이라고 부를 수 있다. 이때에 비로소 이러한 경험들이 한 세대에서 다음 세대로, 그리고 한 집단에서 다른 집단으로 전달될 수 있을 것이다. 이론적으로, 공통의 행위는 기호 체계 없이 전달의 기초가 될 수 있다. 경험적으로, 그런 일은 일어날 듯싶지 않다. 객관적으로 가능한 기호 체계는 침전된 경험들에 최초의 익명성의 위치를 부여하는데, 이는 구체적인 개인 생애의 애초의 맥락으로부터 이 침전된 경험들을 분리시키고, 문제의 기호 체계 안에서 공

---

37) '침전sedimentation'이라는 용어는 에드문트 후설로부터 유래한다. 사회학적 맥락에서는 슈츠에 의해서 처음 사용되었다.

유하거나 미래에 공유할 수도 있는 모든 사람에게 일반적으로 이용 가능하게 만듦으로써 이루어진다. 그렇게 해서 이 경험들은 쉽사리 전달 가능한 것이 된다.

원칙적으로 어떠한 기호 체계라도 그럴 수 있을 것이다. 물론 대개의 경우 결정적인 기호 체계는 언어적이다. 언어는 공유된 경험들을 객관화하고, 그것을 언어 공동체 안에 있는 모든 사람에게 이용 가능한 것으로 만들어서, 집합적인 지식 저장고의 기초이자 도구가 되게 한다. 게다가 언어는 새로운 경험을 기존의 지식 저장고 안으로 통합함으로써 객관화하는 수단을 제공하며, 그것은 객관화된 침전물이 문제의 집단의 전통 안에서 전달될 수 있게 하는 가장 중요한 수단이다.

예를 들어, 수렵 사회에서 단지 몇몇 구성원만이 무기를 잃어버려서 맨손으로 야생동물과 싸운 경험이 있다고 하자. 이 무서운 경험은 그것이 가져다준 용감함과 재치와 기술에 대한 교훈과 함께 그 경험을 겪은 개인들의 의식 안에 견고하게 침전된다. 만약 여러 개인이 함께 겪었다면 그 경험은 상호주관적으로 침전되며, 그들 사이에 깊은 유대감을 형성할 수도 있다. 그러나 이 경험이 언어적으로 명시되고 전달되면, 그러한 경험을 한 적이 없는 개인도 알 수 있게 되며 어쩌면 깊은 관련이 생길 수도 있게 된다. 언어적 명시designation('한 손으로 수코뿔소를 죽인, 또는 두 손으로 암코뿔소를 죽인 혼자만의 거대한 싸움' 등과 같이 수렵 사회에서 우리가 매우 정확하고 세밀하게 상상할 수 있는)는 개인 생애의 사건으로부터 그 경험을 분리한다. 그리고 그 경험은 모든 사람 또는 (신입 사냥꾼같이) 특정한 유형 안에 있는 모든 사람에게 객관적인 가능성이 된다. 즉, 그 경험은 여전히 특정 개인들의 위업과 연관된다 할지라도, 원칙적으로 익명적인 것이 된다. (사냥이 금지된 여성들과 같이) 미래의 생애에 그러한 경험을 하지 않을 사람들에게도, 그 경험은 (바람직한 미래의 남편을 기대하는 데) 유추적 방식으로 관련될 수 있다. 어떤 경우든지 간에 그 경험은 공통의 지식 저장고의 부분이다. 언어로 경험을 객관화하는 것(즉, 그 경험을 일반적으로 유용한 지식의 대상으로 변형시키는 것)은 도덕적 가르침, 영감 어린 시, 종교적인 비유 등을 통하여 그 경험을 더 큰 전통 속으로 통합되게 한다. 좁은 의미에서의 경험과 보다 넓은 의미화의 부속물은 모두 새로운 모든 세대에게 가르칠 수 있으며, 또한 (이 모든 일에 매우 다른 의미를 부여할 수 있는 농경 사회와 같이) 전혀 다른 집단에게 확산될 수도 있다.

언어는 단일표상적[38]으로 얻어진, 곧 응집력 있는 전체로서 본래의 형성 과정을 재구성함 없이 얻어진 집합적인 침전물들의 거대한 저장소가 된다.[39] 침전 작용의 실질적인 기원은 중요하지 않기 때문에, 전통은 지금까지 객관화되어온 것을 위협하지 않고도 상당히 다른 기원을 만들어낼 수 있다. 달리 말하자면, 때때로 문제의 집단에서 침전된 경험들에 대하여 새로운 의미를 부여하면서 서로를 정당화하는 데 성

---

38) (옮긴이) 알프레드 슈츠는 침전 과정을 설명하면서 '단일표상적 과정monothetic process' 과 '복수표상적 과정polythetic process'을 구분한다. 슈츠에 따르면, 어떤 형태의 지식이든 지식의 획득은 시간적으로 여러 단계로 이루어진 과정이며, 이 단계들은 의식의 흐름의 내적 시간 안에서 일어난다. "우리가 제재題材를 지평적 주변으로부터 논제의 초점으로 점점 더 끌고 오면서(그 지평 안에 감추어진 다양한 함의들을 점차 명확하게 만들면서), 주제별로 관련된 테마의 내적/외적 지평들로 점차 들어갈 때, 우리는 금방 사용할 수 있는 지식이라고 부르는 우리의 습관적 소유의 침전으로 이끄는 정신 활동의 여러 개별적 단계들로 이루어진 과정에 참여하고 있다." Alfred Schütz, *Collected Papers: Phenomenology and the Social Sciences*, Vol. V (Heidelberg, London and New York: Springer, 2001), p. 138. 우리의 지식의 명확성과 개별성은 그 지식의 요소를 단일표상적으로 이해한 의미를, 그 지식을 획득하는 복수표상적 단계들로 귀인歸因할 수 있는 가능성에 의존한다.

39) 이것은 후설의 '단일표상적 습득monothetic acquisition'이 의미하는 바이다. 이 개념은 또한 슈츠에 의해 광범위하게 사용되었다.

공할 수 있다. 사회의 과거 역사는 결과적으로 제도적 질서를 반드시 뒤엎지 않더라도 재해석될 수 있다. 앞의 사례를 예로 들자면, '거대한 싸움'은 신적 존재의 행위로 정당화될 수 있으며, 그것을 사람이 되풀이하는 것은 신화적인 원형의 모방으로 여겨질 수 있다.

단지 제도화된 행위들뿐 아니라, 모든 객관화된 침전 작용은 이러한 과정에 바탕을 두고 있다. 가령, 그 과정은 특정 제도와 직접적으로 관련이 없는 타인들의 전형을 전달하는 것을 가리킬 수도 있다. 예를 들어, 타인들은 전형에 어떤 특별한 제도적 함의가 부가되지 않고서도, '키가 크거나' '작거나,' '뚱뚱하거나' '여위거나,' '총명하거나' '둔하거나' 한 것으로 전형화된다. 물론 그 과정은 미리 주어진 제도들의 내역과 일치하는 침전된 의미들의 전달에도 적용된다. 제도의 의미를 전달하는 것은, 주어진 집단의 '항구적인' 문제에 대한 '항구적인' 해답으로서 그 제도를 사회적으로 인정하는 데 기초하고 있다. 그러므로 제도화된 행위를 할 수 있는 잠재적 행위자는 **체계적으로** 이러한 의미들을 알고 있어야 한다. 이것은 어떤 형태의 '교육적인' 과정을 필요로 한다. 제도적인 의미들은 강렬하고 잊을 수 없게 개인의 의식에 각인되어야 한다. 인간은 때때로 둔하기도 하고 잘 잊기도 하기 때문에, 필요하다면 강제적이고 일반적으로 유쾌하지 않은 수단에 의해서 이러한 의미들이 재再각인되고 재再기억되는 과정들이 또한 있어야 한다. 게다가 인간은 흔히 어리석기 때문에, 제도적 의미들은 전달 과정에서 단순화되는 경향이 있으며, 그럼으로써 다음 세대들이 주어진 제도적 '공식'들을 쉽게 배우고 기억할 수 있게 된다. 제도적인 의미들이 갖고 있는 '공식'이라는 특성은 그것의 기억 가능성을 보증한다. 침전된 의미의 수준에서도, 제도화에 대한 논의에서 이미 언급했던 동일한 일상화와 평범화의 과정들이 있다. 다시 말하자면, 영웅적인 위업이 전통이 되는 정형화된 형식은 유용한 보기이다.

제도적인 활동의 객관화된 의미들은 '지식'으로 인식되며, 그렇게 전달된다. 이 '지식' 가운데 어떤 것은 모든 것에 관련된다고 간주되며, 어떤 것은 단지 어떤 유형에만 관련된다고 간주된다. 모든 전달은 일종의 사회적 장치를 필요로 한다. 즉, 어떤 유형은 전달자로, 어떤 유형은 전통적 '지식'의 수령자로 지정된다. 이 장치의 구체적인 특성은 물론 사회마다 다르다. 전통을 아는 사람에게서 모르는 사람에게로 전통이 전해지는 정형화된 과정들 또한 있을 것이다. 예를 들면, 기술적인, 마법적인, 그리고 도덕적인 사냥 이야기는 외삼촌에 의해 특정 나이에 이른 조카에게 구체화된 비결 전수의 과정들을 통하여 전달될 수 있다. 전통을 아는 사람과 모르는 사람의 유형화는 그들 사이에 전달되는 '지식'과 마찬가지로 사회적 정의의 문제이다. '앎'과 '모름'은 모두 실재로서 사회적으로 정의되는 것을 가리키며, 인지적 타당성이라는 어떤 초^超사회적인 범주를 가리키는 것이 아니다. 이것을 거칠게 말하자면, 외삼촌은 이런 특정한 지식 저장고를 알기 때문에 전달하는 것이 아니라, 그들이 외삼촌이기 **때문에** 그 지식을 알고 있다(즉, 아는 사람으로서 정의된다). 특정한 이유 때문에 제도적으로 지정된 외삼촌이 문제의 지식을 전달할 수 없게 된다면, 그는 더 이상 완전한 의미의 외삼촌이 아니며, 사실상 외삼촌이라는 지위가 제도적으로 인정되지 않을 수도 있다.

어떤 유형의 '지식'이 사회적으로 적합하게 받아들여지는 기간과 특정 집단 안에서 그 지식의 복합성과 중요성에 따라, '지식'은 (주물呪物이나 군사적 기장記章과 같은) 상징적 대상들이나 (종교적이나 군사적인 의례와 같은) 상징적 행위들을 통해서 재확인되어야 할 수도 있다. 달리 말하자면, 물리적 대상과 행위들이 기억을 돕는 기술로서 요구될 수도 있다. 모든 제도적인 의미의 전달은 명백하게 통제와 정당화 과정을 의미한다. 이 과정은 제도 자체에 부속되어 있으며, 전달하는 사람에 의해 조정된다. 서로 다른 제도들과 그 제도에 적합한 지식의 전달 형태들 사이에는, 기능성은 말할 것도 없고 어떠한 선험적인 일관성도 존재한다고 가정할 수 없다는 점을 여기서 다시 강조해야 한다. 논리적 일관성의 문제는 처음에는 (서로 다른 정당화들과 그 정당화를 실행하는 사람들 사이에 갈등이나 경쟁이 있을 수 있는) 정당화의 수준에서 발생하며, 두 번째로는 (세습하거나 경쟁하는 제도적 의미들의 내면화에 어려움이 있을 수 있는) 사회화의 수준에서 생겨난다. 앞의 보기로 돌아가 보자면, 수렵 사회에서 기원한 제도적 의미들이 농경 사회에 퍼지지 말아야 한다는 선험적인 이유는 없다. 게다가 외부 관찰자에게는 이 의미들이 유포될 때, 첫번째 사회에서는 모호한 '기능성'을 지니는 것으로, 두번째 사회에서는 전혀 기능성을 지니지 않는 것으로 보일 수 있다. 여기서 생길 수 있는 어려움은 새로운 사회에서 정당화하는 사람들의 이론적인 활동과 '교육자들'의 실질적인 활동에 관련된다. 이론가들은 수렵 사회의 여신이 농경 사회의 만신전pantheon에서 한자리를 차지하고 있다는 것을 스스로에게 납득시킬 수 있어야 하며, 교육자들은 사냥을 한 번도 본 적이 없는 아이들에게 그 여신의 신화적 활동을 설명해야 하는 문제를 가지고 있다. 정당화 작업을 하는 이론가들은 논리적이고자 하는 열망을 가지는 경향이 있으며, 아이들은 말을 듣지 않으려는 경향이 있다. 그러나 이것은 추상적인 논리나 기술적인 기능성의 문제가 아니다. 오히려 이것은 한편으로는 창의성의 문제요, 다른 한편으로는 수용의 문제이다 ― 이는 상당히 다른 과제이다.

역할

앞에서 보았듯이, 모든 제도적 질서의 기원은 자신과 타인들의 실행들이 전형화되는 데 있다. 이것은 사람은 타인들과 특정한 목적을 공유하고, 실행의 단계에서 서로 겹치게 되며, 나아가 단지 특정한 행위뿐만 아니라 행위의 형태도 전형화된다는 것을 의미한다. 즉, 특정한 행위자가 유형 X의 행위를 실행하는 것을 인정할 뿐만 아니라, 문제의 관련 구조가 귀속될 수 있는 **어떠한** 행위자도 유형 X의 행위를 실행할 수 있다는 것을 인정할 수 있다. 예를 들어, 어떤 사람이 버릇없는 자신의 자녀를 체벌하는 처남을 용납하고, 이 특정한 행위가 다른 숙부와 조카들에게도 타당한 행위 형식의 하나로 이해되며, 실제로 이것은 모계 사회에서 일반적으로 볼 수 있는 유형일 수 있다. 후자의 전형이 지배적이라면, 이 경우 사회적으로 당연한 것으로 받아들여질 것이다. 즉, 아버지는 처남의 권위가 정당하게 사용되는 것을 방해하지 않고 그 현장에서 빠질 것이다.

행위 유형들의 전형화는 이런 것들이 객관적인 의미를 지닐 것을 요구하며, 객관적인 의미는 언어적 객관화를 필요로 한다. 즉, (친족과 친족의 다양한 권리와 의무를 폭넓게 언어적으로 구조화한 것에 속하는 '조카 체벌하기'와 같은) 이런 유형의 행위를 가리키는 어휘가 있을 것이다. 그렇다면 원칙적으로 행위와 그 의미는 개인적인 행위 수행과 그 수행과 연관된 여러 주관적 과정들과는 별개로 이해될 수 있다. 자아와 타자는 모두 적절한 유형의 **어떠한** 행위자든지 재현하고 반복할 수 있는 객관적이고 일반적으로 알려진 행위의 수행자로서 이해될 수 있다.

이것은 자아 경험을 위해 매우 중요한 결과를 낳는다. 행위의 과정에서, 자아와 행위의 객관적인 의미 사이에 일치가 있다. 진행되는 행위는 그 순간 행위자의 자아 이해를 결정하며, 이는 그 행위에 사회적으로 부여되어왔던 객관적인 의미 안에서 이루어진다. 행위에 직접적으로 연관되지 않은 신체와 자아의 다른 측면들에 대한 주변적 인식이 지속되겠지만, 행위자는 그 순간 필수적으로 스스로를 사회적으로 객관화된 행위("나는 지금 나의 조카를 체벌하고 있다" —— 반복되는 일상에서 당연하게 받아들여지는 에피소드)와 일치시켜서 이해한다. 행위가 일어난 후에 행위자가 그의 행위를 되돌아보게 될 때 더 중요한 결과가 나타난다. 전체 자아가 수행된 행위와 완전히 일치되지는 않겠지만, 이제 자아의 한 **부분**이 이 행위의 수행자**로서** 객관화된다. 즉, 자아를 그 행위에 부분적으로만 연관된 것으로 인식하는 것이 가능해진다(결국 우리 사례에서 그 사람은 조카를 체벌하는 사람 이외에 다른 면들을 가지고 있다). 이런 객관화들('조카를 체벌하는 사람' '누이의 보조자' '초보 전사' '기우제 춤의 명인' 등등)이 축적되면서, 자아의식의 전체 부분이 이러한 객관화들에 의해 구조화된다. 달리 말하자면, 자아의 한 부분은 사회적으로 유용한 전형들에 의해 객관화된다. 이 부분은 진정한 '사회적 자아'이며, 이 자아는 총체로서의 자아와 구별되고 심지어 그 자아에 맞서기까지 하는 것으로서 주관적으로 경험된다.[40] 자아의 각기 다른 부분들 사이에 내적인 '대화'를 가능하게 해주는 이 중요한 현상은 사회적으로 구성된 세계가 개인의 의식 안에 내재화되는 과정을 살펴볼 때 다시 다루어질

---

40) 총체로서의 자아와 맞서는 '사회적 자아'에 대해서는 뒤르케임의 '이중적 인간homo du-plex' 개념과 함께 미드의 '목적격 자아me'의 개념을 참조하라.

것이다. 지금 중요한 것은 그 현상이 객관적으로 유용한 행동 전형들에 대해 갖는 관계이다.

요약하자면, 행위자는 바로 그 행위에 있어서는*in actu* 사회적으로 객관화된 행동 전형들과 동일시하지만, 이후에 자신의 행동을 반추하면서 그 전형들로부터 다시 거리를 둔다. 행위자와 그의 행위 사이의 거리는 의식 속에서 유지될 수 있으며, 미래에 그 행위를 반복하는 데 투사될 수 있다. 이런 식으로, 행위하는 자아와 행위하는 타자들은 독특한 개인으로서가 아니라 **유형**으로서 이해된다. 정의상 이러한 유형들은 상호 교환 가능하다.

행위자의 집단에 공통된 객관화된 지식 저장고의 맥락에서 이런 종류의 전형화가 일어날 때, 우리는 역할에 대하여 올바르게 이야기하기 시작할 수 있다. 역할은 그러한 맥락에서 행위자들의 유형이다.[41] 역할 유형의 구성이 행위의 제도화에 필수적인 상관관계가 있다는 것은 쉽사리 알 수 있다. 제도는 역할에 의해 개인의 경험 안에 체화된다. 언어적으로 객관화된 역할들은 어떠한 사회에서든지 객관적으로 유용한 세계의 필수적인 요소이다. 역할을 감당함으로써, 개인은 사회세계에 참여한다. 이 역할들을 내면화함으로써, 동일한 세계가 그 개인에게 주관적으로 실재하는 것이 된다.

공통의 지식 저장고 안에는 사회의 모든 구성원이, 또는 적어도 문제의 역할의 잠재적인 수행자가 접근하기 쉬운 역할 수행의 기준들이 있다. 이 일반적인 접근 가능성 그 자체가 지식 저장고의 부분이다. 일반

---

41) 우리의 논의가 미드에게는 낯선 용어들을 사용하지만, 우리의 역할 개념은 미드의 것에 매우 가까우며, 제도 이론을 포함하는 보다 넓은 준거 체계 안에서 그의 역할 이론을 확장하고자 한다.

적으로 알려진 역할 X의 기준이 있을 뿐만 아니라, 이 기준들이 알려져 있다는 **것** 자체도 알려져 있다. 결론적으로 역할 X의 모든 잠재적 행위자는 그 기준들을 지킬 책임을 갖게 될 수 있는데, 그 기준들은 제도적 전통의 부분으로서 교육될 수 있고, 모든 수행자의 자격을 확인하는 데 사용될 수 있으며, 또한 같은 이유로 통제의 역할도 할 수도 있다.

역할은 동일한 근본적 과정, 곧 제도의 기원으로서 습관화와 객관화의 과정에서 기원한다. 역할은 상호적인 행동 전형들을 포함하는 공통의 지식 저장고가 형성되는 과정에 들어서자마자 나타난다. 여기서 이 형성 과정은 앞서 살펴보았듯이 사회적 교섭이 있는 곳에서는 항상 일어나며, 제도화에 선행한다. 어떠한 역할이 제도화되는가 하는 질문은 어떠한 행동 영역이 제도화에 영향을 받는가 하는 질문과 동일하며, 같은 방식으로 대답될 수 있다. **모든** 제도화된 행동은 역할을 포함한다. 따라서 역할들은 제도화의 통제적 특성을 공유한다. 행위자들이 역할 수행자로 전형화되자마자, 그들의 행동은 사실상 강제적인 것이 되기 쉽다. 물론 제재의 정도가 사례마다 다를 수 있겠지만, 사회적으로 정의된 역할 기준에 따르느냐 따르지 않느냐 하는 것은 선택의 문제가 아니게 된다.

역할은 제도적 질서를 **재현한다**.[42] 이 재현은 두 수준에서 일어난다. 첫째, 역할 수행은 역할 그 자체를 재현한다. 예를 들어, 판결에 종사하는 것은 판사의 역할을 재현하는 것이다. 판결하는 개인은 '자기 마음대로'가 아니라 판사의 자격으로 행위하고 있는 것이다. 둘째, 역할은

---

42) '재현representation'이라는 용어는 뒤르케임의 용법과 매우 관련 깊지만, 그 범위에 있어서 보다 넓다.

행동의 제도적인 연관관계 전체를 재현한다. 판사의 역할은 법 제도를 구성하는 다른 역할들 전체와 관련되어 있다. 판사는 이 제도의 대표자로서 행위한다. 제도는 수행된 역할들에서 그렇게 재현되어야 실제 경험 가운데 스스로를 드러낼 수 있다. '프로그램된' 행위들의 묶음을 가진 제도는 마치 쓰이지 않은 드라마의 대본과 같다. 그 드라마가 실현되기 위해서는 살아 있는 연기자들이 미리 정해진 역할을 반복적으로 연기하는 것이 필요하다. 연기자들은 그 역할을 체화하고 주어진 무대 위에서 표현함으로써 그 드라마를 실현하게 된다. 드라마도 제도도 경험적으로 이 반복적인 연기와 분리되어 존재하지 않는다. 그렇기 때문에 역할들이 제도를 재현한다는 것은, 곧 역할들이 제도를 살아 있는 개인들의 경험 안에 실제로 존재하게 만든다는 것을 의미한다.

　제도들은 다른 방식으로 재현될 수도 있다. 단순히 구두로 지정하는 것에서부터 고도로 복잡한 실재의 상징화에 포함시키는 것까지, 제도는 언어적 객관화를 통해 경험 안에서 재현된다(즉, 존재하게 된다). 그리고 제도들은 자연적이거나 인공적인 물리적 대상들에 의해 상징적으로 재현될 수 있다. 그러나 이 모든 재현들은 실제 인간 행동 안에서 지속적으로 '표현되지' 않으면, '죽은'(즉, 주관적인 실재를 결여한) 것이 된다. 그래서 역할 안에서의 그리고 역할에 의한 제도의 재현은 다른 모든 재현들이 의존하는 최상의 재현이다. 예를 들어, 법 제도는 법률 언어, 법 규정, 법 이론, 그리고 마지막으로 윤리적, 종교적 또는 신화적 사고 체계 안에서, 제도와 그 규범들에 대한 궁극적인 정당화에 의해서 재현된다. 흔히 법 집행에 동반하는 놀라운 장치로서의 인공적인 현상들과, 신성재판神聖裁判[43]에서 신적인 판결로 받아들여질 수 있고 나아가 궁극적 정의의 상징도 될 수 있는 천둥소리 같은 자연적인 현상들도 제도를 재현한다. 그러나 이 모든 재현들은 인간 행동에, 여기서는 법의 제도적 역할들 안에서 전형화된 행동에 사용됨으로써 지속적인 중요성을 얻게 되며 이해 가능한 것이 된다.

개인이 이러한 문제들에 대해 반추하기 시작할 때, 그들은 다양한 재현들을 이해할 수 있는 하나의 결합된 전체 안에 함께 묶어야 하는 문제에 직면한다.[44] 모든 구체적인 역할 수행은 제도의 객관적인 의미와 다른 보완적인 역할 수행들을, 그리고 전체로서의 제도라는 의미를 가리킨다. 관련된 다양한 재현들을 통합하는 문제는 정당화의 수준에서 우선적으로 해결되지만, 그 문제는 또한 특정한 역할들에 의해서도 해결된다. **모든** 역할들은 앞서 말한 의미에서 제도적 질서를 재현한다. 그러나 **어떤** 역할들은 다른 역할보다 더 총체로서의 그 질서를 상징적으로 재현한다. 그러한 역할들은 이런저런 제도를 재현할 뿐 아니라, 모든 제도를 하나의 의미 있는 세계 안에 통합시키기 때문에, 한 사회에서 매우 큰 전략적 중요성을 가진다. 바로 그 사실에 의하여, 사회 구성원들의 의식과 행동 안에서 그러한 통합을 유지하는 역할들은 그 사회의 정당화 기제와 특별한 관계를 갖게 된다. 어떤 역할들은 하나의 통합된 총체로서의 제도적 질서를 상징적으로 재현하는 것 **이외에** 다른 어떠한 기능도 갖지 않지만, 다른 역할들은 일상적으로 수행하는 덜 고상한 기능에 더하여 때때로 이런 기능을 수행한다. 예를 들어, 판사는 특별히 중요한 경우에는 이런 식으로 사회 전체의 통합을 재현할 수 있다. 군주는 항상 이런 기능을 하며, 사실상 입헌군주제에서는 거

---

43) (옮긴이) 육체적 위해危害를 가해서 그것을 이겨내는 사람은 무죄로 한 시죄법試罪法.

44) '함께 묶는binding together' 과정은 뒤르케임주의 사회학의 중요 관심사 가운데 하나이다 ── 연대solidarity의 증진을 통한 사회의 통합이 그것이다.

리의 평민에 이르기까지 사회의 모든 계층들에 대한 '살아 있는 상징' 이외의 다른 어떤 기능도 갖지 않을 수 있다. 역사적으로 볼 때, 상징적으로 전체 제도적 질서를 재현하는 역할들은 정치적 제도와 종교적 제도에서 가장 흔히 볼 수 있다.[45]

우리의 당면한 고찰을 위해 보다 중요한 것은 공통의 지식 저장고의 특정 부문의 중재자로서의 역할의 특성이다. 개인은 자신이 해내는 역할에 의해서, 좁은 인지적 의미에서뿐 아니라 규범, 가치 그리고 심지어 감정의 '지식'이라는 의미에서, 사회적으로 객관화된 지식의 특정한 영역들 안으로 끌려든다. 판사가 되기 위해서는 분명히 법 지식이 필요하며, 아마도 법적으로 관련된 보다 넓은 범위의 인간사에 대한 지식 또한 필요로 할 것이다. 그러나 또한 판사에게 적합하다고 보이는 가치와 태도들의 '지식,' 나아가서 판사의 아내에게 적합하다고 보이는 것들의 '지식'까지 필요로 한다. 판사는 또한 감정의 영역에서도 적절한 '지식'을 가져야 한다. 판사의 역할을 위해 중요한 심리적 필요조건에 대해 언급하자면, 예를 들어 판사는 언제 연민의 감정을 억제해야 하는지 알아야 한다. 이런 방식으로, 각각의 역할은 사회의 전체 지식 저장고의 특정한 부문으로 들어가게 해준다. 역할을 배우기 위해서는, 그 역할의 '외향적' 수행을 위해 직접적으로 필수적인 과정을 획득하는 것만으로는 충분치 않다. 판사는 그 역할에 직접적으로 **그리고** 간접적으로 적합한 지식체의 다양한 인지적이고 감정적인 층위들 안으로 들어가야 한다.

이것은 지식의 사회적 분배를 의미한다.[46] 사회의 지식 저장고는 일

---

45) 통합의 상징적 재현은 뒤르케임이 말하는 '종교'이다.
46) '지식의 사회적 분배'의 개념은 슈츠로부터 유래한다.

반적으로 관련된 것과 특정한 역할에만 관련된 것으로 구성된다. 이것은 심지어 앞에서 소개한 한 남성과 양성애 여성과 레즈비언 사이의 지속적인 교섭에 의해 생긴 사회적 상황의 보기에서와 같이, 가장 단순한 사회적 상황에서도 그러하다. 여기서 어떤 지식은 이 세 개인 모두에게 관련 있는 반면(예를 들어, 이들이 경제적으로 빚을 지지 않고 유지하기 위해 필수적인 과정에 대한 지식), 어떤 지식은 단지 두 개인에게만 관련 있다(레즈비언의 사교술 또는 이성애자의 유혹하는 기술). 달리 말하자면, 지식의 사회적 분배는 일반적인 관련성과 특정 역할에 대한 관련성에 의해서 이분화되어 있다.

한 사회에서 지식의 역사적 축적이 있다면, 우리는 노동 분화 때문에 특정 역할에 한정된 지식이 일반적으로 관련되고 접근 가능한 지식보다 빠른 속도로 성장할 것이라고 가정할 수 있다. 노동 분화에 의해 야기된 특정한 업무의 증가는 쉽게 배울 수 있고 전달할 수 있는 표준화된 해결책을 필요로 한다. 이 업무들은 이어서 특정한 상황과 수단/목적 관계의 전문화된 지식을 필요로 하며, 이 지식에 의해서 그 상황들이 사회적으로 정의된다. 달리 말하자면, 전문가들이 생겨나게 되며, 전문가 각각은 자신의 특별한 업무를 완수하기 위해서 필수적인 것은 무엇이든지 알아야 할 것이다.

특정 역할에 한정된 지식을 축적하기 위하여 사회는 특정 개인들이 그들의 전문 분야에 집중할 수 있도록 조직화되어야 한다. 수렵 사회에서 특정 개인들이 칼 만드는 전문가가 되려고 한다면, 다른 모든 성인 남성에게 의무인 사냥 활동으로부터 그들을 면제해주는 대책이 있어야 할 것이다. 비법 전수자나 다른 지식인들의 지식과 같은 보다 난해한 종류의 전문화된 지식은 비슷한 사회 조직을 필요로 한다. 이 모든 경우에 전문가들은 사회적으로 그들에게 할당된 지식 저장고의 부문들에 대한 관리자가 된다.

동시에, 일반적으로 관련된 지식에서 중요한 부분은 전문가의 유형이다. 전문가는 그들의 전문 분야를 아는 개인들로 정의되지만, 그들의 전문 분야가 필요할 때 누가 전문가인지는 모든 사람이 알아야 한다. 평범한 사람이 출산을 유도하거나 사악한 주문을 거는 마법의 복잡성을 알 것이라고 기대할 수는 없다. 그러나 그 평범한 사람이 알**아야 하는** 것은 이러한 일이 필요할 때 어떤 마법사를 불러야 하는가이다. 그래서 전문가의 유형(오늘날 사회복지사들이 추천 가이드라고 부르는 것)은 일반적으로 관련되고 접근 가능한 지식 저장고의 부분인 반면, 전문 기술을 구성하는 지식은 그렇지 않다. 특정한 사회에서 생겨날 수 있는 실질적인 어려움들(예를 들어, 경쟁하는 전문가 집단이 있거나, 전문화가 매우 복잡하게 되어서 일반 사람이 혼돈하게 될 때)은 지금 우리의 관심거리가 아니다.

그러므로 역할과 지식의 관계를 두 가지 관점에서 분석하는 것이 가능하다. 제도적 질서의 관점에서 볼 때, 역할은 제도적으로 객관화된 지식 집합의 제도적인 재현과 매개로 보인다. 몇몇 역할의 관점에서 볼 때, 각각의 역할은 사회적으로 정의된 지식의 부속물을 수반한다. 물론 두 관점 모두 동일한 세계적 현상을 가리키고 있다. 첫번째 시각은 사회는 개인들이 그 사회를 의식하는 것으로서 존재한다는 명제로 요약될 수 있으며, 두번째 시각은 개인적인 의식은 사회적으로 결정된다는 명제로 요약될 수 있다. 이를 역할의 문제로 좁혀 볼 때, 우리는 한편으로 제도적 질서는 오로지 수행된 역할들 가운데 **실현되는** 한에서만 존재한다고 말할 수 있으며, 다른 한편으로 역할들은 그 특성(그 지식의 부속물들을 포함해서)을 정의하고 그 객관적 의미를 끌어내는 제도적 질서를 재현한다고 말할 수 있다.

역할의 분석은 한 사회에서 객관화된 의미의 거시적 세계들과, 그 세계들이 개인에게 주관적으로 실재하게 되는 방식들이 어떻게 중재되는지를 보여주기 때문에, 지식사회학에서 특별히 중요하다. 그래서 예를 들어, 어떤 집단들(이를테면 계급, 인종 집단, 지식인 집단 등)에서 종교적 세계관의 거시사회적 뿌리를 분석하는 것과, 또한 이 세계관이 개인의 의식에 나타나는 방식을 분석해볼 수 있다. 두 가지 분석은 개인이 자신의 총체적 사회 활동에서 문제의 집단과 관련되는 방식들을 탐구할 때에만 하나로 묶일 수 있다. 그러한 탐구는 당연히 역할 분석의 과제가 될 것이다.[47]

제도화의 범위와 형태

지금까지 우리는 사회학적 항수恒數, constants로 여겨질 수 있는 본질적인 특징들을 가지고 제도를 논의해왔다. 이 책에서 이러한 항수들의 역사적인 현시와 결합에 있어서 셀 수 없이 다양한 변화들을 모두 개관할 수 없음은 물론이다 — 이 작업은 사회학 이론의 관점에서 보편적 역사를 씀으로써만 완수할 수 있다. 그러나 제도의 특징에는 수많은 역사적 변이들이 있는데, 이는 구체적인 사회학적 분석을 위해 중요하기 때문에 적어도 간략하게는 논의해야겠다. 물론 우리의 초점은 계속해

---

47) '중재mediation'라는 용어는 사르트르에 의해서 사용되어왔으나, 역할 이론이 그 용어에 줄 수 있는 구체적인 의미 없이 사용했다. 이 용어는 역할 이론과 지식사회학 사이의 일반적인 관계를 잘 나타낸다.

서 제도와 지식의 관계에 맞추어질 것이다.

어떤 구체적인 제도적 질서를 연구할 때, 다음의 질문을 던질 수 있다. 주어진 집단의 사회적 행위들의 총체 안에서 제도화의 범위는 어떻게 되는가? 달리 말하자면, 제도화되지 않은 채 남겨진 부문과 비교해서 제도화된 활동의 부문은 얼마나 큰가?[48] 제도화되지 않은 행위들에 다소간의 여유를 허용하는 사회가 있음을 고려할 때, 이 문제는 명백하게 역사적인 가변성이 있다. 일반적으로 고려해야 할 중요한 점은 어떤 요인들이 좁은 범위의 제도화에 반하여 넓은 범위의 제도화를 결정하는가 하는 것이다.

매우 형식적으로 말해서, 제도화의 범위는 관련 구조들의 일반성에 의존한다. 만약 한 사회에서 많은 또는 대부분의 관련 구조들이 일반적으로 공유된다면, 제도화의 범위는 넓을 것이다. 만약 단지 적은 관련 구조들만이 일반적으로 공유된다면, 제도화의 범위는 좁을 것이다. 후자의 경우 특정한 관련 구조가 전체로서의 사회가 아니라 그 사회 안의 집단들에 의해 공유되기 때문에 제도적 질서가 매우 파편화될 가능성이 있다.

여기서 이념형적ideal-typical 극단들을 가지고 생각해보는 것은 발견적으로heuristically 유용할 수 있다. 제도화가 총체적으로 이루어진 사회를 생각해볼 수 있을 것이다. 그런 사회에서는 **모든** 문제들이 공유되고, 이 문제들에 대한 **모든** 해결책들이 사회적으로 객관화되어 있고, **모든** 사회적 행위들이 제도화되어 있다. 제도적 질서가 사회생활 전체

---

48) 이는 제도적 질서의 '밀도density'에 관한 질문이라고 할 수 있다. 그러나 이 용어가 함축성 있기는 하지만, 우리는 새로운 용어들을 들여오지 않으려고 노력하고 있기에 이 용어를 사용하지 않기로 결정했다.

를 아우르고 있으며, 이는 복잡하고 고도로 관례화된 예배 의식을 지속적으로 수행하는 것과 유사하다. 모든 역할들이 모든 행위자들에게 동일한 관련이 있는 상황 안에서 수행되기 때문에, 특정 역할에 한정된 지식 분배는 전혀 없거나 거의 없게 된다. 이 완전히 제도화된 사회의 발견적 모델(악몽에나 딱 들어맞는 주제이지만, 논의를 진행하면서 언급될 수 있겠다)은 모든 사회적 행위들이 제도화되어 있**으나**, 공통의 문제들에 대해서만 제도화된 것은 아닌 상황을 상상해봄으로써 약간의 수정을 가할 수 있을 것이다. 그러한 사회가 그 구성원들에게 부과하는 삶의 양식은 동등하게 엄격하겠지만, 상당한 정도로 특정 역할에 한정된 지식의 분배가 있을 것이다. 말하자면, 수많은 예배 의식들이 동시에 진행될 것이다. 말할 필요도 없이, 제도적 총체성의 모델이나 이로부터 수정된 모델도 역사상 발견될 수 없다. 그러나 실제 사회들이 이 극단적 유형과 얼마나 유사한지 고려해볼 수 있다. 그렇다면 원시 사회는 문명화된 사회보다 훨씬 더 높은 정도로 그 유형에 가깝다고 말할 수 있다.[49] 심지어는 고대 문명의 발전 과정에서 이 유형으로부터 점진적으로 멀어지는 움직임이 있었다고 말할 수도 있다.[50]

---

49) 이것이 뒤르케임이 '유기적 연대'라고 불렀던 것이다. 뤼시앵 레비–브륄Lucien Lévy-Bruhl은 원시 사회에서의 '신비스런 참여mystic participation'에 대해 이야기하면서 뒤르케임의 개념에 심리학적 내용을 첨가하고 있다.

50) 에릭 푀겔린Eric Voegelin의 '간결함compactness'과 '분화differentiation' 개념이 여기서 비교될 수 있다. 그의 *Order and History*, Vol. I(Baton Rouge, La.: Louisiana State University Press, 1956)〔푀겔린은 역사적 사건들을 의식이 '간결compact'한 구조에서 '분화'된 구조로 진행한 것으로 본다. 인간은 애초부터 근원적 세계의 복잡한 관계를 단번에 알아차릴 수 있었던 것이 아니다. 이 세계의 실재를 의미 있게 이해해온 과정은 간결한 경험과 상징들의 구조로부터 분화된 경험과 상징들의 구조로의 점진적 이행이다. 여기서 '간결'한 구조는 의식이 분화될 수 있으나 아직 분화되지 않은 것을 의미한다〕. 탤컷 파슨스는 그의 여러 저작에서 제도적 분화에 대해 이야기해왔다.

반대의 극단은 공통의 문제는 **단 하나**만 있고, 제도화는 **오직** 이 문제와 관련된 행위들에 대해서만 이루어지는 사회일 것이다. 그러한 사회에서는 공통의 지식 저장고가 거의 없을 것이다. 거의 모든 지식이 특정 역할에 한정될 것이다. 거시적 사회의 견지에서는, 이런 유형에 근접하는 것조차도 역사적으로 가능하지 않을 것이다. 그러나 보다 작은 사회 구성체들 — 예를 들어, **공통의** 관심사가 경제적인 관계에만 국한된 자유주의 사회나, 전쟁을 하는 것이 **유일한** 공통의 문제인 수많은 종족 또는 인종 단위로 구성된 군사 원정 — 에서는 어떤 유사한 점들이 발견될 수 있을 것이다.

사회학적 환상을 자극하는 것과는 별개로, 그러한 발견적 허구들은 그것과 유사한 점을 지닌 조건들을 명확히 해주는 한에서만 유용하다. 가장 일반적인 조건은 노동 분업과 이에 잇따르는 제도 분화의 정도이다.[51] 어떠한 사회든지 노동 분업이 증가하면 앞에서 묘사한 첫번째 극단적 유형으로부터 멀어진다. 앞의 것과 밀접하게 관련되어 있는 또 다른 일반적인 조건은 특정 개인이나 집단들이 생계 유지와 직접적으로 관련되지 않는 특별한 활동들을 가능하게 하는 경제적인 잉여를 얻을 수 있는 가능성이다.[52] 이미 본 바와 같이, 이 특별한 활동들은 공통의 지식 저장고를 전문화하고 분할화한다. 그리고 분할은 **어떠한** 사회적 관련성으로부터 주관적으로 분리된 지식, 곧 '순수 이론'을 가능하게 한다.[53] (앞의 보기로 돌아가서 보자면) 이것은 어떤 개인은 무기를 제

---

51) 노동 분업과 제도 분화의 관계는 마르크스, 뒤르케임, 베버, 페르디난트 퇴니에스Ferdinand Tönnies와 탤컷 파슨스에 의해서 분석되었다.

52) 세세한 점에서는 상이한 해석이 있을 수 있겠으나, 사회학 이론의 역사를 통틀어 볼 때 이 점에서는 대부분 의견의 일치를 보이고 있다.

작하기 위해서뿐만 아니라, 신화를 만들어내기 위해서도 사냥하는 일로부터 면제된다는 것을 의미한다. 그래서 우리는 이론화하는 것 외에는 어떤 것도 할 수 없기에 오히려 사회적 명성을 얻게 되는 전문가들에 의해 조정되는 전문화된 지식체들의 사치스런 증식과 함께 '이론적 삶'을 갖게 된다 — 이는 수많은 분석적 문제를 자아내며 후에 다시 다루게 될 것이다.

그러나 일단 형성된 제도들은 지속되는 경향이 있다는 사실에도 불구하고, 제도화가 역행 불가능한 과정은 아니다.[54] 다양한 역사적 이유에 의해 제도화된 행위의 범위가 줄어들 수도 있다. 사회적 삶의 어떤 영역들에서는 탈제도화가 일어날 수도 있다.[55] 예를 들어, 근대 산업사회에서 등장한 사적 영역은 공적 영역에 비해서 상당히 탈제도화되어 있다.[56]

제도적 질서가 역사적으로 변화한다는 것과 관련된 또 하나의 질문은 다양한 제도들이 수행과 의미의 수준에서 서로 어떤 관계를 맺는가 하는 것이다.[57] 앞에서 논의한 첫번째 극단적 유형에서는 각자의 주관

---

53) '순수 이론pure theory'과 경제적 잉여 사이의 관계는 마르크스에 의해서 처음 지적되었다.

54) 제도가 지속하는 경향에 대해서는 게오르크 지멜의 '신의faithfulness' 개념에 의해서 분석되었다. Georg Simmel, *Soziologie*(Berlin: Duncker und Humblot, 1958), pp. 438 이하를 참조하라.

55) '탈제도화deinstitutionalization'의 개념은 겔렌으로부터 유래한다.

56) 사적 영역에서의 탈제도화에 대한 분석은 겔렌의 근대 사회의 사회심리학의 핵심 문제이다. Arnold Gehlen, *Die Seele im technischen Zeitalter*(Hamburg: Rowohlt, 1957)를 참조하라.

57) 만약 추가로 새로운 용어를 받아들이고자 한다면 이를 제도적 질서의 '융합' 또는 '침전'의 정도에 대한 질문이라고 부를 수 있을 것이다. 표면적으로 보면, 이 질문은 사회들의 '기능적 통합'에 대한 구조기능적 관심과 동일해 보일 수 있을 것이다. 그러나 '기능적 통합'이라는 용어는 사회의 '통합'이 사회 제도들의 외적 기능을 연구하는 외부 관찰자에 의해서 결정될 수 있다는 것을 전제한다. 우리는 반대로 '기능'과 '역기능' 모두 의미의 수준에서만 분석

적 생애에 있어서 제도적 수행과 의미의 통일이 있다. 지식의 사회적 저장고 전체가 모든 개인적 생애에서 실현된다. 모두가 모든 것을 **하고**, 모든 것을 **알고 있다**. 의미의 통합(즉, 다양한 제도들의 의미 있는 관계)의 문제는 오로지 주관적인 것이다. 제도적 질서의 객관적 의미는 각 개인에게 주어진 것이자 일반적으로 알려진 것으로, 그리고 사회적으로 당연한 것으로 나타난다. 어떤 문제가 있다면, 그것은 개인이 사회적으로 동의된 의미들을 내면화하면서 가질 수 있는 주관적 어려움 때문이다.

이 발견적 모델로부터 점차 멀어지게 되면 (물론, 실제 사회들에서는 동일한 정도는 아니지만) 제도적 의미들의 당연함에는 중요한 변형이 있을 것이다. 이들 가운데 우리가 이미 지적한 두 가지는, (특정 유형의 개인들이 특정 유형의 행위들을 수행하게 되는) 제도적 질서의 분할과, 그에 따르는 (특정 유형들이 역할에 한정된 지식을 보유하게 되는) 지식의 사회적 분배이다. 그러나 이러한 발전과 함께 의미의 수준에서 새로운 형태가 나타난다. 이제는 전체 사회 안에서 의미들의 포괄적 통합과 관련된 **객관적인** 문제가 있을 것이다. 이것은 자신의 생애로부터 만드는 의미와 사회에 의해서 주어진 의미를 조화시키는 단지 주관적인 문제와는 전혀 다른 것이다. 그 차이점은 다른 사람들을 확신시키기 위해 선전propaganda을 만들어내는 것과 스스로 납득하기 위해 회고록을 쓰는 것과의 차이만큼이나 크다.

남성, 여성, 레즈비언 사이의 삼각관계의 보기에서, 우리는 각기 다

될 수 있다고 주장한다. 결과적으로, '기능적 통합'이란 — 이 용어를 쓰고자 한다면 — 다양한 정당화 과정에 의하여 제도적 질서가 통합되는 것을 의미한다. 달리 말하자면, 통합은 제도들에 있는 것이 아니라, 그 제도들의 합법화에 있다. 이것은 구조기능주의자들에 반하여, 제도적 질서를 '체계'로서 이해하는 것은 적절치 않다는 것을 의미한다.

른 제도화의 과정들이 '서로 잘 통합될' 것이라고 선험적으로 가정할 수 없음을 꽤 길게 보여주었다. 남성과 여성이 공유하는 관련 구조(A-B)는 그 여성과 레즈비언이 공유하는 관련 구조(B-C) 또는 레즈비언과 그 남성이 공유하는 관련 구조(C-A)와 반드시 통합될 필요는 없다. 개별적인 제도적 과정들은 전체적인 통합 없이도 지속적으로 공존할 수 있다. 그래서 우리는 제도들이 서로 잘 통합**된다는** 경험적 사실을 선험적으로 가정하는 것이 불가능함에도 불구하고, 그 사실은 오로지 몇몇 제도들에 특정한 논리를 부과하는 개인들의 반추적 의식에 관련해서만 설명할 수 있다고 논의했다. 우리는 이제 세 개인들 가운데 하나(남성 A라고 가정하자)가 그 상황이 지닌 균형의 결여에 만족하지 않게 되었다고 가정함으로써 이 논의를 한 단계 더 발전시킬 수 있다. 이것은 그가 공유하는 관련성들(A-B와 C-A)이 그에 대하여 변했다는 의미가 아니다. 오히려 그가 이전에는 공유하지 않았던 관련성(B-C)이 이제 그를 성가시게 한다는 것을 의미한다. 이는 아마도 그것이 그의 이익에 방해(C가 B와 사랑을 나누는 데 너무나 많은 시간을 소비하여, 그와 함께 꽃꽂이하는 일을 등한시하게 됨)가 되기 때문이거나, 또는 그가 이론적인 야심을 가지게 되었기 때문일 수 있다. 어떤 경우든지 간에, 그는 세 개별적인 관련성들과 그에 따르는 그들의 습관화 과정들을 하나의 일관되고 의미 있는 전체(A-B-C)로 통일하고자 한다. 그는 어떻게 이것을 할 수 있을까?

그가 종교적인 천재라고 상상해보자. 어느 날 그는 다른 두 사람에게 새로운 신화를 보여준다. 세계는 두 단계로 창조되었다. 창조주 신이 자신의 누이와 교접하여 육지가 창조되고, 누이와 쌍둥이 여신의 상호 수음手淫을 통해 바다가 창조되었다. 그리고 세계가 그렇게 만들어졌을 때, 창조주 신은 위대한 화무花舞 속에서 쌍둥이 여신과 결합했으며, 이렇게 하여 육지의 표면에 식물과 동물들이 생기게 되었다. 이성애, 여성 동성애, 그리고 꽃 경작이라는 현존하는 삼각관계는 신들의 원형적 행위에 대한 인간적 모방에 불과한 것이다. 괜찮지 않은가? 비교신화학에 대한 배경지식이 있는 독자들은 이 우주창조 이야기와 역사적으로 유사한 것을 어렵지 않게 발견할 수 있을 것이다. 그는 다른 사람들이 그의 이론을 받아들이도록 하는 게 더 어려울 수 있다. 그는 선전의 문제에 처하게 될 것이다. 그러나 B와 C 또한 그들의 다양한 계획들을 계속하는 데 실질적인 어려움을 갖고 있거나, 또는 (가능성은 덜하지만) A의 우주관에 고무되었다면, A가 자신의 계획을 성공시킬 수 있는 좋은 기회가 될 것이다. 그가 성공을 거두고, 세 사람 모두 그들의 행위들이 큰 사회(A-B-C)를 위해 함께 작용한다는 것을 '안다'면, 그 '지식'은 이 상황에서 벌어지는 일들에 영향을 줄 것이다. 예를 들어, C는 이제 보다 흔쾌히 그녀의 두 가지 주요 작업 사이에서 공정하게 자신의 시간을 배분하게 될 것이다.

이렇게 확대해본 우리의 사례가 억지스러워 보인다면, 우리의 종교적 천재의 의식 속에서 일어나는 세속화 과정을 상상해봄으로써 이 사례를 보다 현실적으로 만들 수 있다. 신화는 더 이상 그럴듯해 보이지 않는다. 그 상황은 사회과학에 의해 설명되어야 한다. 물론 이것은 매우 쉽다. 그 상황에서 일어나는 두 종류의 성적인 행위가 참가자들의 뿌리 깊은 심리적 욕구를 표현하고 있다는 것은 (사회과학자로 변모한 우리의 종교적 천재에게) 명백하다. 그는 이러한 욕구들이 좌절되면 '역기능적인' 긴장이 생겨난다는 것을 '알고 있다.' 다른 한편으로, 이 세 사람이 섬의 다른 쪽 끝에 있는 코코넛을 구하기 위해 자신들의 꽃을 파는 것도 사실이다. 그것은 그 문제를 해결한다. 행동 양식 A-B와 B-C

는 '인성 체계'에 대해서 기능적이며, 반면에 C-A는 '사회 체계'의 경제 부문에 대하여 기능적이다. A-B-C는 상호 체계적 수준에서의 기능적인 통합의 합리적 결과일 뿐이다. 다시 돌아가서, 만약에 A가 **이러한** 이론을 가지고 두 여자를 설복하는 데 성공한다면, 그들의 상황에 관련된 기능적 요구들에 대한 그들의 '지식'이 그들의 행동에 대하여 어떤 통제적인 결과를 갖게 될 것이다.

이를 변경하여, 우리의 사례를 면대면 상황의 소박한 이야기에서 거시사회적 수준으로 바꿀지라도 동일한 주장을 할 수 있다. 제도적 질서의 분할과 그에 따르는 지식의 분배는 그 사회를 아우르고, 개인들의 파편화된 사회적 경험과 지식에 객관적 의미의 전반적인 맥락을 제공할 수 있는 통합적 의미들을 제공해야 하는 문제를 야기한다. 게다가 전반적인 의미 있는 통합의 문제뿐 아니라, 한 유형의 행위자의 제도적 활동들을 다른 유형의 행위자에게 정당화해야 하는 문제도 있을 것이다. 전사, 농부, 무역가, 무당의 활동들에 객관적인 의미를 부여하는 의미의 세계가 있다고 가정할 수 있다. 이는 이러한 유형의 행위자들 사이에 이해관계의 충돌이 없다는 것을 의미하지 않는다. 공통의 의미세계 안에서도 무당은 자신들의 어떤 활동을 전사들에게 '설명'해야 하는 등등의 문제가 있을 수 있다. 그러한 정당화의 방법은 역사적으로 다양하다.[58]

제도적 분할의 또 다른 결과는 사회적으로 분리된 의미의 하위세계들의 가능성이다. 이는 역할 전문화가 특정 역할에 한정된 지식이 공통의 지식 저장고에 반해 비법적秘法的인 것이 되는 지점까지 강화됨으로

---

58) 이는 '이데올로기'의 문제와 관련되어 있으며, 뒤에서 보다 제한적으로 정의된 맥락에서 논의하겠다.

써 생겨나는 결과이다. 그러한 의미의 하위세계들은 공통된 견해로부터 나온 것일 수도 있고 아닐 수도 있다. 어떤 경우에는, 하위세계의 인지적인 내용들만이 비법적인 것이 아니라, 하위세계와 그것을 유지하는 집합체의 존재조차도 비밀일 수 있다. 의미의 하위세계들은 다양한 범주들 — 성, 나이, 직업, 종교적 성향, 미적 취향 등등 — 에 의해서 사회적으로 구성될 수 있다. 물론 하위세계가 나타날 기회는 점진적인 노동 분화와 경제적 잉여와 함께 꾸준히 증가한다. 아프리카와 미국 원주민 사이에서 흔히 볼 수 있는 '비밀 사회들'에서와 같이, 생존 경제 subsistence economy의 사회에서는 남자와 여자 사이에 또는 늙은 전사와 젊은 전사 사이에 인지적인 분리가 있을 수 있다. 그 사회는 여전히 몇몇 사제나 마법사들의 비밀스런 존재를 허용할 수도 있다. 힌두의 카스트, 중국의 문사文士 관료제, 또는 고대 이집트의 사제 집단과 같이 완전히 성숙된 의미의 하위세계들은 경제적인 문제에 대하여 훨씬 더 발전된 해결책을 요구한다.

모든 사회적 의미 체계처럼, 그 하위세계들은 하나의 특정한 집단, 곧 문제의 의미들을 계속 생산하고 그 안에서 이 의미들이 객관적 실재를 갖게 되는 집단에 의해 '담지되어야' 한다.[59] 그러한 집단들 사이에는 갈등이나 경쟁이 있을 수 있다. 가장 단순한 수준에서, 잉여 자원을 문제의 전문가들에게 배당 — 예를 들어, 생산적 노동으로부터의 면제 — 하는 데에 갈등이 있을 수 있다. 누가 공식적으로 면제되어야 하는가? 모든 주술사들인가, 아니면 우두머리의 집에서 임무를 수행하는

---

59) 베버는 특히 그의 비교종교사회학에서 반복적으로 다양한 집단들을 우리가 여기서 의미의 하위세계들이라고 부르고 있는 것의 '담지자Träger'라고 부른다. 물론 이 현상의 분석은 마르크스의 하부구조/상부구조 도식과 관련되어 있다.

이들만인가? 또는 누가 당국으로부터 고정된 보수를 받아야 하는가? 약초로 환자를 치료한 사람인가, 아니면 신들린 상태에 들어가서 치료를 하는 사람인가? 그러한 사회적 갈등은 쉽사리 서로 경쟁하는 학파들 사이의 갈등으로 바뀔 수 있다. 각 학파들은 스스로 정립하고, 경쟁하는 지식체를 제거할 수는 없을지라도 신빙성을 상실하게 하려고 한다. 현대 사회에서도 우리는 계속하여 정통 의학과 지압 요법, 동종 요법, 또는 [기독교 신앙치료주의 일파인] 크리스천사이언스와 같은 경쟁자들 사이에 그러한 갈등을 가지고 있다. 거대한 경제적 잉여로 인하여 많은 수의 개인이 심지어는 가장 모호한 무언가를 위해 모든 시간을 바칠 수 있는 선진 산업사회들에서는, 생각할 수 있는 모든 종류의 의미의 하위세계들 사이에 벌어지는 다원적인 경쟁이 정상적인 상태가 된다.[60]

의미의 하위세계의 설립과 함께 전체 사회에 대한 다양한 관점들이 등장하는데, 각 관점은 전체 사회를 하나의 하위세계의 시각에서 본다. 사회에 대하여 지압사는 의과대학 교수와는 다른 시각을 가지며, 시인은 사업가와, 유태인은 이교도와 다른 시각을 가진다. 이러한 관점들의 증식이 **전체** 사회를 위한 안정적인 상징적 덮개를 설립하는 문제를 매우 증가시킨다는 것은 말할 필요도 없다. 어떠한 이론이나 심지어는 세계관이 덧붙여진다 할지라도, 각각의 관점은 그것을 가진 집단의 구체적인 사회적 이해관계에 관련될 것이다. 그러나 이것이 이론이나 세계관은 물론 다양한 관점들도 단지 사회적 이해관계의 기계적 반영이라

---

60) 의미의 하위세계들 사이의 다원주의적 경쟁은 현대 사회의 경험적 지식사회학에 있어서 가장 중요한 문제들 가운데 하나이다. 우리는 이 문제를 종교사회학에 대한 다른 저작에서 다루었지만, 이 책에서 이 문제에 대한 분석을 발전시킬 필요는 없을 것이다.

는 뜻은 아니다. 특히 이론적 수준에서는 지식이 앎의 주체의 개인적이고 사회적인 이해관계로부터 분리되는 것이 충분히 가능하다. 그래서 유태인들이 특정한 과학적 기업들을 선취하게 되는 데에는 눈에 띄는 사회적 이유들이 있을 것이나, 그 기업들을 유태인이 소유하느냐 非유태인이 소유하느냐에 따라 어떠한 과학적 입장을 갖고 있는지를 예견하는 것은 불가능하다. 달리 말해서, 과학적 의미세계는 그것이 기반하는 사회적 토대로부터 충분한 자율성을 얻을 수 있다. 실질적으로는 상당한 변이가 있지만, 이론적으로는 어떠한 지식체든지, 심지어 사회에 대한 인지적 관점을 가진 지식체도 그러하다.

게다가 지식체는 일단 상대적으로 자율적인 의미의 하위세계 수준까지 이르게 되면, 그것을 생산한 집합체에 반하여 작용할 수 있는 능력을 가지게 된다. 예를 들어, 유태인은 사회에서 유태인**으로서** 특별한 문제를 가지기 때문에 사회과학자가 될 수 있다. 그러나 그들이 일단 사회 과학적 담론의 세계 안으로 들어가게 되면, 더 이상 특징적으로 유태인스러운 시각으로 사회를 보지 않게 될 뿐 아니라, 그들의 유태인으로서의 사회적 활동들조차도 새로이 얻은 사회과학적 관점의 결과로 바뀔 수 있다. 이렇듯 지식이 그 존재적 기원으로부터 분리되는 정도는 (관련된 사회적 이해관계의 긴급성, 문제시되는 지식의 이론적 세련됨의 정도, 지식의 사회적 관련성 또는 비관련성 등등) 상당히 많은 역사적 변수들에 의존한다. 우리의 일반적인 논의를 위해 중요한 원칙은 지식과 지식의 사회적 토대 사이의 관계는 변증법적이라는 것, 곧 지식은 사회적 **산물이고** 사회 변동의 한 요소라는 것이다.[61] 사회적 생산과 그 산물인 객관화된 세계 사이의 변증법의 원칙은 이미 설명되었다. 구체적인 의미의 하위세계의 분석에서 이를 염두에 두는 것이 특별히 중요하다.

하위세계의 수가 증가하고 복잡해질수록 외부인은 점점 더 접근하기 어려워진다. 하위세계들은 정식으로 그들의 신비를 전수받은 사람들 이외의 모든 이에게는 (비전된 이야기의 헤르메스 문서[62]와 고전적으로 관련지어보자면) '밀봉하여 봉인된hermetically sealed' 비밀스런 영토가 된다. 증가하는 하위세계의 자율성은 외부인과 내부인 모두에게 특별한 정당화의 문제를 야기한다. 외부인은 그 하위세계 **밖에 머물러**야 하며, 때로는 심지어 그 존재조차 몰라야 한다. 그러나 만약 외부인이 알게 된다면, 그리고 그 하위세계가 보다 큰 사회로부터 다양한 특별한 권리와 인정을 요구한다면, 외부인을 밖에 머물게 하는 동시에 그들로 하여금 이 과정의 정당성을 인정하게 하는 문제가 생긴다. 이 과정은 위협, (외부인의 이해관계와 그들의 감정에 호소하는) 합리적 또는 비합리적인 선전, 신비화, 그리고 일반적으로 명예 상징의 조작과 같은 다양한 기술

---

61) 이 제안을 마르크스적인 용어로 표현하자면, 하부구조와 상부구조 사이에 변증적인 관계가 있다고 말할 수 있다. 이것은 아주 최근까지 주류 마르크스주의에서 잊혀왔던 마르크스적인 통찰이다. 사회적으로 분리된 지식의 가능성이라는 문제는 물론 셸러와 만하임에 의해 정의된 지식사회학에서도 핵심적인 문제였다. 우리의 일반적인 이론적 접근에 내재해 있는 이유들 때문에, 우리는 그 문제에 그러한 핵심적인 자리를 주고 있지는 않다. 이론적인 지식사회학에 있어서 중요한 점은 지식과 지식의 사회적 토대 사이의 변증법이다. '매여 있지 않은 지식인unattached intelligentsia'에 대한 만하임의 관심과 같은 질문들은 지식사회학을 구체적인 역사적·경험적 현상에 적용한 것이다. 이에 대한 제안들은 여기에서 우리가 관심을 두고 있는 것보다 훨씬 덜 이론적인 수준에서 이루어져야 할 것이다. 다른 한편, 사회과학적 지식의 자율성에 관한 질문들은 사회과학의 방법론의 맥락에서 협의되어야 한다. 서문에서 밝힌 이론적 이유들로 인해 지식사회학의 범위에 대한 우리의 정의에서 이 영역을 제외했다.

62) (옮긴이) '헤르메스주의'는 혼합주의가 널리 행해졌던 고대 후기 헬레니즘 이집트 시대에 그리스의 신인 헤르메스와 이집트의 신 토트가 결합된 존재인 헤르메스 트리스메기스투스 Hermes Trismegistus가 썼다고 가정되는 비밀스런 지혜를 담은 외경적인 저작들에 기반을 두고 있는 신비주의 종교 전통이다. '헤르메스 문서Hermetic corpus'는 가장 널리 알려진 헤르메스주의 문헌으로서 정확한 저작 연대는 불분명하나 대체로 기원후 1~3세기에 편집된 것으로 보고 있다.

들을 통해 이루어진다. 반면, 내부인들은 **안에 머물러야** 한다. 이것은 하위세계로부터 탈출하고자 하는 유혹을 억누르게 해주는 실질적이고 이론적인 과정들의 발전을 요구한다. 이러한 정당화의 이중적 문제에 대해서는 이후에 자세히 살펴볼 것이다. 지금은 하나의 보기를 드는 것으로 도움이 될 것이다. 비밀스런 의학의 하위세계를 만드는 것만으로는 충분치 않다. 평범한 일반인이 그것이 옳고 유용하다고 확신할 수 있어야 하며, 의사협회는 하위세계의 기준들을 따라야 한다. 그래서 일반 대중은 '의사의 권고를 거스르는 데' 따르는 신체적 파멸의 이미지에 의해 위협을 받는다. 순응함으로써 얻는 실용적 이익과, 병과 죽음이라는 공포에 의해 그렇게 하지 않도록 설득된다. 권위를 강조하기 위해 의사는 평범하지 않은 의상부터 이해하기 어려운 언어에 이르기까지, 힘과 신비의 오래된 상징들 안에 자신을 감싼다. 물론 이 모든 것은 실용적인 용어로 대중과 자신에게 정당화된다. 한편 의학세계에서 완전히 인정받은 사람들은 '돌팔이 치료'(즉, 생각이나 행위에 있어서 의학적 하위세계 밖으로 밀려나는 것)로부터 보호된다. 이는 그 전문 직종에서 이용 가능한 강력한 외적 통제에 의해서뿐만 아니라, 그러한 일탈의 우매함과 심지어는 사악함에 대하여 '과학적 증거'를 제공하는 전문적 지식체계에 의해서 이루어진다. 달리 말하자면, 전체적인 정당화 기제가 작동해서 평범한 사람은 평범한 사람으로, 의사는 의사로 **남게 될 것이고**, (만약 가능하다면) 양쪽 모두 그렇게 행복하게 될 것이다.

　제도와 하위세계의 상이한 변화 속도로 인해 특별한 문제들이 떠오른다.[63] 이것은 전체적인 제도적 질서의 정당화와 특정한 제도나 하위세계들의 특수한 정당화 모두를 더 어렵게 한다. 근대적 군대를 가진 봉건사회, 산업자본주의의 조건 아래 존재해야 하는 지주 귀족제, 과학적 세계관의 대중화에 대처해야 하는 전통 종교, 한 사회에서의 상대성 이론과 점성술의 공존 등등, 우리의 현대적 경험은 애써 지적할 필요도 없이 이러한 종류의 사례들로 가득 차 있다. 지금은 그러한 조건 아래에서는 몇몇 정당화하는 이들의 작업이 특별히 격렬해진다는 점만을 지적해두자.

제도화의 역사적 가변성으로부터 떠오르는 거대한 이론적 관심에 대한 마지막 물음은 제도적 질서가 객관화되는 방식과 관계가 있다. 제도적 질서 또는 그 질서의 어떤 부분은 어느 정도까지 비인간적인 사실성으로 이해되는가? 이것은 사회적 실재의 물화物化, reification에 대한 물음이다.[64]

물화는 인간 현상을 마치 사물처럼, 곧 비인간적이거나 초인간적인 것으로 이해하는 것이다. 이를 달리 표현하자면, 물화는 인간 활동의

---

63) 이것은 오그번William Fielding Ogburn 이래로 미국 사회학에서 흔히 '문화적 지체cultural lag'라고 불리던 현상이다. 우리는 이 용어가 진화론적이고 암묵적으로 가치판단적인 함의를 가지고 있기 때문에 피하고 있다.

64) '물화Verdinglichung'는 마르크스에게 특히 그의 초기 저작의 인간학적 사고에서 중요한 개념으로, 후에 『자본론』에서 "상품의 물신주의fetishism of commodities"로 발전되었다. 마르크스주의 이론에서 이 개념에 대한 보다 최근의 발전에 대해서는 György Lukác, *Histoire et conscience de classe*, pp. 109 이하〔『역사와 계급의식』(제4판), 박정호·조만영 옮김, 거름, 1999〕; Lucien Goldmann, *Recherches dialectiques*(Paris: Gallimard, 1959), pp. 64 이하; Joseph Gabel, *La fausse conscience*(Paris: Éditions de Minuit, 1962)와 *Formen der Entfremdung*(Frankfurt: Fischer, 1964)을 참조하라. 비非교조적인 지식사회학 안에서 이 개념의 적용 가능성에 대한 폭넓은 논의를 위해서는 Peter L. Berger and Stanley Pullberg, "Reification and the Sociological Critique of Consciousness," *History and Theology* IV: 2, 1965, pp. 198 이하를 참조하라. 마르크스의 준거틀에서 물화의 개념은 '소외Entfremdung'의 개념과 매우 관련이 깊다. 소외 개념은 최근의 사회학 저작들에서 용어의 기원을 밝힐 수 있는 지점을 넘어서, 아노미anomie로부터 신경증에 이르는 현상들과 혼돈되고 있다. 어쨌든 우리는 이 책이 그러한 개념의 회복을 시도할 자리가 아니라고 느끼기에 그 개념의 사용을 피하도록 하겠다.

산물을 마치 자연의 사실, 우주적 법칙의 결과 또는 신의 뜻의 표현 등과 같은 인간적 산물 이외의 다른 무엇인 것처럼 이해하는 것이다. 물화는 인간이 인간세계가 자신으로부터 비롯되었음을 잊어버리는 것이 가능하며, 나아가서 생산자인 인간과 그의 산물 사이의 변증법이 의식에서 사라진다는 것을 의미한다. 정의상 물화된 세계는 탈인간화된 세계다. 그 세계는 인간에게 생소한 사실성으로, 자신의 생산 활동인 노동의 산물*opus proprium*이라기보다는 그가 통제할 수 없는 소외의 산물 *opus alienum*로 경험된다.

객관적인 사회적 세계가 설립되면 물화의 가능성이 결코 사라지지 않는다는 것은 이전의 객관화에 대한 논의로부터 명백히 이해될 것이다.[65] 사회세계의 객관성은 그것이 인간을 인간 자신 밖에 있는 무언가로서 직면하게 된다는 것을 의미한다. 결정적인 물음은 인간이 사회세계가 아무리 객관화되었다 하더라도 인간에 의해서 만들어졌다는 것을, 그래서 인간에 의해서 다시 만들어질 수 있다는 것을 여전히 인식하느냐의 여부이다. 달리 말하자면, 물화는 객관화 과정의 극단적인 단계로서 묘사될 수 있으며, 그럼으로써 객관화된 세계는 인간의 과업으로서 이해될 수 있는 가능성을 상실하고, 비인간적이고 인간화할 수 없으며 움직일 수 없는 사실성으로 고착된다.[66] 전형적으로, 인간과 그

---

65) 쥘 모네로Jules Monnerot (*Les faits sociaux ne sont pas des choses*, 1946)와 아르망 퀴빌리에Armand Cuvillier ("Durkheim et Marx," *Cahiers internationaux de sociologie*, 1948) 같은 뒤르케임 사회학에 대한 최근 프랑스의 비판가들은 그의 사회학을 사회적 실재에 대한 물화된 견해라고 비판했다. 달리 말하자면, 그들은 뒤르케임의 사물성choséité이 사실상 물화라고 주장한다. 뒤르케임에 대한 주해의 측면에서 이 개념에 대하여 뭐라 말하든지 간에, "사회적 사실은 사물"이라고 주장하면서, 단지 인간의 산물로서 사회적 사실의 객관성을 의미하는 것은 원칙상 가능하다. 이 물음에 대한 이론적 열쇠는 객관화와 물화의 구분이다.

의 세계 사이의 진정한 관계가 의식 속에서 뒤집어진다. 인간 곧 세계의 창조자는 그 세계의 산물로, 인간의 활동은 비인간적 과정의 부수 현상으로 여겨진다. 인간적 의미들은 더 이상 세계를 생산하는 것으로 이해되지 않고, '자연적 사물'의 산물로서 이해된다. 물화는 의식의 한 양태이며, 보다 정확히 말해서 인간세계의 객관화의 한 양태라는 것이 강조되어야 한다. 인간은 세계를 물화된 것으로 이해하는 동안에도, 그 세계를 계속하여 생산한다. 즉, 인간은 역설적으로 자신을 거부하는 실재를 생산하는 것이 가능하다.[67]

물화는 의식의 전前이론적인 수준과 이론적인 수준 모두에서 가능하다. 복잡한 이론적 체계들은 추측컨대 이러저러한 사회적 상황에서 이루어진 전前이론적 물화에 그 뿌리를 두고 있지만, 그 자체도 물화로서 묘사될 수 있다. 그래서 물화의 개념을 지식인의 정신적 구성물로만 제한하는 것은 잘못이다. 물화는 평범한 사람의 의식 안에도 존재하며, 이 존재가 실질적으로 더욱 중요하다. 또한 물화를 원래는 물화되지 않았던 사회세계에 대한 이해가 곡해된 것, 일종의 은총으로부터의 인식적 타락으로 보는 것도 잘못이다. 이와 달리 민족학적·심리학적 증거는 오히려 반대의 사실을, 곧 사회세계에 대한 원래의 이해는 계통발생적으로 그리고 개체발생적으로 고도로 물화되어 있음을 보여준다.[68]

---

66) 이 내용을 사르트르의 『변증법적 이성비판』에 나오는 '실천적 타성태practico-inert' 개념과 비교해보라.

67) 이런 이유로 마르크스는 물화하는 의식을 허위의식이라고 불렀다. 이 개념은 사르트르의 '자기기만mauvaise foi'과 연관될 것이다.

68) 뤼시앵 레비-브륄과 장 피아제의 저작이 계통·개체발생적으로 원형적인 물화를 이해하는 데 기초가 될 수 있을 것이다. 또한 Claude Lévi-Strauss, *La pensée sauvage* (Paris: Plon, 1962)〔『야생의 사고』, 안정남 옮김, 한길사, 1996〕를 참조하라.

이것은 의식의 한 양태**로서의** 물화에 대한 이해가 적어도 역사상으로 나 개인의 생애에 있어서 비교적 늦게 발달하는 의식의 상대적인 **탈물** 화에 의존적임을 의미한다.

전체로서의 제도적 질서와 그 부분으로서의 제도적 질서 모두 물화된 의미에서 이해될 수 있다. 예를 들어, 사회의 전체 질서는 신들에 의해 만들어진 전체 세계의 대우주를 반영하는 소우주로서 인식될 수 있다. '여기 아래'에서 무슨 일이 일어나든 그것은 단지 '저기 위'에서 일어난 것의 희미한 반영일 뿐이다.[69] 특정한 제도들도 비슷한 방식으로 이해할 수 있다. 제도들의 물화를 위한 기본적인 '처방전'은 그것에 인간 활동과 의미화로부터 독립적인 존재론적 지위를 부여하는 것이다. 특정한 물화는 이러한 일반적인 주제의 변이들이다. 예를 들어, 결혼은 신적인 창조성의 행위의 모방으로서, 자연법칙의 보편적 명령으로서, 생물학적이거나 심리학적인 힘의 필연적 결과로서, 또는 사회 체계의 기능적 요청으로서 물화될 수 있다. 이 모든 물화들에 공통적인 것은 지속적인 인간의 생산물로서의 결혼이라는 판단을 흐리는 것이다. 이 보기에서 쉽게 알 수 있듯이, 물화는 이론적으로도 전前이론적으로도 일어날 수 있다. 그래서 비법 전수자는 구체적인 인간적 사건부터 신적인 우주의 가장 먼 구석에 이르기까지 고도로 세련된 이론을 만들어낼 수 있지만, 무식한 농부 부부는 비슷하게 물화하는 형이상학적 경외의 전율을 가지고 그 사건을 이해할 수 있다. 물화를 통해서, 제도의 세

---

69) '여기 아래'와 '저기 위' 사이의 병행론에 대해서는 Mircea Eliade, *Cosmos and History* (New York: Harper, 1959)〔『우주와 역사』, 정진홍 옮김, 현대사상사, 1999〕를 참조하라. 앞서 인용한 푀겔린의 책 *Order and History* 중 "우주론적 문명"에 대한 논의도 비슷한 점을 지적하고 있다.

계는 자연의 세계와 연합하는 듯이 보인다. 그것은 필연성과 운명이 되며, 그런 식으로 경우에 따라서 행복하거나 불행하게 경험된다.

역할은 제도와 비슷한 방식으로 물화될 수 있다. 역할 안에 객관화된 자의식의 부분은 불가피한 운명으로 이해될 수 있으며, 개인은 그로 인해 책임감을 가볍게 여길 수도 있다. 이런 종류의 물화의 전형적인 공식은 "그 문제에 있어서 난 선택의 여지가 없어, (경우에 따라 남편으로서, 아버지로서, 장군으로서, 대주교로서, 이사장으로서, 폭력단원으로서, 교수형 집행인으로서) 내 지위 때문에 이런 식으로 할 수밖에 없어"와 같은 진술이다. 이는 역할의 물화가 개인이 자신과 자신의 역할 수행 사이에 설정할 수 있는 주관적 거리를 좁혀준다는 것을 의미한다. 모든 객관화에 함축된 거리는 남아 있지만, 비非동일시에 의해 야기된 거리는 소멸되는 지점까지 줄어들게 된다. 마지막으로 정체성 자체(이 표현을 선호한다면, 전체적 자아), 곧 자신의 정체성과 타인들의 정체성이 모두 물화될 수 있다. 그렇게 되면 개인과 사회적으로 그에게 할당된 전형 사이에 완전한 동일시가 있다. 그는 **오로지** 그 유형으로만 이해된다. 이러한 이해는 가치나 감정에 의해서 긍정적으로 또는 부정적으로 강조될 수 있다. '유태인'이라는 정체성은 반反유태주의자와 유태인 자신이 모두 — 유태인은 긍정적으로 반유태주의자는 부정적으로 그 정체성을 강조하는 점만 제외하면 — 동일하게 물화하는 것일 수 있다. 두 물화는 인간적으로 생산되며, 심지어 내면화되면서도 자아의 한 부분을 객관화하는 하나의 전형에 존재론적이고 전체적인 지위를 부여한다.[70] 그러한 물화들은 '유태인에 대하여 모든 이가 아는' 전前이론적 수준에서부터

---

70) 정체성의 물화에 대해서는 사르트르의 반유태주의에 대한 분석과 비교해보라.

생물학('유태인의 피'), 심리학('유태인의 영혼') 또는 형이상학('이스라엘의 신비')으로 표현된 복잡한 유태인다움에 대한 이론들에 이르기까지 포함할 수 있다.

물화의 분석은 일반적으로는 이론적 사고의, 특수하게는 사회학적 사고의 물화하는 성향에 대한 지속적인 교정책이 될 수 있기 때문에 중요하다. 그 분석은 인간이 행하는 것과 사고하는 것 사이의 관계에 대한 비非변증법적인 개념에 빠지는 것을 막아주기 때문에, 지식사회학에 있어서 특별히 중요하다. 지식사회학의 역사적·경험적 적용은 제도적 질서의 전체적인 붕괴, 이전에는 분리되었던 사회들 사이의 접촉, 그리고 사회적 주변성이라는 중요한 현상과 같은 탈물화에 유리한 사회적 환경들에 특별한 주의를 기울여야 한다.[71] 그러나 이러한 문제들은 현재 우리의 논의의 틀을 벗어나는 것이다.

---

71) 탈물화의 조건에 대해서는 Peter L. Berger and Stanley Pullberg, "Reification and the Sociological Critique of Consciousness"를 참조하라.

2. 정당화

상징적 세계의 기원

과정으로서의 정당화는 의미의 '이차적' 객관화라고 표현하는 것이 가장 적절하다. 정당화는 이질적인 제도적 과정들에 이미 덧붙여져 있는 의미들을 통합하는 데 기여하는 새로운 의미를 생산한다. 정당화의 기능은 제도화되어 있는 '일차적' 객관화를 객관적으로 사용 가능하게 해주고, 주관적으로 타당하게 만들어주는 것이다.[72] 우리는 정당화를 이러한 기능으로 정의하고 있지만, 어떠한 특별한 정당화 과정을 불러일으키는 특정한 동기에 관계없이, (어떤 형태이든) '통합' 또한 정당화하는 이에게 동기를 부여하는 전형적인 목적이라는 것을 덧붙여야겠다.

---

72) '정당화legitimation'라는 용어는 베버로부터 유래하는데, 특히 그의 정치사회학의 맥락에서 발전되었다. 여기서 우리는 좀더 넓은 의미로 사용하고 있다.

통합과 이와 대응하는 주관적 타당성의 문제는 두 수준을 일컫는다. 첫째로 제도적 질서 전체가 각기 다른 제도적 과정들 안의 참가자들에게 일리가 있어야 한다. 여기서 타당성의 문제는 상황적으로는 지배적이지만 단지 부분적으로 제도화된, 자신뿐 아니라 동료들의 동기들 — 부족장과 성직자, 아버지와 군대의 사령관의 관계에서와 같은, 또는 바로 그 동일한 개인의 사례에서 자기 아들의 군대 사령관인 아버지와 아들 자신의 관계에서와 같은 — 의 '이면에' 있는 전체적인 의미를 주관적으로 인정하는 것을 의미한다. 그렇다면 이것은 전체의 제도적 질서를 개별적인 역할에서 제도적 질서에 참여하고 있는 개인들에 연관시키거나, 한 개인이 어떤 주어진 시간에 참가할 수 있는 여러 부분적인 제도적 과정들에 연관시키는 통합과 타당성의 '수평적' 수준이다.

둘째로 제도적 질서의 다양한 수준을 연속하여 통과하는 개인의 삶 전체는 주관적으로 의미 있는 것이 되어야 한다. 달리 말하자면, 제도적으로 사전 정의된 여러 잇따르는 단계들에서 개인의 생애는 전체를 주관적으로 타당한 것으로 만들어주는 의미를 부여받아야만 한다. 그러므로 개개인의 수명 안에서 '수직적' 수준이 통합과 제도적 질서의 주관적 타당성에 추가되어야 한다.

우리가 전에 논의했듯이, 정당화는 제도가 그 이상의 상호주관적이거나 생애적인 지지를 요구하지 않는 단지 하나의 사실인 제도화의 첫 단계에서는 필수적이지 않다. 그것은 관련된 모두에게 자명하다. 정당화의 문제는 (이제는 역사적인 것이 된) 제도적 질서의 객관화가 새로운 세대로 전달될 때 필연적으로 떠오른다. 살펴보았듯이, 그때는 제도들의 자명한 성격이 더 이상 개인 자신의 회상과 습관화에 의해서 유지될 수 없다. 역사와 개인 생애의 통일은 깨진다. 그 통일을 회복해서 양 측면 모두를 이해 가능하게 만들기 위해서는 제도적 전통의 핵심적인 요소들에 대해 '설명'하고 타당화해야 한다. 정당화는 이렇듯 '설명하고' 타당화하는 과정이다.[73]

정당화는 객관화된 의미에 인지적 타당성을 부여함으로써 제도적 질서를 '설명한다.' 정당화는 실질적인 요구 과제들에 규범적 위엄을 부여함으로써 제도적 질서를 타당화한다. 정당화가 규범적인 요소뿐만 아니라 인지적인 요소를 가지고 있다는 점을 이해하는 것이 중요하다. 달리 말하자면, 정당화는 단지 '가치'의 문제만은 아니다. 그것은 항상 '지식'을 내포한다. 예를 들어, 친족구조는 단지 특정한 근친상간 금기의 윤리에 의해 정당화되는 것이 아니다. 먼저 그 구조 안에 '옳고' '그른' 행위 **모두**를 정의하는 역할들에 대한 '지식'이 있어야 한다. 가령, 개인은 그의 친족 내에서 결혼할 수 없다. 그러나 그는 먼저 자신을 이 친족의 한 구성원으로서 '알고' 있어야 한다. 이 '지식'은 일반적으로 친족이 무엇인지, 그리고 특히 그의 친족이 무엇인지 '설명'하는 전통을 통해 그에게 전해진다. (전형적으로 문제의 집단의 '역사'와 '사회학'을 구성하는, 그리고 근친상간 금기의 경우에는 '인류학'도 포함하는) 그러한 '설명들'은 정당화하는 도구이자 전통의 윤리적 요소이다. 정당화는 그 개인에게 왜 어떤 행위를 해**야 하고** 다른 행위는 하지 **말아야 하는지** 말해줄 뿐만 아니라, 왜 사물들이 현재의 상태로 **있는지** 그 이유도 말해준다. 달리 말하자면, 제도의 정당화에서 '지식'은 '가치'에 선행한다.

정당화의 각기 다른 수준들을 분석적으로 구분하는 것이 가능하다

---

73) '설명explanations'으로서의 정당화에 대해서는 파레토의 '파생derivations'의 분석과 비교해보라.

(물론 경험적으로 이 수준들은 서로 겹친다). 초기의 정당화는 인간 경험의 언어적 객관화가 전달되면서 존재하게 된다. 예를 들어, 친족관계 어휘들의 전달은 사실상 친족관계 구조를 정당화한다. 말하자면 정당화하는 근본적인 '설명들'이 그 어휘들 안에서 이루어진다. 그래서 한 아이는 다른 아이가 '사촌'이라는 것을 배우고, 이 정보는 즉각적이고 본질적으로 사촌이라는 명칭과 함께 배우게 되는 '사촌'과 관련된 행동을 정당화한다. 이 초기 정당화의 첫번째 수준에서 모든 단순한 전통적 확인은 — 아이의 "왜?"라는 질문에 대해 가장 빠르고 일반적으로 효과적인 응답인 — "모든 일은 이렇게 이뤄지는 거야"와 같은 방식에 속한다. 물론 이 수준은 전前이론적이다. 그러나 그것은 뒤이어 나오는 모든 이론들이 기대야 하는, 그리고 역으로 전통에 통합되려고 한다면 반드시 획득해야 하는 자명한 '지식'의 근거이다.

정당화의 두번째 수준은 초보적인 형태에서 이론적인 명제들을 포함한다. 여기서 여러 객관적 의미들을 연결시켜주는 다양한 설명적 도식들이 발견될 수 있다. 이 도식들은 매우 실용적이며, 구체적인 행위들에 직접적으로 연결되어 있다. 속담, 도덕적 격언, 삶의 지혜들이 이 수준에서 흔히 나타난다. 흔히 시적인 형태로 전수되는 전설과 민간설화도 여기에 속한다. 그래서 아이는 "사촌의 것을 훔친 사람은 손에 사마귀가 생긴다"라든지 "아내가 울 때는 걸어가라, 그러나 사촌이 너를 찾을 때는 뛰어가라"와 같은 속담들을 배운다. 또는 "함께 사냥 나간 충직한 사촌들의 노래"에 고무되거나, "간음한 두 사촌을 위한 장송곡"에 의해 간담이 서늘해질 수도 있다.

정당화의 세번째 수준은 제도적 부문이 차별화된 지식체에 의해 정당화되는 명확한 이론들을 포함하고 있다. 이러한 정당화는 제도화된 행동의 각 부문들을 위해 상당히 포괄적인 준거틀을 제공한다. 정당화는 그 복잡성과 차별성 때문에 형식화된 비결 전수 과정들을 통해 그것을 전수하는 전문가들에게 위탁된다. 그래서 '사촌관계'의 권리, 의무, 표준적인 작동 절차에 대한 정교한 경제적 이론이 있을 수 있다. 이러한 지식은 그 친족의 노인들에 의해 관리되는데, 아마도 그들의 경제적 유용성이 끝난 이후에 그들에게 맡겨질 것이다. 그 노인들은 통과의례의 과정에서 청소년에게 이러한 높은 수준의 경제학을 전수하며, 적용상의 문제가 있을 때마다 전문가로 나타나게 된다. 노인들에게 맡겨진 다른 일이 없다고 가정한다면, 그들은 적용상의 문제가 없을지라도 문제의 이론들에 대해 자신들끼리 장황하게 늘어놓을 것이다. 보다 정확하게 말해서, 그들은 이론화의 과정에서 그러한 문제들을 발명해낼 것이다. 달리 말하자면, 전문화된 정당화 이론의 발전과 정당화 작업의 전담자에 의한 관리와 함께, 정당화는 실용적인 적용의 범위를 넘어서서 '순수 이론'이 되기 시작한다. 이 단계와 더불어, 정당화의 영역은 정당화된 제도들에 대하여 일정한 자율성을 획득하며, 결국에는 그 자체의 제도적 과정을 생성할 수 있다.[74] 우리의 보기에서, '사촌관계의 과학'은 그저 '평범한' 사촌들의 활동과는 상당히 독립적인 그 나름의 생명을 갖기 시작할 수 있으며, '과학자' 집단은 그 '과학'이 원래 정당화하고자 했던 제도들에 반하여 나름의 제도적 과정들을 시작할 수 있다. 우리는 '사촌'이라는 낱말이 더 이상 친족 역할에 적용되지 않고 '사촌관계' 전문가들의 위계 안에서 한 단계를 차지하고 있는 사람에 적용될

---

74) 마르크스와 파레토 모두 우리가 정당화라고 부르는 것(마르크스에게는 '이데올로기,' 파레토에게는 '파생')의 가능한 자율성을 의식하고 있었다.

때, 이러한 발전이 아이러니한 절정에 다다르는 것을 상상해볼 수 있다.

상징적 세계들은 정당화의 네번째 수준을 구성한다. 이 세계들은 각기 다른 의미의 영역들을 통합하고 제도적 질서를 상징적 총체[75] 안에 포함하는 일련의 이론적 전통이다. 여기서 '상징적'이라는 용어는 우리가 이전에 정의했던 방식으로 사용하고 있다. 반복하자면, 상징적 과정들은 일상적 경험의 실재와는 다른 실재들을 가리키는 의미화의 과정이다. 상징적 영역이 어떻게 가장 광범위한 정당화의 수준에 관련되는지 쉽게 알 수 있을 것이다. 실용적 적용의 영역은 영원히 초월된다. 정당화는 — 물론 '이론적 경험'(엄밀히 말해서, 발견적으로 사용된다 하더라도 잘못 붙여진 이름)을 말할 때를 제외하고 — 이제 일상적 삶에서는 전혀 경험될 수 없는 상징적 총체성에 의해 일어난다. 이 수준의 정당화는 나아가 의미 있는 통합의 범위에 의해서 이전 수준과 구별된다. 이미 이전 수준에서 특정한 의미 영역들의 높은 정도의 통합과 제도화된 행동의 개별적 과정들을 발견하는 것이 가능하다. 그러나 이제 제도적 질서의 **모든** 부문들은 그 낱말의 문자적 의미 그대로 하나의 세계를 구성하는 전체적인 준거틀 안에 통합된다. 왜냐하면 이제 **모든** 인간 경험은 그 세계 **안에서** 일어나는 것으로 인식될 수 있기 때문이다.

상징적 세계는 사회적으로 객관화되고 주관적으로 실재하는 **모든** 의미들의 모체로 여겨진다. 전체 역사적 사회와 개인의 전체 생애는 이 세계 **안에서** 일어나는 사건들로 보이게 된다. 특히 중요한 것은 개인의 삶의 한계적 상황들(한계적인, 곧 사회 안에서 일상적 존재의 실재 안에 포

---

75) 우리의 '상징적 세계symbolic universe' 개념은 뒤르케임의 '종교'와 매우 유사하다. '제한된 의미 영역들'과 그것들 서로의 관계에 대한 슈츠의 분석, 그리고 사르트르의 '총체화totalization' 개념은 이 점에서 우리의 논의와 매우 관련이 깊다.

함되지 않은)도 그 상징적 세계에 포함된다는 것이다.[76] 그러한 상황들은 일상적 삶으로부터 분리된 의미의 영역으로서 꿈과 환상 속에서 경험되며, 그 나름의 독특한 실재를 부여받게 된다. 그 상징적 세계 안에서, 이 분리된 실재의 영역들은 그것을 '설명하고' 아마도 또한 정당화하는 하나의 의미 있는 전체 안에 통합된다(예를 들어, 꿈은 심리학 이론에 의해 '설명될' 수 있으며, 윤회설에 의해서 '설명되고' **또한** 정당화될 수 있다. 그리고 두 이론은 훨씬 더 포괄적인 세계 ─ 말하자면 '형이상학적인' 세계에 반하는 '과학적인' 세계 ─ 안에 근거를 둘 것이다). 물론 그 상징적 세계는 사회적 객관화에 의하여 구성된다. 그러나 의미를 제공하는 이 세계의 능력은 사회적 삶의 범위를 훨씬 넘어서며, 그래서 개인은 심지어 가장 고독한 경험 가운데서도 그 세계 안에 자신을 '위치'시킬 수 있다.

이러한 정당화의 수준에서 개별적인 제도적 과정들의 성찰적 통합은 궁극적 완성에 이른다. 하나의 전체적인 세계가 창조된다. 정당화의 정도가 약한 모든 이론들은 이 세계의 측면인 현상에 대한 특별한 관점들로 보이게 된다. 제도적 역할들은 제도적 질서를 초월하고 **또한** 포함하는 세계 안에 참여하는 양식이 된다. 앞선 보기에서, '사촌관계의 과학'은 거의 확실하게 일반적 우주론과 일반적 인간론을 포함하는 보다 넓은 이론 체계의 일부분에 불과하다. 그렇다면 친족구조에서 '올바른' 행위를 위한 궁극적인 정당화는 우주론적이고 인류학적인 준거틀 안에서 그 행위들이 차지하는 '위치'일 것이다. 예를 들어, 근친상간은 우주의 신적인 질서와 신적으로 세워진 인간 본질에 어긋나는 위법 행위로

---

76) '한계적 상황Grenzsituation'이라는 용어는 칼 야스퍼스에 의해 만들어졌다. 우리는 이 용어를 야스퍼스와는 꽤 다른 방식으로 사용하고 있다.

서 궁극적으로 부정적인 제재를 받게 될 것이다. 경제적 부정행위나 제도적 규범으로부터의 일탈도 그럴 수 있다. 그러한 궁극적 정당화의 한계는 원칙상 공식적으로 임명된 실재를 정의하는 자인 정당화 작업자들의 이론적 야망과 솜씨의 한계와 동연同延한다. 물론 실제로는, 제도적 질서의 특정한 부분들이 우주적 맥락 가운데 놓이는 정확성의 정도가 다양할 것이다. 그리고 이러한 다양함은 정당화 작업자들이 맡게 되는 특별한 실용적 문제들에 기인할 수도 있고, 또는 우주론적 전문가들의 이론적 상상에서의 자율적인 발전의 결과일 수도 있다.

상징적 세계의 결정화結晶化, crystallization는 전에 논의된 지식의 객관화, 침전, 축적의 과정을 따른다. 즉, 상징적 세계는 역사를 가진 사회적 산물이다. 그 의미를 이해하려면, 그 생산의 역사를 이해해야 한다. 이것이 더욱 중요한 이유는 인간 의식의 산물이 바로 그 자신의 본질에 의하여 완전히 발달한 필수불가결한 총체로서 스스로를 드러내기 때문이다.

우리는 이제 상징적 세계가 개인의 생애와 제도적 질서를 정당화하기 위해 작동하는 방식에 대하여 좀더 탐구해볼 수 있다. 그 작동은 필수적으로 두 가지 경우에 동일하다. 그것은 그 성격상 규범적이거나 질서 짓는 것이다.[77]

상징적 세계는 생애적 경험을 주관적으로 이해하는 데 질서를 제공한다. 실재의 다른 영역에 속하는 경험들은 동일하고 모든 것을 포괄하는 의미의 세계 안에 통합된다. 예를 들어, 상징적 세계는 일상의 실재

---

77) 여기서 우리의 논의는 뒤르케임의 아노미에 대한 분석에서 영향을 받았다. 하지만 우리가 더 관심 있는 것은 사회에서의 아노미적 과정보다는 규범적 과정이다.

안에서 꿈의 중요성을 결정하는데, 꿈을 꿀 때마다 일상의 지배적 지위를 재정립하고 하나의 실재에서 다른 실재로 넘어가는 데 따르는 충격을 경감시켜준다.[78] 그렇지 않으면 일상생활의 실재 안에서 이해 불가능한 고립된 상태로 남아 있을 의미의 영역들이 이해 가능해지고 덜 무서운 것이 되면서, 실재의 위계에 의하여 질서 지어지게 된다. 한계적 상황들은 당연하게 받아들여지고 일상화된 사회 안에서의 존재에 대한 가장 날카로운 위협이기 때문에, 이 한계적 상황들의 실재를 일상생활의 지배적 실재 안으로 통합하는 것은 매우 중요하다. 후자를 인간 삶의 '낮의 측면'이라고 한다면, 한계적 상황은 일상의 의식 주변에서 불길하게 잠재하고 있는 '밤의 측면'을 구성한다. '밤의 측면'은 흔히 상서롭지 못한 나름의 실재를 가지고 있기 때문에, 당연하게 받아들여지는 있는 그대로의 '깨어 있는' 사회적 삶의 실재에 끊임없는 위협이 된다. 그 생각(비교할 수 없이 '미친' 생각)은 계속하여 암시하기를, 일상생활의 밝은 실재는 다른 편에 있는 밤의 실재의 멀리서 울부짖는 악몽에 의해 삼켜질 수 있는 환상일 뿐이라고 한다. 그러한 광기와 공포의 생각들은 일상생활의 실재를 아우르는 동일한 상징적 세계 안에 있는 가능한 모든 실재들을 질서 지음으로써 봉쇄된다. 즉, 일상생활의 실재는 지배적이고 명확한(이 표현을 원한다면, '가장 실재적인') 성질을 보유하는 방식으로 그 실재들을 질서 짓는다.

상징적 세계가 개인적 경험에 대하여 가지는 이러한 규범적 기능은, 간단히 말하여 그것은 "모든 것을 제자리에 놓는다"라고 묘사될 수 있

---

78) 일상적 실재의 지배적 지위는 슈츠에 의해 분석되었다. 특히 그의 논문 "On Multiple Real-ities," *Collected Papers*, Vol. I, pp. 207 이하를 참조하라.

다. 게다가 이러한 질서의 의식으로부터 벗어날 때(즉, 경험의 한계적 상황에서 자신을 발견할 때)마다, 상징적 세계는 '실재,' 곧 일상생활의 실재로 '돌아오는 것을' 허락한다. 물론 상징적 세계는 모든 제도적 행동과 역할의 형태가 속하는 영역이기 때문에, 인간 경험의 위계에서 최고 지위를 부여함으로써 제도적 질서의 궁극적 정당화를 제공한다.

이렇게 결정적으로 중요한 한계적 실재들의 통합 이외에, 상징적 세계는 사회에서의 일상생활 **안에서** 발생한 모순된 의미들에 가장 높은 수준의 통합을 제공한다. 우리는 제도화된 행동의 개별적 부문들의 의미 있는 통합이 성찰에 의해서 전前이론적으로 또는 이론적으로 어떻게 일어나는지 살펴보았다. 그러한 의미 있는 통합은 처음부터 상징적 세계를 기정사실로 가정하지 않는다. 통합은 상징적 과정에 의지하지 않고서도, 곧 일상 경험의 실재들을 초월하지 않고서도 일어날 수 있다. 그러나 일단 상징적 세계가 사실로 가정되면, 일상생활에서 서로 모순된 부문들은 상징적 세계를 직접적인 준거로 하여 통합될 **수 있다**. 예를 들어, 사촌 역할을 하는 것의 의미와 지주 역할을 하는 것의 의미 사이의 불일치는 일반적인 신화에 의거하지 않고서도 통합될 수 있다. 그러나 일반적인 신화적 세계관이 작동한다면, 그것은 일상생활에서의 모순에 직접적으로 적용될 수 있다. 사촌으로부터 작은 땅을 빼앗는 것은 단지 나쁜 경제적 또는 나쁜 도덕적 행위(우주적 차원으로 확대될 필요가 없는 부정적인 제재)만이 아니다. 그것은 신적으로 구성된 세계 질서를 위반한 것으로 이해될 수도 있다. 이런 식으로 상징적 세계는 일상적 역할, 우선순위, 작동 절차들을 보편적인 측면 아래에, 곧 생각할 수 있는 가장 일반적인 준거틀의 맥락 안에 놓음으로써 질서 짓고 정당화한다. 같은 맥락에서 심지어 일상생활의 가장 사소한 거래들에도 심오한 중요성이 부여될 수 있다. 이 과정이 어떻게 제도적 질서의 전체뿐만 아니라 그 특정한 부분들에도 강력한 정당화를 제공하는지는 쉽게 알 수 있다.

상징적 세계는 또한 생애의 각기 다른 단계들을 질서 짓는 것을 가능하게 한다. 원시 사회에서 통과의례는 초기 형태의 이러한 규범적 기능을 대표한다. 생애의 주기화는 인간 의미들의 총체에 의거하여 각 단계에서 상징화된다. 어린아이가 되고, 청소년이 되고, 성인이 되는 등등, 생애의 각 단계들은 상징적 세계에 있는 존재 양식(가장 흔한 것은 신들의 세계에 관련되는 특정한 양식)으로서 정당화된다. 그러한 상징화가 안정감과 소속감을 주는 데 기여한다는 명백한 점을 지적하려 애쓸 필요는 없을 것이다. 그러나 원시 사회에서만 그러하다고 생각하는 것은 잘못이다. 현대 심리학의 인성 발달 이론은 동일한 기능을 수행할 수 있다. 두 가지 사례 모두에서, 생애의 한 단계에서 다른 단계로 넘어가는 개인은 자신이 '사물들의 본질'에 또는 그 자신의 '본질'에 주어져 있는 순서를 반복한다고 볼 수 있다. 즉, 그는 '올바로' 살고 있다고 스스로에게 재확인시킬 수 있다. 그래서 그의 인생 프로그램의 '올바름'은 가장 높은 수준의 일반성에서 정당화된다. 개인이 자신의 과거의 삶을 돌이켜 볼 때, 그의 생애는 이러한 의미들에서 이해 가능한 것이 된다. 그가 자신을 미래로 투사해볼 때, 그는 그의 생애를 궁극적인 좌표가 알려져 있는 세계 안에서 펼쳐지고 있는 것으로 인식할 수 있다.

동일한 정당화 기능은 개인의 주관적 정체성의 '올바름'과 관계된다. 사회화의 특징 자체로 인해서 주관적 정체성은 불안정한 실체이다.[79]

---

79) 주관적 정체성의 불안정성은 미드의 자아의 발생에 대한 분석에 이미 함축되어 있다. 이 분석의 발전에 대해서는 Anselm Strauss, *Mirrors and Masks* (New York: Free Press of Glencoe, 1959); Erving Goffman, *The Presentation of Self in Everyday Life* (Garden

그것은 개인이 변할 수도 있고 사라질 수도 있는 중요한 타자와 맺는 관계에 의존한다. 그 불안정성은 앞서 언급한 한계적 상황에서의 자기 경험들에 의해 더욱 증가된다. 자신을 분명하고 안정되며 사회적으로 인정된 정체성의 소유자로서 '분별 있게' 이해하는 것은, 그 이해가 설사 일상적인 사회적 교섭에서 비교적 일정하게 유지된다 할지라도, 꿈과 환상의 '초현실적' 변형에 의해 끊임없이 위협당한다. 정체성은 상징적 세계의 맥락 안에 놓임으로써 궁극적으로 정당화된다. 신화적으로 말해서, 개인의 '진짜' 이름은 그의 신에 의해서 그에게 주어진 것이다. 그래서 개인은 자신의 정체성을 사회화의 우연성과 한계적 경험의 악의적인 자기 변형으로부터 보호된 우주적 실재 안에 고정시킴으로써 '자신이 누구인지' 알 수 있다. 그의 이웃이 그가 누구인지 모르더라도, 그리고 심지어 그 자신마저 악몽의 고통 속에서 잊었다 하더라도, 그는 그의 '진정한 자아'가 궁극적으로 실재하는 세계 안에 궁극적으로 실재하는 존재라는 것을 스스로에게 재확인시킬 수 있다. 신들이, 또는 정신병리학이, 또는 정당이 알고 있다. 달리 말하자면, 정체성의 실재성이 개인에 의해서 항상 인식됨으로써 정당화될 필요는 없다. 정당화를 위해서는 **인식할 수 있는** 것으로 충분하다. 신들에 의해, 정신과 의사에 의해, 또는 정당에 의해 인식되거나 인식될 수 있는 정체성은 동시에 지배적인 실재가 부여된 정체성이기 때문에, 정당화는 상상 가능한 모든 정체성의 변형들을 그 실재가 사회의 일상생활에 근거하고 있는 정체성과 통합시킨다. 다시 말해서, 상징적 세계는 정체성에 대한 '가장 실재적인' 자기 이해로부터 가장 일시적인 자기 이해에 이르는 위계를 만들어

<hr>

City, N. Y.: Doubleday-Anchor, 1959)를 참조하라.

냈다. 이것은 개인이 환한 대낮에 중요한 타자들의 눈 아래에서 자신의 일상적인 사회적 역할을 하면서, 그는 **진정으로** 그가 자기 자신이라고 여기는 존재라는 확신을 갖고 사회에서 살 수 있다는 것을 의미한다.

개인 생애를 위한 상징적 세계의 전략적인 정당화 기능은 죽음의 '위치'이다. 다른 이의 죽음에 대한 경험, 그리고 이어서 자기 자신의 죽음의 예상은 개인에게 최고의 한계적인 상황을 만들어낸다.[80] 더 설명할 필요 없이, 죽음은 또한 일상생활의 당연한 실재에 가장 무서운 위협을 상정한다. 그러므로 사회적 존재의 지배적인 실재 안에 죽음을 통합시키는 것은 어떠한 제도적 질서에서나 가장 중요하다. 결론적으로 이러한 죽음의 정당화는 상징적 세계의 가장 중요한 열매 가운데 하나이다. 그 정당화가 실재의 신화론적 해석이나 종교적인 해석, 또는 형이상학적 해석에 의존하느냐 하지 않느냐 하는 것은 여기서 중요한 문제가 아니다. 예를 들어, 진보적 진화의 세계관이나 혁명적 역사의 세계관에 의해서 죽음에 의미를 부여하는 현대의 무신론자는 실재를 아우르는 상징적 세계 안에 죽음을 통합시킴으로써 정당화한다. 죽음에 대한 모든 정당화는 동일한 근본적인 과제를 수행해야 한다 —그 정당화는 개인을 중요한 타자의 죽음 이후에 사회에서 계속하여 살아갈 수 있도록, 그리고 적어도 일상생활의 일과를 지속적으로 수행하는 것을 마비시키지 않게 충분히 경감된 공포를 갖고 자신의 죽음을 예상할 수 있도록 해야 한다. 그러한 정당화가 상징적 세계 안에서 죽음의 현상을 통합하

---

80) 하이데거Martin Heidegger는 최근 최고의 한계적 상황으로서 죽음에 대한 철학에서 가장 훌륭한 분석을 제공하고 있다. 슈츠의 '근본적인 불안fundamental anxiety'이라는 개념은 동일한 현상을 가리킨다. 또한 말리노프스키의 장례식의 사회적 기능에 대한 분석도 이 점에서 관련이 있다.

는 것이 그리 어렵지 않음은 쉽게 알 수 있을 것이다. 게다가 그러한 정당화는 개인에게 '올바른 죽음'을 위한 처방전을 제공한다. 최선인 것은, 자신의 죽음이 임박하여 진정으로 '올바르게 죽을' 수 있을 때, 이 처방전이 그 타당성을 유지하는 것이다.

상징적 세계의 초월하는 잠재성이 가장 명백하게 스스로를 나타내고, 일상생활의 지배적인 실재의 궁극적인 정당화가 갖는 공포 완화의 특성이 드러나는 것이 바로 이 죽음의 정당화에서다. 일상생활의 사회적 객관화의 우선성은 공포로부터 끊임없이 보호되어야만 그 주관적 타당성을 유지할 수 있다. 의미의 수준에서, 제도적 질서는 공포에 대한 방패를 표상한다. 그러므로 아노미 상태에 있다는 것은 이러한 방패가 제거되어서 악몽의 맹공격에 홀로 노출되어 있다는 것을 의미한다. 아마도 고독의 공포는 인간의 구성적인 사회성 안에 이미 주어져 있겠지만, 의미의 수준에서 그 공포는 사회의 규범적 구성으로부터 분리되어 의미 있는 존재를 유지할 수 없는 인간의 무능력으로 스스로를 드러낸다. 상징적 세계는 제도적 질서의 보호 구조에 궁극적 정당화를 제공함으로써 궁극적 공포로부터 개인을 보호해준다.[81]

상징적 세계의 (방금 논의한 개인에 반하는 것으로서) 사회적 중요성에 대해서도 똑같이 말할 수 있다. 그것은 개인의 생애뿐 아니라 제도적 질서를 보호해주는 덮개이다. 상징적 세계는 또한 사회적 실재의 경계를 제공한다. 즉, 사회적 교섭과 관련하여 무엇이 적합한 것인지에 대한 경계를 정해준다. 때때로 원시 사회들에서 유사한 보기를 찾을 수 있는

---

81) 실존철학에 의해 발전된 '불안Angst'에 대한 특정한 관점을 사용하는 것은 뒤르케임의 아노미에 대한 분석을 보다 넓은 인간학적 준거틀 안에 놓을 수 있게 해준다.

극단적인 가능성 가운데 하나는 **모든 것**을 사회적 실재로 정의하는 것이다. 심지어는 무기질도 사회적인 용어로 다루어진다. 보다 좁고 흔한 경계는 오직 유기체나 동물 세계만을 포함한다. 상징적 세계는 존재의 위계 안에 있는 사회적인 것의 범위를 정의하면서, 그 위계에 있는 다양한 현상에 지위를 부여한다.[82] 말할 필요도 없이, 그러한 지위들은 또한 각기 다른 유형의 사람들에게 할당되며, 그러한 유형의 넓은 범주들(때때로 문제의 집단 밖에 있는 **모두**)이 인간 이상의 것으로 또는 이하의 것으로 정의되는 일이 흔히 일어난다. 이것은 흔히 언어적으로 표현된다(극단적인 경우에는, 집단의 이름이 '인간'이라는 용어와 동일한 것으로 표현된다). 이런 일은 문명화된 사회에서도 그리 드물지 않다. 예를 들어, 전통적인 인도의 상징적 세계는 추방자에게 상위 카스트의 인간적 지위보다도 동물의 지위에 더 가까운 지위를 부여했으며(인간이나 인간 이외의 **모든** 존재들을 포함하는 업보-윤회karma-samsara 이론 속에서 궁극적으로 정당화되는 방식), 근래에 스페인이 아메리카 대륙을 정복했을 때 스페인 사람들은 아메리카 원주민을 다른 종種에 속하는 것으로 인식하는 것이 가능했다(이 방식은 원주민이 아담과 이브의 자손일 수 없다는 것을 **증명한** 이론에 의해서 보다 덜 포괄적인 방법으로 정당화되었다).

상징적 세계는 또한 역사를 질서 짓는다. 상징적 세계는 모든 집합적인 사건들을 과거, 현재, 미래를 포함하는 하나의 일관된 전체 안에 위치시킨다. 과거와 관련해서는, 그 집단 안에서 사회화된 모든 개인들에 의해 공유되는 '기억'을 확립한다.[83] 미래와 관련해서는, 개인 행위들의

---

82) Claude Lévi-Strauss, *La pensée sauvage*를 참조하라.

83) 집합적 기억에 대해서는 Maurice Halbwachs, *Les cadres sociaux de la mémoire*(Paris: Presses Universitaires de France, 1952)를 참조하라. 알박스는 또한 *La mémoire collective*

설계를 위한 공통의 준거틀을 세운다. 그래서 상징적 세계는 개인 존재의 유한성을 초월하도록 돕고 개인의 죽음에 의미를 부여함으로써, 인간을 의미 있는 전체 안에서 그들의 조상과 후손에 연결시킨다.[84] 사회의 모든 구성원은 이제 자신을 태어나기 전에도 그곳에 있었고, 죽은 후에도 그곳에 있을 의미 있는 세계에 **속한다**고 인식한다. 경험적 공동체는 우주적 수준으로 변형되며, 개인 존재의 가변성으로부터 당당하게 독립적인 것이 된다.[85]

이미 관찰했듯이, 상징적 세계는 모든 개별적인 제도적 과정들에 포괄적인 통합을 제공한다. 전체 사회는 이제 이해 가능하다. 특정한 제도와 역할들은 포괄적으로 유의미한 세계 안에 놓임으로써 정당화된다. 예를 들어, 정치 질서는 권력과 정의의 우주적 질서에 의해서 정당화되며, 정치적 역할들은 이러한 우주적 원리의 표상으로서 정당화된다. 고대 문명의 신성한 왕권 제도는 이런 종류의 궁극적인 정당화가 어떻게 작동하는지 보여주는 훌륭한 사례이다. 그러나 제도적 질서는 개인의 생애와 마찬가지로 **그** 조건들에 있어서 무의미한 실재들의 존재에 의해 지속적으로 위협당한다는 점을 이해하는 것이 중요하다. 제도적 질서의 정당화는 또한 혼돈을 억제해야 하는 지속적인 필요에 직면해 있다. **모든** 사회적 실재는 불안정하다. **모든** 사회는 혼돈을 직면하고 있는 구성물이다. 불안정함을 감추고 있는 정당화가 위협당하거나 무너질 때마다, 무규범적 공포의 끊임없는 가능성은 현실화된다. 왕의 죽음

(1950)와 *La topographie légendaire des Évangiles en Terre Sainte*(1941)에서 기억에 대한 사회학 이론을 발전시켰다.

84) '조상'과 '후손'의 개념은 슈츠로부터 유래했다.

85) 사회의 초월적 특성이라는 개념은 특히 뒤르케임에 의해 발전되었다.

에 동반하는 두려움은, 특히 갑작스런 폭력과 함께 일어났을 때, 이러한 공포를 표출한다. 연민의 감정이나 실용적인 정치적 관심을 넘어서, 그러한 상황에서의 왕의 죽음은 혼돈의 공포를 의식할 수 있는 지경에 이르게 한다. 케네디 대통령의 암살에 대한 대중의 반응은 하나의 유력한 예시다. 왜 그러한 사건이 벌어지면 보호하는 상징들의 지속적인 실재에 대한 가장 장엄한 재확인이 뒤따르는지는 쉽게 이해할 수 있다.

상징적 세계의 기원은 인간의 타고난 성질에 그 뿌리를 두고 있다. 사회 속의 개인이 세계 구성자라면, 이것은 그에게 본질적으로 주어져 있으며 이미 질서와 혼돈 사이의 갈등을 함축하고 있는 세계 개방성에 의해 가능해진다. 인간 존재는 처음부터 진행 중인 외재화이다. 인간은 자신을 외재화하면서 그 세계를 구성하는데, 바로 그 세계 **안으로** 스스로를 외재화하는 것이다. 외재화의 과정에서, 그는 자신의 의미들을 실재로 투사한다. **모든** 실재는 인간적으로 유의미하고, 인간 존재의 타당성을 뜻하는 **전체** 우주를 요청한다고 선언하는 상징적 세계는 이 투사가 가장 멀리 미치는 곳이다.[86]

세계-유지의 개념적 장치들

인지적 구성물로 간주되는 상징적 세계는 이론적이다. 이 세계는 주관적 성찰의 과정에서 기원하는데, 이는 사회적 객관화에 기반하여 몇

---

[86] '투사projection'의 개념은 처음에 포이어바흐Ludwig Andreas Feuerbach에 의해, 그리고 나서 비록 방향은 매우 다르지만 마르크스, 니체, 프로이트에 의해 발전되었다.

몇 제도들에 그 뿌리를 두고 있는 주요한 주제들 사이에 확고한 연결고리를 만들도록 이끈다. 이런 의미에서, 상징적 세계의 이론적 특성은 그 세계에 '공감하지 않는' 외부인에게는 아무리 비非체계적이거나 비非논리적으로 보일지라도 확고부동한 것이다. 그러나 어떤 한 사람은 하나의 상징적 세계 안에서 순진하게 살아갈 수 있으며, 보통 그렇게 산다. 상징적 세계의 건설이 (세계에, 또는 보다 구체적으로 제도적 질서에 문제가 있다고 보는) 일부 사람에게는 이론적 성찰을 전제하지만, 모든 사람은 당연히 받아들이는 태도로 그 세계에 '거주한다.' 제도적 질서가 전체적으로 의미 있는 총체로서 당연하게 받아들여지려면, 상징적 세계 안에서의 '위치'에 의해 정당화되어야 한다. 그러나 다른 조건들이 그대로라면 이 세계 자체는 더 이상의 정당화를 요구하지 않는다. 처음에 문제가 있어 보여서 결과적으로 이론화가 요청된 것은 상징적 세계가 아니라 제도적 질서였다. 예를 들어 이전의 친족관계의 정당화의 예시로 돌아가보자면, 사촌관계의 제도가 일단 신화적 사촌들의 우주 안에 '위치 지어'지면, 그것은 더 이상 어떠한 '추가적인' 의미화도 없는 단순한 사회적 사실의 문제가 아니다. 그러나 신화 그 자체는 **신화에** 대한 이론적 성찰 없이 단순하게 유지될 수 있다.

상징적 세계가 이론적 사고의 '첫번째' 산물로서 객관화되고 나서야, 그 세계의 본질에 대한 체계적 성찰의 가능성이 떠오르게 된다. 상징적 세계가 가장 높은 일반성의 수준에서 제도적 질서를 정당화하는 반면, 그 상징적 세계에 대한 이론화는 말하자면 이차적인 정당화라고 말할 수 있겠다. 개별적인 제도화된 의미들에 대한 가장 단순한 전前이론적 정당화로부터 상징적 세계의 우주적인 설립에 이르기까지, 모든 정당화들은 세계-유지universe-maintenance의 장치라고 말할 수 있다. 이것들이 처음부터 상당한 개념적 세련성을 요구한다는 점은 쉽게 알 수 있을 것이다.

구체적인 경우에 '단순한' 것과 '세련된' 것 사이에 확실한 선을 긋는 데 어려움이 있다는 것은 분명하다. 그러나 그런 경우에도 분석적 구분을 하는 것은 유용하다. 왜냐하면 그것이 상징적 세계가 어느 정도로 당연하게 받아들여지는가 하는 질문으로 관심을 이끌기 때문이다. 물론 이 점에서 분석적 문제는 우리가 이미 정당화에 대한 논의에서 부딪쳤던 문제와 유사하다. 제도들의 정당화에 다양한 수준이 있듯이 상징적 세계의 정당화에도 다양한 수준이 있다. 단지 상징적 세계는 그 자체로 이론적인 현상이며, 상징적 세계의 정당화는 단순하게 유지된다 할지라도 여전히 이론적이라는 명백한 이유로 인해 전前이론적 수준으로 내려갈 수 없다는 점만이 다를 뿐이다.

제도의 경우에서와 같이, 어떤 상황 아래에서 세계-유지의 특정한 개념적 장치들에 의해 상징적 세계를 정당화하는 것이 필요해지는지에 대한 물음이 떠오른다. 그리고 또한 그 해답은 제도의 경우와 유사하다. 세계-유지의 구체적 절차들은 상징적 세계가 **하나의 문제**가 될 때 필요하게 된다. 그러한 문제가 없는 한, 상징적 세계는 스스로 유지한다. 즉, 문제의 사회에서 객관적으로 존재한다는 완전한 사실성에 의해 스스로 정당화한다. 이것이 가능한 사회를 생각해볼 수 있을 것이다. 그러한 사회는 조화롭고, 자기 완결적이며, 완벽하게 기능하는 '체계'일 것이다. 실제로 그러한 사회는 존재하지 않는다. 제도화 과정의 불가피한 긴장 때문에, 그리고 모든 사회 현상은 인간 활동을 통해서 역사적으로 생산된 **구성물**이라는 바로 그 사실에 의해서, 완전히 당연하게 받아들여지는 사회는, 그래서 더더구나 완전히 당연하게 받아들여지는 상징적 세계는 없다. 모든 상징적 세계는 애초부터 문제적이다. 문제는 그것이 문제화되는 **정도**이다.

전통 일반과 관련지어 논의했던 것과 유사한 본질적인 문제는 상징적 세계가 한 세대에서 다음 세대로 전달되는 과정에서 나타난다. 사회화는 결코 완전히 성공할 수는 없다. 어떤 개인은 다른 이들보다 더 분명하게 전달된 세계에 '거주한다.' 심지어 다소간 인정받는 '거주자들' 사이에서도 그 세계를 인식하는 방식에 있어 독특한 변이가 항상 존재한다. 상징적 세계는 일상생활에서 그 자체로서 경험될 수 없으며, 그 본질상 일상생활을 초월하기 때문에 일상생활의 의미를 가르칠 수 있는 직접적인 방식으로 그 의미를 '가르치는' 것은 가능하지 않다. 상징적 세계에 대한 어린아이들의 물음은 일상생활의 제도적 실재들에 대한 물음보다 더 복잡한 방식으로 대답되어야 한다. 독특한 성인들의 물음은 그 이상의 개념적인 노력을 필요로 한다. 앞서 본 보기에서, 사촌관계의 의미는 일상생활에서 경험되는 일과 가운데 사촌 역할을 하는 혈육지간 사촌들에 의해 지속적으로 재현된다. 인간의 사촌은 경험적으로 가능하다. 그러나 안타깝게도 신들의 사촌은 그렇지 못하다. 이것은 신적인 사촌관계를 가르치는 이들에게는 본질적인 문제가 된다. 필요한 부분에 대한 약간의 수정은 있지만, 다른 상징적 세계의 전달에 있어서도 동일하다.

상징적 세계에서 이탈된 변형이 '거주자'의 집단들에 의해 공유되면 이 본질적인 문제는 더욱 강화된다. 그러한 경우 객관화의 본질에 뚜렷이 드러난 이유들로 인하여, 이탈된 변형은 자체적인 실재로 굳어지며, 그 실재는 애초에 사회 안의 존재에 의해 구성된 상징적 세계의 실재적 지위에 도전한다. 이런 이탈된 변형을 객관화하는 집단은 실재에 대한 대안적인 정의定義의 담지자가 된다.[87] 그러한 이단적 집단들이 상징적 세계에 이론적 위협이 될 뿐만 아니라, 문제의 상징적 세계에 의해 정당화된 제도적 질서에 실질적인 위협이라는 점은 애써 설명할 필요가 없을 것이다. 실재의 '공식적' 정의의 보호자들에 의해 그러한 집단에게 관습적으로 취해지는 억압적 절차들에 대해서는, 우리가 이 맥락에서 관심을 둘 필요는 없다. 우리의 논의를 위해서 중요한 것은 그러한 억압이 정당화될 필요가 있다는 것이다. 물론 그것은 이단의 도전에 대하여 '공식적' 세계를 유지하도록 고안된 다양한 개념적 장치들을 가동하는 것을 의미한다.

역사적으로 이단의 문제는 상징적 세계의 체계적인 이론적 개념화를 위한 최초의 자극이 되어왔다. '공식적' 전통에 대한 일련의 이단적 도전들의 결과로서 기독교 신학 사상의 발전은 이 과정에 대한 훌륭한 역사적 예시가 된다. 모든 이론화의 경우처럼, 전통 자체 안에 있는 새로운 이론적 함의가 이 과정에서 나타나며, 전통 자체가 새로운 개념화 속에서 본래의 형태를 넘어서 추구된다. 예를 들어, 초대 교회의 엄밀한 기독론적 정식화는 그 전통 자체에 의해서가 아니라 그에 대한 이단적 도전들에 의해 불가피하게 된 것이었다. 이러한 정식화가 다듬어지면서, 전통은 유지되고 동시에 확장되었다. 그래서 다른 개혁들 가운데서, 불필요할 뿐만 아니라 초기 기독교 공동체에는 실제로 존재하지 않았던 삼위일체의 이론적 개념이 등장했다. 달리 말하자면, 상징적 세계는 정당화뿐만 아니라 사회 안에서 이단적 집단들의 도전으로부터 방어하기 위해서 구성된 개념적 장치들에 의해 수정된다.

---

87) 베버의 '담지자' 개념과 다시 비교해보라.

한 사회가 매우 상이한 역사를 가진 다른 사회와 맞서는 것은 세계를 유지하는 개념화의 발전에 주요한 계기가 된다.[88] 그러한 대립에 의해 야기되는 문제는 전형적으로 사회 내의 이단들에 의해 야기된 문제보다 더 첨예하다. 왜냐하면 상대의 상징적 세계에도 동일하게 당연한 것으로 받아들여지는 객관성을 가진 '공식적' 전통이 있기 때문이다. **자신의** 실재에 대한 정의를 무식한 것으로, 미친 것으로 또는 노골적인 악으로 보는 다른 사회와 맞서는 것보다, 그들의 반대가 사실상 어리석거나 부도덕한 것으로 정의되는 소수의 일탈 집단을 다루는 것이 자신의 세계가 갖는 실재의 지위에 훨씬 덜 충격적이다.[89] 사촌관계의 제도적 규칙들을 지킬 수 없거나 지키지 않으려는 개인들이 — 설사 그들이 소수집단으로 뭉쳐 있다 할지라도 — 있다는 것과, 이러한 규칙을 전혀 들어본 적이 없고 아마도 '사촌'이라는 낱말조차 갖고 있지 않으며, 그럼에도 불구하고 지속적인 운영체로서 잘 지내는 것처럼 보이는 전체 사회를 만나는 것은 별개의 문제이다. 다른 사회에 의해 제시된 대안적 세계는 자신의 세계의 우월성을 확신할 그럴듯한 이유들을 갖고 직면해야 한다. 이는 상당히 정교한 개념적 장치를 요구한다.

대안적인 상징적 세계의 출현은 그 존재 자체만으로 자신의 세계가 반드시 필연적이지 않다는 것을 경험적으로 보여주기 때문에 위협을 품고 있다. 이제 누구라도 볼 수 있듯이, 결국에는 사촌관계의 제도가 없이도 이 세계에서 사는 것이 가능하다. 그리고 신들의 세계를 몰락시키지 않고도 사촌관계의 신들을 부정하거나 심지어 조롱하는 것도 가능

---

88) 현대 미국의 문화인류학의 '문화 접촉culture contact'에 대한 분석들이 여기서 관련이 있다.
89) 현대 미국의 문화인류학의 '문화 충격culture shock' 개념과 비교해보라.

하다. 이 충격적인 사실은 다름 아닌 이론을 통해 설명되어야 한다. 당연히 대안적인 세계는 전도적인 매력을 가질 수 있다. 자신의 사회 내의 개인이나 집단들은 전통적인 세계로부터 '이주'해 나가려는, 더욱 심각한 위험으로는 새로운 질서의 이미지를 따라 낡은 질서를 바꾸려는 유혹을 받게 된다. 예를 들어, 가부장적인 그리스인의 등장이 동부 지중해를 따라 존재하던 모계 사회의 세계를 어떻게 뒤흔들어 놓았을지 상상하기란 쉬운 일이다. 그리스의 세계는 이들 사회에서 아내에게 쥐여 살던 **남성들**에게 상당한 호소력을 가졌음에 틀림없으며, 우리가 알기로는 그리스인 자신들에게도 대모신the Great Mother은 꽤 인상적이었다. 그리스 신화는 이러한 문제를 해결하는 데 필수적인 것으로 판명된 개념적 노력들로 가득 차 있다.

모든 정당화의 형태들이 그렇듯이 세계를 유지하는 개념적 장치들 자체도 사회적 활동의 산물이며, 문제의 집단의 다른 활동들로부터 떼어내서는 거의 이해될 수 없다는 점을 강조하는 것이 중요하다. 특히 특정한 개념적 장치의 성공은 그것을 움직이는 사람들이 소유하고 있는 권력에 관계되어 있다.[90] 대안적인 상징세계들의 부딪침은 갈등하는 실재의 정의들 가운데 어떤 것이 '유효한 것이 되는가' 하는 권력의 문제를 의미한다. 상충하는 세계를 가지고 서로 부딪치는 두 사회는 모두 각각의 세계를 유지하도록 고안된 개념적 장치들을 발전시킬 것이다. 본질적 개연성의 관점에서 볼 때, 두 형태의 개념화는 외부 관찰자에게는 선택의 여지를 주지 않는 것처럼 보인다. 그러나 둘 중에 어느 것이

---

90) 마르크스는 물질적 권력과 '개념적 성공' 사이의 관계를 상당히 자세하게 발전시켰다. 『독일 이데올로기』에서 잘 알려진 정식화에 따르면, "어느 시대나 지배계급의 사상은 지배적 사상이 된다"(*Die Frühschriften*, Kröner edition, p. 373).

이길 것이냐 하는 것은 정당화 작업자의 이론적인 우수성보다는 권력에 더 많이 달려 있을 것이다. 똑같이 세련된 올림피아 신들의 비법 전수자들과 지하세계 신들의 비법 전수자들이 초교파적 회합에서 만나 편향됨 없이 각각의 세계의 장점에 대해 토의하는 것을 상상해볼 수는 있으나, 그 문제는 보다 강한 군사력의 수준에서 결정될 가능성이 더 높을 것이다. 신들의 충돌의 역사적 결과는 보다 나은 논쟁을 펼친 자들보다 나은 무기를 휘두른 자들에 의해 결정되었다. 물론 사회 내에서의 이러한 갈등에 대해서도 동일하게 말할 수 있다. 보다 큰 몽둥이를 가진 사람이 자신의 실재의 정의를 강요할 수 있는 기회가 더 많다. 비록 정치적으로 이해관계를 초월한 이론가들이 조악한 설득 수단에 의존하지 않고 서로를 납득시키고자 하는 가능성은 늘 있지만, 그럼에도 불구하고 이러한 가정은 보다 큰 집단에 대해서도 별 문제가 없을 것이다.

상징적 세계를 유지하는 개념적 장치들은 항상 이미 그 사회에 단순한 형태로 존재했고, 문제의 상징적 세계 안에 구체화되어 있는 인지적이고 규범적인 정당화의 체계화를 포함한다. 달리 말하자면, 세계를 유지하는 정당화를 구성하는 재료는 대개 보다 고도의 이론적 통합 수준에서 몇몇 제도들의 정당화를 더욱 정교화한 것이다. 그래서 대개 가장 낮은 이론적 수준의 정당화로서 역할을 하는 설명적이고 훈계적인 도식들과 우주를 설명하는 위압적인 지적 구성물들 사이에는 연속성이 있다. 인지적인 개념화와 규범적인 개념화 사이의 관계는 다른 곳에서와 마찬가지로 경험적으로 유동적이다. 규범적 개념화는 항상 어떤 인지적 전제를 함축하고 있다. 그러나 분석적 구분은 특히 이 두 개념적 영역들 사이의 다양한 분화의 정도에 관심을 끌기 때문에 유용하다.

여기서 역사적으로 우리에게 유용한 세계-유지의 상이한 개념적 장치들을 상세히 논의하려고 시도하는 것은 분명히 어리석은 일일 것이다.[91] 그러나 몇몇 눈에 띄는 유형의 개념적 장치들, 곧 신화, 신학, 철학, 과학에 대해서 순서대로 간략하게 언급하고자 한다. 그러한 유형들의 진화적인 상관성을 제안하지 않는다면, 신화가 사실상 일반적으로 가장 오래된 정당화의 형태를 대표하며, 또한 가장 오래된 세계-유지의 형태를 대표한다고 말해도 문제없을 것이다.[92] 신화는 아마도 그 자체로 인간 사상의 발전에 있어 필수적인 단계일 것이다.[93] 어떤 경우라도, 우리에게 유용한 가장 오래된 세계-유지의 개념화들은 그 형태상 신화적이다. 우리의 목적을 위해서는, 신화를 성스러운 힘에 의해 일상 경험의 세계에 지속적으로 침투하는 실재의 개념으로 정의하는 것으로 충분하다.[94] 이러한 개념은 자연스럽게 사회적 질서와 우주적 질서 사이에, 그리고 그것의 개별적인 정당화들 사이에 고도의 연속성을 함축하고 있다.[95] 모든 실재는 한 가지 천으로 짜인 것으로 보인다.

---

91) 파레토는 사회학 용어로 사상의 역사를 쓰는 데 가장 근접했으며, 이는 그의 이론적 준거틀에 대해 가질 수 있는 유보 사항과 관계없이 그를 지식사회학에서 중요한 인물로 만들었다. Brigitte Berger, *Vilfredo Pareto and the Sociology of Knowledge*(출간되지 않은 박사학위 논문, New School for Social Research, 1964)를 참조하라.

92) 이것은 오귀스트 콩트Auguste Comte의 '3단계 법칙'을 상기시킬 수 있다. 물론 우리는 이를 받아들일 수 없지만, 의식이 콩트의 방식대로 인식할 수는 없을지라도 역사적으로 인식할 수 있는 단계들로 발전한다고 제안하는 것은 여전히 유용할 것이다. 이에 대한 우리의 이해는 인간 사상의 역사성에 대한 헤겔주의적/마르크스주의적인 접근에 보다 가깝다.

93) 레비-브륄과 피아제는 신화가 사상의 발전에 있어 필수적인 단계를 구성한다고 제안한다. 신화적/마법적 사상의 생물학적 기원에 대한 시사적인 논의를 위해서는 Arnold Gehlen, *Studien zur Anthropologie und Soziologie*(Neuwied/Rhein, Luchterhand, 1963), pp. 79 이하를 참조하라.

94) 여기서 우리의 신화 개념은 레이우Gerardus van der Leeuw, 엘리아데Mircea Eliade, 불트만Rudolf Bultmann의 저작에서 영향받았다.

95) 신화적 의식에서 사회적 질서와 우주적 질서 사이의 연속성에 대해서는 엘리아데와 푀겔린의 저작을 다시 비교해보라.

개념적 장치로서의 신화는 상징적 세계의 단순한 수준 ─ 실제로 문제의 세계를 객관적 실재로 상정함을 넘어서 이론적인 세계-유지가 거의 필요하지 않은 수준 ─ 에 가장 근접해 있다. 이것은 일관되지 않은 신화적 전통들이 이론적인 통합 없이 지속적으로 나란히 존재하는 현상이 역사적으로 반복되는 것을 설명해준다. 전형적으로, 비非일관성은 전통들이 문제화되고 어느 정도의 통합이 이미 일어난 **후에야** 느껴지게 된다. 그러한 비일관성의 '발견'(또는 이 표현을 선호한다면, 비일관성의 사후적 가정)은 대개 개별적인 전통적 주제들에 대한 가장 흔한 통합자이기도 한 그 전통 안의 전문가들에 의해 이루어진다. 일단 통합의 필요성이 느껴지면, 결과적으로 신화적 재구성은 상당한 이론적 정교함을 갖게 될 것이다. 호메로스의 예는 이 점을 지적하는 데 충분하다.

신화적 전통 안에 전문가들이 있지만, 그들의 지식이 일반적으로 알려져 있는 것에서 그다지 동떨어지지 않는다는 점에서 신화는 단순한 수준과도 가깝다. 이 전문가들에 의해 관리되는 전통 안으로의 입문이 외적인 방식으로 일어나기는 어려울 수 있다. 입문은 특별한 상황이나 시기에 후보자를 선택하는 데 국한되거나, 고된 의례적 준비를 포함할 수도 있다. 그러나 획득하기 쉬운 지식체 자체의 본질적인 특질이라는 측면에서는 그다지 어렵지 않다. 전문가들의 독점적인 주장을 보호하기 위해, 그들의 지식에 대한 접근 불가능성이 제도적으로 마련되어야 한다. 즉, '비밀'이 상정되고, 본질적으로 평범한 지식체가 제도적으로 난해한 용어로 정의된다. 동시대 이론가 집단들의 '공적인 관계'를 간단히 살펴보면, 이러한 고대의 술책이 오늘날에도 사라지지 않았다는 것을 알 수 있을 것이다. 그럼에도 불구하고, 모든 세계-유지 개념화들은 신화적인 사회냐 그렇지 않은 사회냐에 따라 중요한 사회학적 차이점이 있다.

보다 정교한 신화적 체계들은 비일관성을 제거하고, 이론적으로 통합된 의미에서 신화적 세계를 유지하려고 애쓴다. 그러한 '정전正典적인' 신화들은 말하자면 신학적인 개념화로 넘어가게 된다. 우리의 현재의 목적에서는, 신학적 사고는 단순히 이론적 체계화의 수준이 높다는 점에서 이전의 신화적 사고로부터 구별된다. 신학적 개념들은 단순한 수준으로부터 보다 더 멀어진다. 신화적 사고는 인간의 세계와 신들의 세계 사이의 연속성 안에서 작동한다. 두 세계 본래의 연속성이 이제 깨어진 듯이 보이기 때문에, 신학적 사고는 이들 사이에서 중재하는 역할을 한다. 신화로부터 신학으로의 이행과 함께, 일상생활은 성스러운 힘들에 의해 덜 영향받는 것으로서 나타난다. 신학적 지식체는 결과적으로 사회의 일반적인 지식 저장고로부터 더 멀어지게 되며, 따라서 **본질적으로** 획득하기 더 어려워진다. 의도적으로 난해하게 제도화되지 않은 곳에서조차, 일반 대중들에게는 그 불가해함에 의해 '비밀'로 남아 있게 된다. 나아가 대중이 신학적 전문가들에 의해 만들어진 고상한 세계-유지 이론들로부터 상대적으로 덜 영향받게 되는 결과를 낳는다. 대중 사이에서의 단순한 신화와 이론가 엘리트들 사이에서의 고상한 신학이 ── **둘 다** 동일한 상징적 세계를 유지하는 데 기여하면서 ── 공존하는 것은 흔한 역사적 현상이다. 이러한 현상을 염두에 두어야만, 예컨대 극동아시아의 전통적인 사회들을 '불교적'이라고 부르거나, 중세 사회를 '기독교적'이라고 부르는 것이 가능하다.

신학은 우주에 대한 이후의 철학적 개념화와 과학적 개념화를 위한 패러다임이 된다. 신학은 실재의 정의들의 종교적 내용에 있어서는 신화에 더 가까울 수 있겠지만, 그 사회적 위치에 있어서는 이후의 세속화된 개념화들에 더 가깝다. 신화와 달리, 역사적으로 지배적인 세 가지 개념적 장치 형태들은 전문가 엘리트들의 소유가 되었으며, 그들의 지식체는 점차 그 사회 전반의 상식으로부터 멀어지게 되었다. 현대 과학은 이러한 발전에서, 그리고 세계-유지의 세속화와 그 세련됨에 있어서 극단적인 단계이다. 과학은 일상생활의 세계로부터 성스러움의 제거를 완성할 뿐 아니라, 그 세계로부터 세계를 유지하는 지식 자체를 제거한다. 일상생활은 의도된 총체성 안에서 이를 상징적 세계와 연결시켜줄 성스러운 정당화와 이론적 명료성 모두를 상실하게 된다. 보다 단순하게 말해서, 사회의 '일반' 구성원은 물론 여전히 누가 세계-유지의 전문가로 여겨지는지 알겠지만, 더 이상 그의 세계가 개념적으로 어떻게 유지되는지는 알지 못한다. 이러한 상황에 의해 제기되는 흥미로운 문제들은 현대 사회의 경험적인 지식사회학에 속하며, 이 맥락에서는 더 이상 논의될 수 없다.

개념적 장치의 유형들이 역사적으로 수많은 수정과 조합들 가운데 나타났으며, 우리가 논의해온 유형들이 반드시 전부는 아니라는 점은 말할 필요도 없다. 그러나 세계-유지의 개념적 장치 가운데 두 가지 적용은 일반 이론의 맥락에서 아직 논의되지 않은 채 남아 있다. 치료와 무화無化, nihilation가 그것이다.

치료는 실제의 또는 잠재적인 이탈자들이 제도화된 실재의 정의 안에 머물도록, 또는 달리 말하자면 주어진 세계의 거주자들이 "이주해 나가는 것"을 방지하기 위해 개념적 장치를 적용하는 것을 의미한다. 그 장치는 정당화 기제를 개인 '사례들'에 적용함으로써 그렇게 한다. 우리가 보았듯이, 모든 사회는 개인적 일탈의 위험에 직면하고 있기 때문에, 이런저런 형태의 치료는 범세계적인 사회 현상이라고 가정할 수 있다.

액막이에서부터 정신분석학에 이르기까지, 목회적 돌봄에서부터 개인적 상담 프로그램에 이르기까지, 특정한 제도적 장치들은 당연히 사회적 통제의 범주 아래에 속한다. 그러나 여기서 흥미로운 것은 치료의 **개념적** 측면이다. 치료는 '공식적인' 실재의 정의로부터 일탈에 관심을 두어야 하기 때문에, 그러한 일탈을 설명하고 도전받은 실재를 유지하기 위한 개념적 장치를 발전시켜야 한다. 이는 일탈 이론, 진단적 기제, 그리고 '영혼의 치유'를 위한 개념적 체계를 포함하는 지식체를 요구한다.

예를 들어, 군대의 동성애를 제도화한 집단에서 고집스러운 이성애자 개인은 확실히 치료의 대상이 되는데, 이는 단지 그의 성적 관심이 전사를 사랑하는 자들로 이루어진 부대의 전투 효율성에 명백한 위협이 되기 때문만이 아니라, 그의 일탈이 다른 이들의 자연스런 남성성을 심리적으로 교란하기 때문이다. 결국 그들 가운데 몇몇은 아마도 '잠재의식적으로' 그의 경우를 따르도록 유혹될 수도 있다. 보다 근본적인 수준에서 일탈자의 행동은 사회적 실재의 당연히 받아들여지는 인지적 작동 원칙("사나이다운 남자는 본질적으로 서로를 사랑한다")과 규범적 작동 원칙("사나이다운 남자는 서로를 사랑**해야 한다**")을 의문시하면서 그 실재 자체에 도전한다. 사실상 일탈자는 아마도 그 추종자들이 땅에서 그러하듯이 하늘에서 서로를 사랑하는 신들에 대한 살아 있는 모욕으로 드러나게 될 것이다. 그러한 과격한 일탈은 치료 이론에 견실하게 근거한 치료의 실행을 요구한다. 이 충격적인 상황을 설명(가령, 악마에게 사로잡힌 것으로 상정하는)하는 일탈 이론(즉, '병리학')이 있어야 한다. 심각한 상황을 정밀하게 상술할 뿐 아니라, '잠재적인 이성애'의 발견과 예방적 조치들의 즉각적인 채택을 최선으로 가능하게 하는 진단적 개념들(가령, 신성재판에 적용하기 위한 적절한 기술을 갖춘 징후학)이 있어야 한다. 마지막으로, 치유 과정 자체(가령, 각기 적절한 이론적 기반을 갖춘 액막이 기술들의 목록)의 개념화가 있어야 한다.

그러한 개념적 장치는 적합한 전문가들이 치료적으로 적용할 수 있도록 허용하며, 또한 일탈적 조건에 의해 고통당하는 개인에게 내면화될 수도 있다. 내면화 자체가 치료적 효과를 가질 것이다. 우리의 보기에서, 개념적 장치는 개인에게 죄책감(가령, '이성애 공포')을 불러일으키도록 고안될 수도 있다. 이는 그의 일차적 사회화가 최소한으로라도 성공적이라면 그리 어렵지 않은 일이다. 이러한 죄책감의 압력 아래에서, 그 개인은 치료자가 그에게 대면시킨 그의 조건에 대한 개념화를 주관적으로 받아들이게 될 것이다. 그는 '통찰력'을 발전시키고, 진단은 그에게 주관적으로 실재하는 것이 된다. 개념적 장치는 더 발전하여 치료자나 '환자'가 느낀 치료에 관한 어떠한 의심들을 개념화(와 그에 따른 개념적인 제거)하는 것을 허용할 것이다. 예를 들어, 환자의 의심을 설명하는 '저항'의 이론과 치료자의 의심을 설명하는 '역전이'[96] 이론이 있을 수 있다. 성공적인 치료는 개념적 장치와 개인 의식에서의 주관적 전유 사이에 대칭을 이룬다. 즉, 성공적인 치료는 일탈자를 그 사회의 상징적 세계의 객관적 실재 안에 재再위치시킨다. 물론 그러한 '정상'으로의 회귀에는 상당한 주관적 만족이 있다. 그 개인은 이제 '자기 자신을 찾았고' 다시 한 번 신들의 눈으로 보기에 올바른 사람이 되었다는 행복한 지식 안에서, 소대장의 사랑스런 품으로 돌아갈 수 있다.

치료는 모든 이가 문제의 세계 안에 머물도록 개념적 장치를 사용한

---

96) (옮긴이) '역전이逆轉移, countertransference'는 환자의 사고·감정 등에 대한 분석의의 무의식적인 반응을 의미한다.

다. 다음으로 무화는 개념적으로 모든 것을 동일한 세계 **밖으로** 제거하기 위해 비슷한 장치를 사용한다. 이 절차는 일종의 부정적 정당화라고 말할 수도 있다. 정당화는 사회적으로 구성된 세계의 실재를 유지한다. 무화는 어떤 현상의 실재성이나 현상에 대한 해석이 그 세계에 적합하지 않다는 것을 **거부한다.** 이것은 두 가지 방식으로 이루어질 수 있다. 첫째, 일탈적 현상은 치료적 의도를 갖든 갖지 않든 간에, 부정적인 존재론적 지위를 부여받을 수 있다. 개념적 장치를 무화하는 데 적용하는 것은 문제의 사회에 낯선, 그래서 치료하기에 적절치 않은 개인이나 집단들에게 가장 흔하게 사용된다. 여기서 개념적 작동은 오히려 단순하다. 실재의 사회적 정의에 대한 위협은 상징적 세계 밖에 존재하는 모든 정의들에 대하여 열등한 존재론적 지위를, 그로 인해 심각하게 고려하지 않아도 되는 인지적 지위를 부여함으로써 상쇄된다. 그래서 우리의 동성애 사회를 위하여, 이웃하는 반ᵣ동성애자 집단의 위협은 그 이웃을 사물의 올바른 질서에 대하여 선천적으로 혼란을 겪고 있는 덜 인간적인 자들로, 가망 없는 인지적 어둠 가운데 사는 거주자들로 봄으로써 제거될 수 있다. 근본적인 삼단논법은 다음과 같다. '이웃은 야만적인 족속이다. 이웃은 반동성애적이다. 그러므로 그들의 반동성애는 합리적인 인간이 심각하게 고려하지 않아도 되는 야만적인 난센스이다.' 물론 동일한 개념적 절차가 그 사회 내의 일탈자에게도 적용될 수 있다. 무화로부터 치료로 진행할지, 또는 개념적으로 제거한 것을 물리적으로도 제거하는 것으로 넘어갈지는 실질적 정책의 문제이다. 대부분의 경우에 개념적으로 제거된 집단의 물질적 힘은 사소한 요소가 아닐 것이다. 때때로 환경이 사람들로 하여금 야만인들과 친하게 지내도록 하게 한다.

둘째, 무화는 모든 실재에 대한 일탈적 정의를 자기 자신의 세계에 속하는 개념들에 **의하여** 설명하고자 하는 보다 야심찬 시도를 포함한다. 신학적 준거틀에서 이것은 이교 연구heresiology에서 변증학apologetics으로 이행하는 것을 의미한다. 일탈적 개념들은 단지 부정적인 지위만을 부여받은 것이 아니며, 이론을 둘러싼 상세한 논쟁 속에 있다. 이 절차의 최종 목표는 일탈적 개념들을 자신의 세계 안으로 **통합해서** 궁극적으로 제거하는 것이다. 그러므로 일탈적 개념들은 자신의 세계로부터 유래하는 개념들로 **번역**되어야 한다. 이런 방식으로 자신의 세계에 대한 부정은 미묘하게 그 세계에 대한 확증으로 변하게 된다. 그 전제는 항상 부정하는 자는 자신이 진정으로 무슨 말을 하는지 모른다는 것이다. 그의 진술들은 보다 '정확한' 용어, 곧 그가 부정하는 세계로부터 유래하는 용어로 번역되어야만 의미 있는 것이 된다. 예를 들어, 우리의 동성애 이론가들은 모든 인간은 본질적으로 동성애자라고 주장할 수 있다. 악마에 사로잡혔거나 단순히 그가 야만인이기 때문에 이것을 부정하는 사람은 자신의 본성을 거부하고 있는 것이다. 그들은 자신의 깊숙한 곳에서 그러하다는 것을 알고 있다. 그러므로 우리는 그들의 입장에 대한 방어책과 자기기만을 발견하기 위해 그들의 진술을 주의 깊게 살펴볼 필요가 있다. 그들이 이 문제에 관해 뭐라 말하든지 간에, 그것은 그들이 표면적으로 부정하는 동성애 세계를 확증하는 것으로 번역될 수 있다. 신학적 준거틀에서 동일한 절차는 사탄이 부지중에 신에게 영광을 돌리고, 모든 불신은 무의식적인 거짓에 불과하며, 심지어 무신론자도 **사실은** 신자라는 것을 보여준다.

개념적 장치들을 치료와 무화에 적용하는 것은 상징적 세계 자체에 내재해 있다. 상징적 세계가 모든 실재를 포괄하려고 한다면, 어떠한 것도 그 세계의 개념적 범위 밖에 남도록 허용될 수 없다. 어쨌든 원칙적으로 그 세계에서 실재의 정의들은 존재의 총체를 포함해야 한다. 총체화를 시도하는 개념적 장치들은 그 세련됨의 정도에 있어 역사적으로 가변적이다. 간단히 말해서, 그 장치들은 상징적 세계가 구체화되자마자 나타난다.

세계-유지를 위한 사회 조직

사회적으로 구성된 모든 세계는 인간 활동의 역사적 산물이기 때문에 변화하며, 그 변화는 인간의 구체적인 행위에 의해 야기된다. 어떤 특정한 세계를 유지하는 개념적 장치들의 복잡함에 동화되어 있다면, 이러한 근본적인 사회학적 사실을 잊어버릴 수 있다. 실재는 사회적으로 정의된다. 그러나 그 정의는 항상 **체화**되어 있다. 즉, 구체적인 개인과 개인의 집단들은 실재를 정의하는 자로서 역할을 한다. 주어진 어떤 시점에 사회적으로 구성된 세계의 상태 또는 시간에 따른 그 세계의 변화를 이해하기 위해서는, 실재를 정의하는 자들이 그 역할을 할 수 있도록 허용하는 사회 조직을 이해해야 한다. 다소 거칠게 표현하자면, 역사적으로 유용한 실재의 개념화에 대한 질문이 추상적인 '무엇?'으로부터 사회학적으로 구체적인 '도대체 누가?'로 이동하도록 줄곧 밀고 나가는 것이 필수적이다.[97]

---

97) 우리의 이론적 전제들로부터 여기서 '지식인의 사회학'의 문제로 상세히 들어갈 수 없다는 점이 분명해졌을 것이다. (특히 *Ideology and Utopia*〔『이데올로기와 유토피아』, 임석진 옮김, 김영사, 2012〕와 *Essays on the Sociology of Culture*에서 볼 수 있는) 만하임Karl

우리가 이미 보았듯이, 지식의 전문화와 그에 따라 전문화된 지식체들의 관리를 위한 인력의 조직은 분업의 결과로서 발전한다. 각기 다른 전문가들 사이에 경쟁이 없는 이러한 발전의 초기 단계를 생각해볼 수 있을 것이다. 각 전문 분야는 분업의 실용적 사실에 의해 정의된다. 사냥 전문가는 어업 전문가를 자처하지 않을 것이며, 그래서 서로가 하는 일에 경쟁할 근거를 갖지 않을 것이다.

보다 복잡한 형태의 지식이 등장하고 경제적 잉여가 증대되면서, 전문가들은 그들의 전문 주제들에 완전히 몰두하게 되어, 개념적 장치들의 발전과 함께 일상의 실용적 필요들로부터 점차 멀어질 수 있게 된다. 이러한 전문가들은 정선된 지식체들 안에서 새로운 지위를 주장하게 된다. 그들은 단순히 지식의 사회적 저장고의 이러저러한 영역에서 전문가인 것만이 아니라, 그 지식 저장고의 총체에 대한 궁극적 권한을 주장한다. 문자 그대로 그들은 보편적 전문가이다. 이것은 그들이 모든 것을 안다고 주장한다는 의미가 아니라, 그들이 모두가 알고 행하는 것의 궁극적 중요성을 안다고 주장한다는 의미이다. 다른 사람들은 특정한 실재의 영역들에 대한 권리 주장을 계속할 수 있으나, 그들은 실재 자체의 궁극적인 정의에 있어서 전문적 지식에 대한 권리를 주장한다.

지식의 발전에 있어 이 단계는 많은 결과를 낳는다. 우리가 이미 논의했던 그 첫번째는 순수 이론의 등장이다. 보편적 전문가들은 일상생

Mannheim의 이 분야에 대한 중요한 작업 외에, Florian Znaniecki, *The Social Role of the Man of Knowledge* (New York: Columbia University Press, 1940); Theodor Geiger, *Aufgaben und Stellung der Intelligenz in der Gesellschaft* (Stuttgart, 1949); Raymond Aron, *L'opium des intellectuels* (Paris, 1955)〔『지식인의 아편』, 안병욱 옮김, 삼육출판사, 1986〕; George B. de Huszar (ed.), *The Intellectuals* (New York: Free Press of Glencoe, 1960)를 참조하라.

활의 변화로부터 상당히 추상화된 수준에서 작동하기 때문에, 다른 이와 그들 자신 모두는 그들의 이론이 그 사회의 일상적 삶과는 어떠한 관계도 없으나, 몰역사적이고 비사회적인 관념의 플라톤적인 천국에는 존재한다고 결론지을 수 있다. 이것은 물론 환상이지만, 실재를 정의하는 과정과 실재를 생산하는 과정 사이의 관계에 의해서 중대한 사회·역사적 잠재력을 가질 수 있다.

두번째 결과는 그렇게 정당화가 이루어진 제도화된 행위들 안에서 전통주의가 강화되는 것이다. 곧, 타성에 빠지려는 제도화의 내재적 경향이 강화되는 것이다.[98] 습관화와 제도화는 인간 행위의 융통성을 제한한다. 제도들은 '문제시'되지 않는 한 지속하는 경향이 있다. 궁극적인 정당화는 필연적으로 이러한 경향을 강화한다. 정당화가 보다 추상적일수록, 제도들이 변화하는 실용적 필요성에 따라 수정되는 경우가 적을 것이다. 어쨌든 이전과 같이 진행하는 경향이 있다면, 이 경향은 그렇게 하는 것에 대한 뛰어난 이유들을 갖게 됨으로써 명백하게 강화된다. 이것은 제도들이 심지어 외부 관찰자에게 본래의 기능성과 실용성을 상실한 듯이 보이는 때에도 계속 유지될 수 있다는 것을 의미한다. 사람들은 어떤 일을 할 때, 그것이 잘 **작동하기** 때문에 하는 것이 아니라, 그것이 **옳기** — 즉, 보편적 전문가들에 의해 공표된 궁극적인 실재의 정의들에 의해서 옳기 — 때문에 한다.[99]

---

98) 제도적 '타성inertia'(지멜의 '신의'〔지멜이 '영혼의 타성'이라고 부르는 신의는 애초의 관계 맺음을 넘어서 그 관계를 지속하게 하는 사회적 형식이다. 형식과 내용의 관계에서와 같이, 신의에 의해서 개인적이고 유동적인 내적 삶이 고정되고 안정된 관계의 형식을 갖게 된다. 게오르그 짐멜, 「신의. 사회심리학적 접근」, 『짐멜의 모더니티 읽기』, 김덕영·윤미애 옮김, pp. 187~194〕)을 강화하는 궁극적 정당화에 대해서는 뒤르케임과 파레토를 비교해보라.

세계-유지 정당화를 위한 전임 인력의 등장은 또한 사회 갈등을 초래한다. 개중에는 전문가와 실행자 사이의 갈등이 있다. 이유에 대해서는 장황하게 설명할 필요는 없겠지만, 실행자는 전문가의 거드름 피우는 허세와 그에 뒤따르는 구체적인 사회적 특권들에 분개할 수 있다. 특히 화나게 만드는 것은 실행자의 활동의 궁극적 중요성을 그들 자신보다 더 잘 안다고 하는 전문가의 주장이다. '비非전문가' 편에서의 그러한 반동은 실재에 대한 대항적 정의의 등장으로, 그리고 결국에 새로운 정의를 책임지는 새로운 전문가의 등장으로 이끌 수 있다. 고대 인도는 이것의 가장 훌륭한 역사적 실례를 보여준다. 브라만들은 궁극적 실재에 대한 전문가로서 그들의 실재에 대한 정의를 사회 전체에 새기는 데 놀랄 만한 정도로 성공했다. 그 기원이 무엇이든지 간에 카스트 제도가 인도 대륙의 대부분에 퍼질 때까지 수세기에 걸쳐 팽창하게 만든 것은 브라만의 작품이다. 실제로 브라만들은 통치자로부터 새로운 영토에 그 제도를 설립하는 '사회공학자'가 되어주기를 요청받았다(부분적으로는 그 제도가 고도의 문명과 동일하게 보였기 때문이며, 또한 부분적으로는 의심할 여지없이 통치자들이 사회 통제를 위한 거대한 능력을 이해했기 때문이다). 『마누 법전*The Code of Manu*』은 브라만의 사회 기획과 우주적으로 임명받은 기획자로 받아들여짐에 따라 브라만들이 얻게 된 세속적 이익에 대한 뛰어난 이해를 제공해준다. 그러나 그러한 상황에서 이론가들과 권력의 실행자들 사이에 갈등이 잇따르는 것은 불가피했다. 후자는 무사와 왕족 계급인 크샤트리아에 의해 대표된다. 고대 인도의 서사

---

99) 제도에 대한 어떠한 기능주의적 해석이든지 가장 취약한 점이 바로 이 점이다. 기능주의적 해석에는 사실상 존재하지 않는 실용성을 찾고자 하는 경향이 있다.

시 『마하바라타*Mahabharata*』와 『라마야나*Ramayana*』는 이러한 갈등을 생생하게 증언해주고 있다. 브라만 세계에 대한 두 위대한 이론적 반동인 자이나교와 불교가 크샤트리아 계급에 그 사회적 위치를 갖게 된 것은 우연이 아니었다. 말할 필요도 없이, 아마도 보다 덜 포괄적이며 덜 세련된 방법으로 브라만 세계에 도전했던 서사시인들의 경우처럼, 자이나교도와 불교도들의 실재의 재정의는 그들 나름의 전문 인력을 만들어냈다.[100]

이것은 똑같이 중요한 또 다른 갈등의 가능성, 곧 경쟁하는 전문가 집단들 사이의 갈등으로 우리를 이끈다. 이론들이 계속하여 직접적인 실용적 적용성을 가지는 한, 경쟁 상대가 존재할 수 있지만 이는 실용적 시험에 의해 합의를 맺을 수 있는 여지가 크다. 자신의 기득권을 발전시키려고 서로 경쟁하는 사냥 전문가 집단들에게는 멧돼지 사냥에 대한 경쟁하는 이론들이 있을 수 있다. 이 문제는 어느 이론이 가장 많은 멧돼지를 죽이는 데 도움이 되는지 봄으로써 상대적으로 쉽게 결정될 수 있다. 세계에 대한 다신론과 단일신론 사이에는 그렇게 결정할 가능성이 없다. 각 이론가들은 실용적 시험 대신에 추상적인 논증을 하지 않을 수 없다. 본질적으로 그러한 논증은 실용적 성공에 대해서 본래적인 확신을 갖고 있지 않다. 한 사람에게 설득력 있는 것이 다른 사람에게는 그렇지 않을 수 있다. 그들이 단순한 논증의 미약한 힘을 위해 보다 다양하고 견고한 지지에 호소할지라도 ─ 가령, 경쟁자에 대항하여 하나의 논증을 강하게 주장하고자 무력을 동원할 권력을 얻는 경우 ─ 우리는 그러한 이론가들을 비난할 수 없다. 달리 말하자면, 실재

---

100) 브라만/크샤트리아의 갈등에 대해서는 베버의 인도 종교의 사회학과 비교해보라.

의 정의들은 경찰에 의해서 강화될 수 있다. 덧붙여, 이것이 그러한 정의들이 '자발적으로' 받아들여진 것보다 설득력이 덜하다는 의미일 필요도 없다 ─ 사회 안의 권력은 결정적인 사회화 과정을 좌우하는 권력을 포함하며, 그래서 실재를 **생산하는** 권력도 포함한다. 어쨌든 고도의 추상적인 상징화(즉, 일상생활의 구체적 경험으로부터 아주 먼 이론들)는 경험적인 지지라기보다는 사회적인 지지에 의해 입증된다.[101] 이런 식으로 유사 실용주의가 재도입된다고 말할 수 있다. 이론들은 ─ 문제의 사회에서 표준적이고 당연하게 받아들여지는 지식이 된다는 의미에서 ─ 잘 **작동하기** 때문에 설득력 있다고 말할 수 있다.

이러한 고려들은 경쟁적인 실재의 정의들 사이에는 항상 경쟁을 위한 사회구조적 기반이 있으며, 그 경쟁의 결과가 항상 완벽하게 결정되는 것은 아니더라도 이 기반의 발전에 의해 영향을 받는다는 것을 의미한다. 난해한 이론적 정식화가 사회구조 안의 광범위한 움직임들로부터 거의 고립된 가운데 만들어질 수 있으며, 그러한 경우에 경쟁하는 전문가들 사이의 겨루기는 일종의 사회적 진공상태에서 일어날 수 있다. 예를 들어, 두 은둔적 데르비시[102] 집단들이 사막의 한가운데서 외부의 누구도 거의 관심을 두지 않는 세계의 궁극적 본질에 대한 논쟁을 벌일 수 있다. 그러나 주위 사회에서 이 관점들 가운데 어느 하나를 듣게 된다면, 경쟁의 결과를 결정하는 것은 대개 이론 외적인 이해관계일 것이

---

101) 경험적으로 입증하기 어려운 명제들에 대한 사회적 입증에 대해서는 Leon Festinger, *A Theory of Cognitive Dissonance*(Evanston, IL: Row Peterson and Co., 1957)를 참조하라.

102) (옮긴이) '데르비시dervish'는 극도의 금욕 생활을 서약하는 신비주의적 이슬람교 교단의 수도자로서, 예배 때 격정적 춤과 기도로 법열 상태에 빠진다.

다. 각기 다른 사회 집단들은 경쟁하는 이론들에 각기 다른 친화성을 가질 것이며, 이에 따라 그 이론의 '담지자'가 될 것이다.[103] 그래서 이 이론들의 원래 고안자들을 고무했던 열정과는 상관없는 이유 때문에, 데르비시 이론 A는 문제의 사회의 상층에, 데르비시 이론 B는 중간계층에 호소력을 가질 수 있다. 경쟁하는 전문가 집단들은 그들 스스로를 '담지자' 집단에 소속되게 하며, 그들의 이후 운명은 어떤 갈등이 이 집단들로 하여금 각각의 이론을 채택하게 했던지 간에 그 갈등의 결과에 의존할 것이다. 그래서 경쟁적인 실재의 정의들은 경쟁적인 사회 이해관계의 영역에서 결정되며, 그 이해관계의 경쟁은 이론적인 용어로 '번역되게' 된다. 경쟁하는 전문가들과 그들 각각의 지지자들이 맺는 문제의 이론에 대한 주관적 관계가 '진정한sincere' 것인가 하는 문제는 이 과정을 사회학적으로 이해하는 데 있어서 이차적 관심사일 뿐이다.

각기 다른 궁극적 실재의 정의에 헌신하고 있는 전문가 집단들 사이에 이론적일 뿐만 아니라 실질적인 경쟁이 발생할 때, 이론의 탈실용화는 역전되고 문제의 이론들의 실용적 잠재력은 비非본질적인 것이 된다. 즉, 이론이 실용적으로 우월하다고 '입증되는' 것은 그 이론의 본질적인 성질에 의해서가 아니라, 이론의 '담지자'가 된 사회 집단의 사회적 이해관계에 대한 적용성에 의해서이다. 이 결과로 이론적 전문가들의 사회 조직에는 상당한 역사적 가변성이 있다. 여기서 모든 것을 망라하는 유형을 제공하는 것은 당연히 불가능하지만, 보다 일반적인 유형 몇 개를 살펴보는 것은 유용할 것이다.

무엇보다 먼저, 아마도 패러다임적으로 한 사회에서 모든 실재의 궁

---

103) '친화성Wahlverwandschaft'이라는 용어는 셸러와 베버로부터 유래한다.

극적 정의들에 대한 효과적인 독점권을 갖고 있는 보편적 전문가들이 존재할 가능성이 있다. 그러한 상황은 인류 역사의 초기 단계에서는 전형적이라고 생각할 이유가 충분하므로, 이를 패러다임적이라고 여길 수 있다. 그러한 독점은 단일한 상징적 전통이 문제의 세계를 유지한다는 것을 의미한다. 그렇다면 그 사회 안에 있다는 것은 이러한 전통을 받아들인다는 뜻이다. 그 전통의 전문가들은 사회의 모든 구성원들에게 그렇게 인정되고 대처해야 할 유력한 경쟁자를 갖고 있지 않다. 경험적으로 우리의 조사 대상이 되는 모든 원시 사회들과, (약간의 변형이 있더라도) 대부분의 고대 문명들이 이 유형에 속하는 것으로 보인다.[104] 이것은 그러한 사회들에서는 회의하는 사람들이 없으며, 모든 사람이 예외 없이 그 전통을 완전히 내면화하고 있다는 것을 의미하진 않는다. 오히려 어떤 회의론도 '공식적인' 전통의 지지자들에 도전할 수 있도록 사회적으로 조직되어 있지 않다는 것을 의미한다.[105]

그러한 상황에서 독점적 전통과 그 전문 관리인들은 통합된 권력구조에 의해 유지된다. 결정적 권력 지위를 점유하고 있는 사람들은 전통적인 실재의 정의를 그들의 권위 아래 있는 사람들에게 부과하기 위해 그들의 권력을 사용할 준비가 되어 있다. 잠재적으로 경쟁적인 세계의 개념화들은 나타나자마자 제거된다 — 물리적으로 파괴되거나("신들에게 경배하지 않는 자들은 누구든지 죽어야 한다"), 그 전통 안에 통합된다(보편적 전문가들은 경쟁하는 신 Y는 '사실상' 전통적인 신 X의 다른 측면이거

---

104) 원시 사회와 고대 사회에서의 독점적인 실재의 정의에 대해서는 뒤르케임과 푀겔린을 비교해보라.

105) 폴 레이든Paul Radin의 저작은 그러한 독점적 상황에서도 회의가 가능하다는 것을 제시한다.

나 새로운 이름에 불과하다고 주장한다). 후자의 경우, 전문가들이 그들의 주장으로 성공하고 경쟁이 '병합'에 의해 제거된다면, 말하자면 그 전통은 풍부해지고 분화하게 된다. 경쟁은 그 사회 안에서 격리되고, 따라서 전통적 독점에 관한 한 무해한 것이 된다 ─ 예를 들어, 정복 집단이나 지배 집단의 구성원들은 유형 Y의 신들을 섬기지 않을 수 있으나, 종속적 계층이나 하위 계층은 그럴 수도 있다. 동일한 보호적 격리가 외국인이나 '소수자들'[106]에게 적용될 수 있다.

중세의 기독교 국가(분명히 원시적이거나 고대라고 부를 수는 없으나, 여전히 효과적인 상징적 독점력을 가진 사회)는 이러한 세 가지 제거 과정 모두에 대한 탁월한 실례를 보여준다. 공개된 이단은 그것이 한 개인(가령 마녀)이든 집단(가령 알비 종파 집단[107])이든 간에 육체적으로 파멸되어야 했다. 동시에 교회는 기독교 전통의 독점적인 수호자로서 기독교 세계 자체에 대한 명확한 이단적 도전으로 고착되지 않는 한 다양한 민간 신앙과 의례들을 그 전통 안으로 통합하는 데 꽤 유연했다. 농부들이 그들의 옛 신들 중 하나를 가져와서 기독교 성인으로서 '침례'를 행하고, 계속하여 옛 이야기를 하고 그와 관련된 오래된 축제를 벌이는 것은 문제가 되지 않았다. 그리고 어떤 경쟁하는 실재의 정의들은 적어도 위협으로 비춰지지 않은 채 기독교 국가 내에서 격리될 수 있었다. 기독교인과 이슬람교도가 평화의 시기에 서로 가까이 살 수밖에 없었던 곳

---

106) '소수자들Gastvölker'이라는 용어는 베버로부터 유래한다. 〔베버의 종교사회학에 나온 'Gastvölker' 개념은 이방인, 소수자 집단, 격리의 유형, 지위 관계(주인 지위와 손님 지위) 등의 사회학적 논의와 관련된다. 베버는 이 개념을 'guest artisan' 'pariah people'과 함께 사용하는데, 이는 침입이나 정복, 또는 개인적/집단적 이주로 인해 태어난 곳을 떠나 낯선 곳에 사는 이들을 가리키며, 이들은 옮겨 간 곳에서 주변적 위치에 있게 된다.〕

107) (옮긴이) '알비파Albigenses'는 12~13세기 프랑스 남부에 있었던 반反교황적 종파이다.

에서 비슷한 상황이 생겨났지만, 어쨌든 가장 중요한 사례는 물론 유태인의 경우였다. 부수적으로 이러한 종류의 격리는 또한 기독교적 '오염'으로부터 유태인 세계와 이슬람 세계를 보호했다. 경쟁하는 실재의 정의들이 개념적으로 그리고 사회적으로 이방인들에게 적합한 것으로서 격리되고, 바로 그 사실에 의하여 자신과는 무관한 것으로 될 수 있는 한, 이 이방인들과 꽤 친밀한 관계를 가지는 것이 가능하다. 말썽은 그 '낯섦'이 깨어지고, 일탈적 세계가 자신의 인민에게 가능한 거주지로서 나타날 때 생긴다. 그 지점에서 전통적 전문가들은 불과 검을 요청할 가능성이 크다 ―또는 특히 불과 검을 이용할 수 없게 된다면, 그 대신에 경쟁자들과 초교파적 협상에 들어갈 수 있다.

　이러한 종류의 독점적 상황은 고도의 사회구조적 안정성을 전제하며, 그 상황 자체가 구조적으로 안정적이다. 전통적인 실재의 정의는 사회 변동을 금한다. 역으로, 독점이 당연하게 받아들여지던 것이 깨어지면 사회 변동을 촉진한다. 기존의 권력 지위들을 유지하는 데 관심 있는 이들과 세계-유지의 독점적 전통을 관할하는 인력들 사이에 깊은 친화성이 있다는 사실에 놀라서는 안 된다. 달리 말하자면, 보수적 정치 세력들은 보편적 전문가들의 독점적 권리 주장을 지지하는 경향이 있으며, 또한 그들의 독점적 조직들은 정치적으로 보수화되는 경향이 있다. 물론 역사적으로 이러한 독점은 대부분 종교적이었다. 그러하기에 실재의 종교적 정의에 대한 전임 전문가들의 독점적 연합으로 이해될 수 있는 교회는, 일단 주어진 사회에서 그들의 독점권을 세우는 데 성공하게 된다면 본질적으로 보수적이라고 말할 수 있다. 역으로, 정치적으로 현상 유지를 하는 데 위험에 처한 지배 집단들은 종교적 지향에 있어서 교회에 충실하며, 같은 이유로 종교 전통에서의 모든 혁신에 대

해서 의심하게 된다.[108]

독점적 상황은 '국제적'이거나 '국내적'인 여러 가지 역사적 이유들로 인해 확립되거나 유지되는 데 실패할 수 있다. 그러면 경쟁하는 전통들과 그것의 운용 인력들 사이의 투쟁이 오래도록 지속할 가능성이 있다. 어떤 특정한 실재의 정의가 구체적인 권력 이해관계에 결부되게 될 때, 그것을 이데올로기라고 부를 수 있다.[109] 이 용어가 앞에서 논의한 독점적인 상황에 적용된다면 그다지 유용성이 없다는 것이 강조되어야 한다. 예를 들어, 기독교에는 지배 집단을 위한 명백히 정치적인 용도가 있었지만, 중세 사회에서는 모든 사람들, 곧 영주뿐만 아니라 농노들도 기독교 세계에 '살았다'는 단순한 이유 때문에, 기독교를 중세 시대의 이데올로기라고 말하는 것은 그다지 이치에 닿지 않는다. 그러나 산업혁명 이후의 시기에 기독교를 부르주아지 이데올로기라고 부르는 데에는 확실한 정당성이 있다. 왜냐하면 부르주아지는 대부분의 유럽 국가에서 더 이상 기독교 세계에 '산다'고 여길 수 없었던 새로운 산업 노동계급에 대항한 투쟁에서 기독교 전통과 그 인력들을 사용했기 때문이다.[110] 또한 두 가지 각기 다른 실재의 정의가 사회 간의 접촉에서 서

---

108) 정치적으로 보수적인 세력과 종교적 독점권('교회들') 사이의 친화성에 대해서는 종교정치 Hierocracy에 대한 베버의 분석을 비교해보라.

109) '이데올로기'라는 용어는 너무나 여러 가지 의미에서 사용되어왔기에, 누군가는 어떤 특정한 방식으로 그 용어를 사용하는 것에 실망할 수 있다. 우리는 좁게 정의된 의미에서 그 용어를 유지하기로 결정했다. 왜냐하면 좁은 의미에서 그 용어는 유용하며 신조어를 사용하는 것보다 낫기 때문이다. 여기서 마르크스주의와 지식사회학의 역사에서 그 용어의 변천을 논의하는 것은 의미가 없다. 유용한 개관으로는 Kurt Lenk (ed.), *Ideologie*를 참조하라.

110) 기독교와 부르주아지 이데올로기의 관계에 대해서는 마르크스와 베블런Thorstein Veblen을 보라. 마르크스가 종교를 어떻게 다루었는지에 대한 유용한 개관은 선집 *Marx and Engels on Religion* (Moscow: Foreign Languages Publishing House, 1957)에서 얻을

로 맞닥뜨리게 된다면 그 용어를 사용하는 것은 그다지 이치에 닿지 않을 것이다 — 예를 들어, 십자군의 '기독교 이데올로기'와 사라센제국의 '이슬람 이데올로기'를 말하는 것이 그러하다. 이데올로기의 독특성은 문제의 사회 내의 구체적인 기득권에 의존하여 **동일한** 전체 세계가 각기 다른 방식들로 해석된다는 데 있다.

흔히 이데올로기는 집단의 이해관계에 도움이 되는 특정한 이론적 요소들 때문에 그 집단에 의해 채택된다. 예를 들어, 피폐해진 농민 집단이 금전적으로 자신들을 노예화한 도시 상인 집단에 대항하여 싸울 때, 그들은 농경 생활의 미덕을 지지하고, 화폐 경제와 그 신용 제도를 비非도덕적이라고 경멸하며, 일반적으로 도시 생활의 사치스러움을 비난하는 종교적 교리에 한데 모일 수 있다. 농민들을 위한 그러한 교리의 이데올로기적 '유익'은 명백하다. 이것에 대한 좋은 사례는 고대 이스라엘의 역사에서 찾아볼 수 있다. 그러나 이해 집단과 그 집단의 이데올로기의 관계가 항상 그렇게 논리적이라고 상상하는 것은 잘못이다. 사회 갈등을 겪는 모든 집단은 연대를 필요로 한다. 이데올로기는 연대를 생성시킨다. 특정한 이데올로기의 선택은 필연적으로 이데올로기의 본질적인 이론적 요소들에 기반하는 것이 아니라, 우연한 접촉으로부터 유래할 수 있다. 예를 들어, 콘스탄티누스 황제 시대에 기독교를 특정 집단에 정치적으로 '관련 있게' 만든 것이 기독교 안에 있는 본질적 요소라는 것은 결코 명확하지 않다. 오히려 (본래 하위 중간계급 이데올로기였던) 기독교는 종교적인 내용과는 그다지 관계없는 정치적 목적을 위해 권력 이해관계에 의해 이용되었던 것으로 보인다. 그 밖에 다른 것

수 있을 것이다.

이 똑같이 기여했을 수도 있다 —기독교는 그저 어떤 중요한 결정의 순간에 그 주변에 있었을 뿐이다. 물론 일단 이데올로기가 문제의 집단에 채택되면(보다 정확하게 말해서 특정한 교리가 문제의 집단의 이데올로기가 **되면**), 이데올로기는 이제 정당화해야 하는 이해관계에 따라서 수정된다. 이것은 본래의 이론적 명제들에 대한 선택과 첨가의 과정을 포함한다. 그러나 이러한 수정이 채택된 교리 전체에 영향을 미친다고 가정할 이유는 없다. 한 이데올로기의 많은 요소들이 정당화된 이해관계와 특별한 관계를 맺고 있지 않을 수 있으나, 단순히 이데올로기로 채택되었다는 이유로 '담지자' 집단에 의해 열정적으로 주장된다. 실제로 이것은 실권자들로 하여금 그들의 이해관계와는 그다지 상관없는 이론적 다툼 속에서 그들의 이데올로기적 전문가들을 지지하게 이끌 수 있다. 당시의 기독론 논쟁에 콘스탄티누스 황제가 가담한 것은 좋은 사례이다.

대부분의 현대 사회는 다원적이라는 점을 염두에 두는 것이 중요하다. 이것은 그 사회들이 당연하게 받아들여지는 하나의 중심 세계를 공유하고 상호 조화의 상태에서 공존하는 여러 다른 부분적 세계들을 가지고 있다는 것을 의미한다. 후자는 아마 이데올로기적 기능을 갖겠지만, 이데올로기들 사이의 노골적인 갈등은 다양한 정도의 관용이나 심지어는 협동에 의해 대체된다. 비非이론적 요인들의 집합체에 의해 야기된 그러한 상황은 전통적 전문가들에게 심각한 이론적 문제를 제공한다. 그들은 오랜 독점적 권리를 가진 전통을 관리하면서 이미 일어난 탈독점화를 이론적으로 정당화하는 방법을 찾아야 한다. 때때로 그들은 아무 일도 일어나지 않은 듯이 낡은 전체주의적 주장을 계속하여 표명하는 선택을 하지만, 이러한 주장을 심각하게 받아들일 사람은 매우 적을 것이다. 전문가들이 무엇을 하든지 간에, 다원적 상황은 전통

적인 실재의 정의의 사회적 지위뿐만 아니라 그것이 개인의 의식 안에 유지되는 방식도 변화시킨다.[111]

다원적 상황은 고도로 발전된 분업과 그에 따른 사회구조의 고도의 분화, 그리고 높은 경제적 잉여를 가진 도시 사회를 전제한다. 명백히 현대 산업사회에 지배적인 이러한 조건들은 적어도 초기 사회의 특정 부문들에 존재했다. 여기서 후기 그리스-로마 시기의 도시들이 하나의 보기가 될 수 있다. 다원적 상황은 빠른 사회 변동의 조건들과 병행하며, 사실상 다원주의 자체가 전통적인 실재의 정의의 변화에 저항하는 능력을 손상시키는 데 도움을 주기 때문에 그 변동을 가속화하는 요인이다. 다원주의는 회의주의와 혁신을 고무하며, 그래서 본질적으로 당연하게 받아들여지는 전통적 현상*status quo*의 실재에 대하여 전복적이다. 전통적인 실재의 정의들이 그 영역에서 독점력을 갖고 있었던 시절을 향수에 젖어 되돌아볼 때, 전통적인 실재의 전문가들과 쉽게 동감할 수 있다.

원칙적으로 방금 논의한 어떠한 상황에서도 가능한 역사적으로 중요한 전문가 유형은, 사회 전반에서 원하지 않는 전문 지식을 가진 전문가로서 정의될 수 있는 지식인이다.[112] 이것은 '공식적' 지식에 대한 지식의 재정의를 의미하며, 곧 단지 '공식적' 지식에 대한 일탈적 해석 이상을 의미한다. 그래서 그러한 지식인은 정의상 주변적 유형이다. 그가

---

111) Thomas Luckmann, *Das Problem der Religion in der modernen Gesellschaft*(Freiburg: Rombach, 1963)를 참조하라.

112) '원하지 않는 전문가unwanted expert'로서의 지식인이라는 우리의 개념은 만하임의 지식인의 주변성marginality에 대한 주장과 그다지 다르지 않다. 우리가 생각하기에, 사회학적으로 유용한 지식인의 정의 안에서 이러한 유형을 일반적인 '지식 소유자man of knowledge'로부터 명백히 분리하는 것이 중요하다.

(예를 들어, 근대 서구에서의 많은 유태인 지식인의 경우처럼) 먼저 주변적이고 그다음에 지식인이 되었는지, 또는 (추방된 이단의 경우처럼) 지식인의 주변성이 그의 지적 일탈의 직접적인 결과였는지에 대해서는 여기서 관심을 둘 필요는 없다.[113] 어떤 경우든, 지식인의 사회적 주변성은 그가 속한 사회의 세계 안에서 이론적으로 덜 통합되었음을 나타낸다. 지식인은 실재를 정의하는 일에서 반反전문가로 나타난다. '공식적인' 전문가처럼, 그는 사회 전반을 위한 기획을 가지고 있다. 그러나 공식적 전문가의 기획이 이론적 정당화로서 기능하는 제도적 프로그램들과 조화를 이루는 반면에, 지식인의 기획은 기껏해야 동료 지식인들의 하위사회에서나 사회적으로 객관화되는 제도적 진공상태에 놓여 있다. 그러한 하위사회가 어느 정도 생존할 수 있느냐는 것은 명백히 보다 큰 사회의 구조적 형태에 달려 있다. 어느 정도의 다원주의는 필요조건이라고 말해도 무방할 것이다.

지식인에게는 역사적으로 흥미로운 수많은 선택의 상황이 열려 있다. 그는 지적 하위사회로 퇴거할 수 있는데, 그 하위사회는 감정적 피난처이자 (보다 중요하게는) 그의 일탈적인 실재의 정의를 객관화하기 위한 사회적 기반으로서 역할을 할 수 있다. 달리 말하자면, 지식인은 큰 사회에서는 느껴보지 못한 '편안함'을 하위사회에서는 느낄 수 있으며, 동시에 하위사회에는 그의 일탈적 개념들을 실재로 간주해주는 타인들이 있기 때문에 큰 사회가 무화시키는 이 개념들을 주관적으로 유지할 수 있다. 그리고 나서 그는 밖에서 오는 무화시키려는 위협들로부터

---

113) 지식인의 주변성에 대해서는 이방인의 '객관성'에 대한 지멜의 분석과 유태인들의 지적 역할에 대한 베블런의 분석을 비교해보라.

그 하위사회의 불안정한 실재를 보호하려는 다양한 절차를 발전시킬 것이다. 이론적인 수준에서, 이 절차들은 우리가 앞서 논의했던 치료적 방어를 포함할 것이다. 실질적인 면에서, 가장 중요한 절차는 모든 중요한 관계들을 그 하위사회의 동료 구성원들로 제한하는 것이다. 외부인은 무화의 위협을 나타내기 때문에 회피된다. 종교적 교파가 이런 종류의 하위사회의 원형으로 간주될 수 있다.[114) 종파의 보호 공동체 안에서는 심지어 가장 심하게 일탈적인 개념도 객관적 실재의 성격을 띤다. 역으로, 종파주의적 퇴거는 이전에 객관화된 실재의 정의들이 해체되는, 곧 큰 사회에서 탈객관화되는 상황의 전형이다. 다양한 형태의 세속화된 종파주의가 현대의 다원주의적 사회에서 지식인들의 주요한 특징이라는 점을 덧붙여야겠지만, 이러한 절차들의 상세한 기술은 역사적 종교사회학에 속한다.

물론 역사적으로 매우 중요한 선택은 혁명이다. 여기서 지식인은 사회 **안에서** 사회를 위한 자신의 기획을 실현하고자 한다. 이 선택이 역사적으로 취한 다양한 형태를 여기서 논의하기는 불가능하지만,[115) 한 가지 이론적으로 중요한 점은 지적되어야 한다. 퇴거한 지식인이 그의 일탈적 실재 정의를 실재**로서** 유지하는 데 도움을 주는 타인들이 필요하듯이, 혁명적 지식인도 타인들이 **자신의** 일탈적 개념을 뒷받침해줄 필요가 있다. 이것은 조직이 없이는 어떠한 음모도 성공할 수 없다는 명백한 사실보다도 훨씬 더 기본적인 것이다. 혁명적 지식인은 그를 위해 혁

---

114) Peter L. Berger, "The Sociological Study of Sectarianism," *Social Research*, Winter 1954, pp. 467 이하를 참조하라.

115) 혁명적 지식인에 대한 만하임의 분석을 비교해보라. 러시아의 혁명적 지식인의 원형에 대해서는 E. Lampert, *Studies in Rebellion*(New York: Praeger, 1957)를 참조하라.

명적 이데올로기의 **실재**(즉, 자기 자신의 의식 속의 주관적 개연성)를 유지
하는 타인들이 있어야 한다. 사회적으로 의미 있는 모든 실재의 정의들
은 사회적 과정에 의해 객관화되어야 한다. 결론적으로 하위세계들은
객관화하는 기반으로서 하위사회들을 필요로 하며, 실재에 대해 반대
하는 정의counter-definitions는 반대하는 사회counter-societies를 필요로
한다. 덧붙일 필요도 없이, 혁명적 이데올로기의 어떠한 실질적 성공이
라도 그 하위사회 안에 그리고 그 구성원들의 의식 안에 보유하고 있는
실재를 강화할 것이다. 전체 사회계층이 그 실재의 '담지자'가 될 때, 그
것은 거대한 비중을 차지하게 된다. 현대의 혁명적 운동들의 역사는 혁
명적 지식인들이 그러한 운동의 승리에 뒤이어 '공식적인' 정당화 작업
자로 변형된 많은 실례를 보여준다.[116] 이것은 혁명적 지식인들의 사회
적 경력에 역사적으로 상당한 가변성이 있다는 것뿐만이 아니라, 개인
의 생애 안에도 각기 다른 선택과 조합이 발생할 수 있다는 것을 시사
한다.

앞의 논의에서 우리는 세계-유지를 위한 인력들의 사회적 존재에 있
어서 구조적 측면들을 강조해왔다. 다른 방식으로는 진정한 사회학적
논의를 할 수 없을 것이다. 제도와 상징적 세계들은 구체적인 사회적
위치와 사회적 이해관계를 가진 살아 있는 개인들에 의하여 정당화된
다. 정당화 이론의 역사는 항상 전체로서의 사회가 갖는 역사의 부분
이다. 어떠한 '사상의 역사'도 일반적 역사의 피와 땀으로부터 분리되

---

116) 혁명적 지식인이 현상 유지의 정당화 작업자로 변형된 경우는 러시아 공산주의의 발전에
서 실질적으로 '순수한' 형태로 연구될 수 있다. 마르크스주의적 시각에서 이러한 과정에
대한 날카롭게 비판으로는 Leszek Kolakowski, *Der Mensch ohne Alternative*(Munich,
1960)를 참조하라.

어 일어나지 않는다. 그러나 우리가 다시 한 번 강조해야 할 것은, 이것이 정당화 이론들은 단지 '배후의' 제도적 과정의 반영에 불과하다는 의미가 아니라는 것이다. '사상들'과 그것을 지탱하는 사회적 과정들 사이의 관계는 항상 변증법적이다. 이론들이 이미 존재하는 사회적 제도들을 정당화하기 위해 만들어진다고 말하는 것은 옳다. 그러나 사회 제도들이 이미 존재하는 이론들에 일치하도록 변화되는, 곧 제도를 보다 '정당한' 것으로 만드는 일 또한 일어난다. 정당화의 전문가들은 현상 유지를 이론적으로 정당화하는 자로서 일할 수 있다. 그러나 그들은 또한 혁명적 이데올로기의 주창자로서 등장할 수도 있다. 실재의 정의들은 자기 충족적인 잠재력을 가지고 있다. 이론들은 역사 안에서 **실현될** 수 있다. 창안자들에 의해 처음 구상되었을 때 아주 난해했던 이론들도 그러하다. 대영박물관 도서관에서 사색하던 칼 마르크스는 이러한 역사적 가능성을 보여주는 주지의 사례이다. 결론적으로, 사회 변동은 항상 '사상의 역사'와 변증법적 관계에 서 있는 것으로 이해되어야 한다. 그 관계에 대한 '관념론적' 이해와 '유물론적' 이해 모두 이러한 변증법을 간과하고 있으며, 그래서 역사를 왜곡하고 있다. 동일한 변증법은 우리가 살펴보았던 상징적 세계의 전반적인 변형에서도 지배적이다. 사회학적으로 필수적인 것으로서 남아 있는 것은, 모든 상징적 세계와 모든 정당화는 인간의 산물이라는 인식이다. 그것들의 존재는 구체적인 개인들의 삶에 그 기반을 가지고 있으며, 이러한 삶을 떠나서는 어떠한 경험적 지위도 갖고 있지 않다.

3부

주관적 실재로서의 사회

1. 실재의 내면화

일차적 사회화

    사회는 객관적 실재인 동시에 주관적 실재로서 존재하기 때문에, 실재를 이론적으로 적절하게 이해하기 위해서는 이 두 측면 모두를 포괄해야 한다. 이미 논의한 바대로, 사회를 외재화·객관화·내면화라는 세 가지 계기로 구성된 지속적인 변증법적 과정으로 이해한다면 이러한 측면들이 제대로 인식될 수 있다. 사회 현상에 관한 한, 이 계기들은 시간 순서에 따라 일어나는 것으로 여겨져서는 **안 된다**. 오히려 사회와 사회의 각 부분은 동시적으로 이 세 계기에 의해 특징지어질 수 있으며, 그래서 이들 중 어느 하나나 둘에 의한 분석은 불충분하다. 이는 자신의 존재를 사회세계 안으로 외재화하고 동시에 그것을 객관적 실재로서 내면화하는 사회의 개인 구성원에게도 마찬가지이다. 달리 말하자면, 사회 안에 있다는 것은 사회의 변증법에 참여한다는 것이다.

그러나 개인은 사회 구성원으로 태어나는 것이 아니다. 개인은 사회성을 향하는 성향을 가지고 태어나며, 그리고서 사회 구성원이 된다. 그러므로 모든 개인의 삶에는 시간적 순서가 있는데, 그 과정 가운데 개인은 사회적 변증법에 참여하도록 이끌리게 된다. 이 과정의 출발점이 내면화이다. 이는 객관적 사건을 의미의 표현으로 즉각적으로 이해하거나 해석하는 것을 말하며, 이때 의미를 표현한다는 것은 다른 이의 주관적인 과정이 나에게 주관적으로 의미 있는 것으로 나타나게 됨을 의미한다. 이것은 내가 타자를 적절하게 이해한다는 의미는 아니다. 사실상 나는 그를 오해할 수도 있다. 그는 히스테리가 발작하여 웃고 있는데, 나는 그 웃음을 즐거움의 표현으로 이해할 수 있다. 그러나 그럼에도 불구하고 그의 주관성은 나에게 객관적으로 유용하며, 그의 주관적 과정과 나의 주관적 과정 사이에 일치하는 바가 있든 없든 나에게 의미 있는 것이 된다. 두 주관적 의미 사이의 완전한 일치와 그 일치의 상호적인 앎은 앞서 논의한 의미화를 전제로 한다. 그러나 여기서 사용되는 일반적 의미에서 내면화는 의미화와 그 의미화 자체의 보다 복잡한 형태들의 기초가 된다. 보다 정확히 말해서, 이런 일반적 의미에서의 내면화는, 첫째로 자신의 동료들을 이해하는 데, 둘째로 그 세계를 의미 있고 사회적인 실재로 이해하는 데 기초가 된다.[1]

이러한 이해는 고립된 개인의 자동적인 의미 창조로부터 기인하는 것이 아니라, 타인들이 이미 살고 있는 세계를 개인이 '물려받음taking over'으로써 시작한다. 확실히 그 '물려받음'은 어떤 의미에서 그 자체로 모든 인간 유기체를 위한 본래적 과정이며, 그 세계는 일단 '전수되고'

---

1) '타자를 이해하기understanding the other'라는 우리의 개념은 베버와 슈츠로부터 유래한다.

나면 창조적으로 수정되거나 (일어날 가능성은 적지만) 심지어 재창조될 **수도 있다.** 어쨌든 복잡한 내면화의 형태 안에서 나는 타자의 순간적인 주관적 과정들을 '이해할' 뿐만 아니라, 그가 살고 있는 세계를 '이해하고,' 그 세계는 나 자신의 것이 된다. 이것은 그와 내가 순간을 넘어서 포괄적인 관점에서 시간을 공유하여 연속되는 상황들을 상호주관적으로 함께 연결하게 된다는 것을 전제한다. 우리는 이제 공유된 상황에 대한 서로의 정의를 이해할 뿐만 아니라, 그 상황들을 상호적으로 정의한다. 동기들의 연관이 우리 사이에 설정되며, 미래로 연장된다. 가장 중요한 점은, 이제 우리 사이에는 지속적인 상호동일시가 있다는 것이다. 우리는 동일한 세계에 살 뿐만 아니라, 서로의 존재에 참여한다.

이런 정도의 내면화를 성취해야만 개인은 사회의 구성원이 된다. 이 내면화가 야기되는 개체발생적 과정이 사회화이다. 그래서 이 사회화는 개인을 사회 또는 그 사회의 한 부문의 객관적 세계로 포괄적이고 일관되게 끌어들이는 것이라고 정의될 수 있다. 일차적 사회화는 개인이 아동기에 겪는 최초의 사회화이며, 이를 통해 개인은 사회의 구성원이 된다. 이차적 사회화는 이미 사회화된 개인을 그의 사회의 객관적 세계의 새로운 부문으로 끌어들이는 후속 과정이다. 우리는 여기서 우리가 애초에 구성원이 되었던 세계 이외의 사회들의 객관적 세계에 대한 지식의 획득과 그러한 세계를 실재로서 내면화하는 — 적어도 피상적으로는 일차적 사회화와 이차적 사회화 둘 다와 어떤 유사성을 보이지만, 구조적으로는 결코 동일하지 않은 — 과정에 대한 특수한 질문은 옆으로 제쳐놓을 수 있다.[2]

일차적 사회화가 대개 개인에게 가장 중요한 것이며, 모든 이차적 사회화의 기본 구조가 일차적 사회화의 구조와 유사해야 한다는 것은 분명하다. 모든 개인은 객관적인 사회구조 안에 태어나며, 그 안에서 자신의 사회화를 맡고 있는 중요한 타자들을 만나게 된다.[3] 이 중요한 타자들은 그에게 부과된다. 개인의 상황에 대한 그들의 정의가 그에게 객관적인 실재로서 상정된다. 그래서 그는 객관적 사회구조뿐만 아니라 객관적 사회세계 안에 태어난다. 이 세계를 그에게 중개해주는 중요한 타자들은 중개의 과정에서 그 세계를 수정한다. 그들은 사회구조 안에서 자신의 위치에 따라, 그리고 그들의 개인적이고 생애에 뿌리내린 특이성들에 의해서 그 세계의 측면들을 선택한다. 그 사회세계는 이러한 이중적 선택을 통해 개인에게 '여과된다.' 그래서 하위계급의 아이들은 단순히 사회세계에 대한 하위계급의 관점을 흡수하는 것이 아니라, 그의 부모가 (또는 누구든지 그의 일차적 사회화를 맡고 있는 다른 개인들이) 전한 특이한 색채 안에서 그것을 흡수한다. 동일한 하위계급 관점이 만족감을, 포기를, 쓰라린 원망을 또는 격렬한 반항감을 불러일으킬 수 있다. 결론적으로, 하위계급 아이는 상위계급 아이와는 전혀 다른 세계에 살게 될 뿐만 아니라, 옆집의 하위계급 아이와도 상당히 다른 방식으로 살게 될 수 있다.[4]

일차적 사회화가 순전히 인지적인 학습 이상을 포함한다는 것은 덧붙일 필요가 없을 것이다. 사회화는 감정적으로 고조된 상황에서 일어난다. 사실상 중요한 타자에 대한 그러한 감정적 애착 없이는 학습 과정이 불가능하지는 않아도 어려울 것이라 믿을 만한 충분한 이유가 있

---

2) 사회화와 두 가지 하위 유형에 대한 우리의 정의는 사회과학에서 현재 사용되는 용법을 충실히 따르고 있다. 우리는 단지 그 용어를 우리의 전반적인 이론적 틀에 맞도록 조정했다.
3) 물론 여기서 우리의 기술은 미드의 사회화 이론에 크게 의존하고 있다.
4) 비록 사르트르에게 적절한 사회화 이론은 부족하지만, '중개'의 개념은 그로부터 유래한다.

다.[5] 아이는 감정적으로 다양한 방식으로 중요한 타자들과 동일시한다. 그 방식이 무엇이든지 간에, 내면화는 오로지 동일시와 함께 일어난다. 아이는 중요한 타자의 역할과 태도를 취한다. 즉, 그것을 내면화해서 자신의 것으로 만든다. 그리고 이러한 중요한 타자와의 동일시에 의해서 아이는 자기 자신과 동일시할 수 있게 되며, 주관적으로 일관되고 그럴듯한 정체성을 획득할 수 있게 된다. 달리 말하자면, 자아는 처음에 중요한 타자들이 취한 태도들을 자신을 향해 반사하는reflect, 반영된 실체이다.[6] 개인은 그의 중요한 타자들에 의해 지목된 존재가 된다. 이것은 일방적인 기계적 과정이 아니다. 이 과정은 타자에 의한 동일시와 자기동일시 사이의, 그리고 객관적으로 할당된 정체성과 주관적으로 전유된 정체성 사이의 변증법을 수반한다. 개인이 자신의 중요한 타자들**과 동일시하는** 매 순간 존재하는 변증법은 말하자면 이미 논의한 바 있는 일반적인 사회 변증법이 개인의 삶에 특수화된 것이다.

이 변증법의 상세한 기술은 사회심리학을 위해 매우 중요하겠지만, 사회심리학적 이론을 위한 함의들을 다 추적하고자 한다면 우리의 현재 목적을 벗어나게 될 것이다.[7] 여기서 우리의 고찰을 위해 가장 중요

---

5) 행동주의 학습 이론에서 초기 학습의 감정적 차원을 확증하는 다양한 연구 결과가 있었지만, 이는 특히 프로이트 학파의 아동심리학에서 강조되어왔다. 여기서 우리는 우리의 논의에 있어서, 둘 중 어느 한쪽 심리학파의 전제들을 받아들인 것은 아니다.

6) 자아의 반영된 특징에 대한 우리의 개념은 쿨리Charles Cooley와 미드로부터 유래한다. 그 뿌리는 윌리엄 제임스(『심리학의 원리』)의 '사회적 자아'에 대한 분석에서 찾을 수 있다.

7) 여기서 이를 발전시킬 수는 없겠지만, 순수하게 변증법적인 사회심리학의 가능성을 보여주기 위해서는 충분히 이야기되어왔을 것이다. 변증법적 사회심리학은 사회학을 위해서만이 아니라 철학적 인류학을 위해서도 동일하게 중요할 것이다. 사회학에 관한 한, 그러한 (근본적으로 미드의 경향을 띠고 있지만, 다른 사회과학적 사고의 흐름들로부터 중요한 요소들을 추가한) 사회심리학은 프로이트적인 또는 행동주의적인 심리학주의와 이론적으로 지지할 수 없는 동맹을 추구할 필요는 없을 것이다.

한 것은 개인이 타자의 역할과 태도들을 취할 뿐 아니라 동일한 과정 속에서 그들의 세계를 취한다는 사실이다. 사실상 정체성은 어떤 세계 안의 위치로서 객관적으로 정의되며, 그 세계**와 함께** 주관적으로 전유 될 수 있다. 달리 표현해서, 모든 동일시는 특정한 사회세계를 의미하는 지평들 안에서 일어난다. 아이는 자신이 불리는 바로 그라는 것을 배운 다. 모든 이름은 (분류적) 명칭이며,[8] 이는 지정된 사회적 위치를 의미 한다. 정체성이 주어진다는 것은 그 세계 안에서 특정한 위치를 할당받 는 것을 의미한다. 아이에 의해서 이 정체성이 주관적으로 전유되듯이 ("나는 존 스미스**이다**"), 이 정체성이 지시하는 세계도 전유된다. 정체성 의 주관적 전유와 사회세계의 주관적 전유는 단지 **동일한** 중요한 타자 들에 의해 매개되는 **동일한** 내면화 과정의 여러 측면들에 불과하다.

일차적 사회화는 아이의 의식 안에 특정한 타자들의 역할과 태도로 부터 **일반적인** 역할과 태도로의 점진적인 추상화를 창출한다. 예를 들 어, 규범의 내면화에서 "엄마가 **지금** 내게 화가 나 있어"로부터 "엄마 는 내가 국 쏟을 **때마다** 화를 내"로의 진전이 있다. 추가적인 중요한 타 자들(아버지, 할머니, 언니/누나 등등)이 국을 쏟은 데 대한 어머니의 부 정적 태도를 지지하면, 그 규범의 일반성이 주관적으로 연장된다. 결정 적 단계는 그 아이가, **모든 사람이** 국을 쏟는 것에 대해 부정적이고, 그 규범이 "**사람은** 국을 쏟지 않는다"로 일반화된다는 것을 인식하는 것이 다 ─ 그것이 그 아이에게 중요한 한, '사람'은 스스로 원칙상 사회의 **모 든 이**를 포함하는 일반성의 부분이 된다. 구체적인 중요한 타자의 역할

---

8) '(분류적) 명칭nomenclature'에 대해서는 Claude Lévi-Strauss, *La pensée sauvage*, pp. 253 이하를 참조하라.

과 태도로부터의 추상화는 일반화된 타자라고 불린다.[9] 의식 안에서 일반화된 타자의 형성은 개인이 이제 구체적인 타자뿐만 아니라 타자들의 일반성, 곧 사회와 동일시한다는 것을 의미한다. 이러한 일반화된 동일시에 의해서만 자신의 자기동일시가 안정성과 지속성을 얻게 된다. 그는 이제 이런저런 중요한 타자와의 관계에서 정체성을 가질 뿐만 아니라, 중요하든 그렇지 않든 타자를 대면하게 되었을 때 동일하게 유지되는 것이라고 주관적으로 이해되는 **일반적인** 정체성을 갖는다. 이 새로운 일관된 정체성은 그 안에 다양한 내면화된 역할과 태도들 — 많은 것들 가운데, 국을 쏟지 않는 사람으로서의 자기동일시를 비롯한 — 을 포함하고 있다.

의식 안에서 일반화된 타자의 형성은 사회화에 있어서 또 다른 중요한 단계를 나타낸다. 그것은 사회 자체와 그 안에 설립된 객관적 실재의 내면화를, 그리고 동시에 일관되고 지속적인 정체성의 주관적 설정을 의미한다. 사회, 정체성 **그리고** 실재는 동일한 내면화의 과정에서 주관적으로 결정화結晶化된다. 이 결정화는 언어의 내면화와 함께 일어난다. 사실상 앞서 언어에 대한 논의로부터 분명히 알 수 있는 이유들 때문에, 언어는 사회화의 가장 중요한 내용과 가장 중요한 도구를 이룬다.

일반화된 타자가 의식 안에 결정화될 때, 객관적인 실재와 주관적인 실재 사이에 대칭적인 관계가 세워진다. '밖에서' 실재하는 것은 '안에서' 실재하는 것에 상응한다. 객관적 실재는 쉽게 주관적 실재로 '번역될' 수 있으며, 그 반대도 마찬가지이다. 물론 언어는 양방향으로 이루어지는 지속적인 번역 과정의 주요 수단이다. 그러나 객관적 실재와 주

---

9) 여기서 '일반화된 타자generalized other'의 개념은 완전히 미드적인 의미에서 사용되었다.

관적 실재 사이에 완벽한 대칭이 성립할 수 없다는 것도 강조되어야 한다. 두 실재는 서로 상응하지만, 동연同延하는 것은 아니다. 사회화의 내용은 지식의 사회적 분배에 의해 결정되기 때문에, 항상 어떤 개인의 의식 안에 실제로 내면화되는 것보다 유용한 객관적인 실재가 더 많은 법이다. 아무리 사회와 그 세계가 상대적으로 단순하다 할지라도, 어떠한 개인도 그의 사회에서 실재로서 객관화된 전체를 내면화하지는 않는다. 다른 한편, 사회적으로 학습된 신체에 대한 사회적인 이해 이전에 그것과 관계없이 자신의 신체에 대해 자각하는 것과 같은, 사회화에서 비롯되지 않은 주관적 실재의 요소들이 항상 있다. 주관적 생애는 완전히 사회적인 것이 아니다. 개인은 자신을 사회 안에 **그리고** 밖에 존재하는 것으로 이해한다.[10] 이것은 객관적 실재와 주관적 실재 사이의 대칭이 결코 정태적이고 최종적인 사태가 아니라는 것을 의미한다. 실제로 그것은 항상 생산되고 재생산되어야 한다. 달리 말하자면, 개인적 세계와 객관적인 사회세계 사이의 관계는 마치 지속적으로 균형을 잡는 행위와 같은 것이다. 이것의 인류학적 뿌리는 동물의 왕국에서 인간의 특수한 지위와 관련하여 논의했던 것들과 동일하다.

일차적 사회화에서는 동일시가 **문제**가 되지 않는다. 중요한 타자에 대한 선택의 여지가 없는 것이다. 사회는 사회화될 후보자에게 미리 정해진 중요한 타자의 집합을 제공하며, 그 후보자는 달리 마련된 선택의 가능성을 갖지 못하고 그대로 받아들여야 한다. 여기가 로두스다, 여기서 뛰어라.[11] 아이는 운명이 베풀어준 부모에 만족해야 한다. 어린아

---

10) 사회 안과 밖에 있는 인간으로서의 자기 이해에 대해서는 게오르크 지멜과 비교해보라. 헬무트 플레스너의 '특이성'의 개념도 여기에 다시 관련된다.

11) (옮긴이) *Hic Rhodus, hic salta*(여기가 로두스다, 여기서 뛰어라)'라는 라틴어 문구는 이

이라는 상황에 내재한 이 부당한 불이익은, 아이가 사회화의 과정에서 수동적인 것만은 아니지만 게임의 규칙을 정하는 것은 어른들이라는 명백한 결과를 낳게 된다. 아이는 그 게임을 열정을 가지고 할 수도 있고, 또는 골이 나서 저항하면서 할 수도 있다. 그러나 안타깝게도 주위에 다른 게임은 없다. 이것은 아주 당연한 귀결이다. 아이는 중요한 타자를 고르는 데 선택권이 없기 때문에, 그들과의 동일시는 거의 자동적이다. 동일한 이유로 아이가 그들의 특별한 실재를 내면화하는 것도 거의 불가피하다. 아이는 중요한 타자의 세계를 가능한 많은 세계들 가운데 하나로서 내면화하는 것이 아니다. 그는 **바로 그** 세계로서, 곧 유일하게 존재하고 유일하게 생각할 수 있는 세계, **더 말할 것도 없는** 그 세계로서 내면화한다. 일차적 사회화에서 내면화된 세계가 이차적 사회화에서 내면화된 세계들보다 훨씬 더 확고하게 의식 안에 자리 잡게 되는 것은 바로 이런 이유에서이다. 뒤따르는 각성들 속에서 불가피함에 대한 본래의 감각이 아무리 약해진다 하더라도, 결코 되풀이되지 않는 확실성 — 최초의 여명의 실재에 대한 확실성 — 의 기억은 여전히 아동기 최초의 세계에 고착되어 있다. 일차적 사회화는 (물론 나중에서야 알게 되겠지만) 사회가 개인에게 펼치는 — 사실상 우연성의 덩어리인 것을 필연성으로 보이게 하는, 그래서 그의 출생의 우연을 의미 있게 만

숍 우화에서 유래한다. 로두스 섬에서 엄청나게 높이 뛰었으며, 이를 증명해줄 증인들이 있다고 떠벌이는 허풍쟁이에게 어떤 사람이 벌떡 일어나 *'Hic Rhodus, bic salta!'* 라고 외쳐대면서 묘기를 보여줄 것을 요구했다는 이야기이다. 이 우화는 사람은 그의 주장에 의해서가 아니라, 행동에 의해서 알려져야 한다는 것을 보여준다. 헤겔은 그의 『법철학』 서문에서 "여기에 장미꽃이 있다. 여기에서 춤추어라! *Hier ist die Rose, bier tanze!*"라고 바꾸어 표현했고, 마르크스는 이 두 가지 표현을 다 사용하면서 장밋빛 미래를 꿈꾸지만 말고 당장 실행에 옮기라는 메시지를 표현한 것으로 유명하다.

드는 —가장 중요한 신뢰의 술책으로 보일 수 있다.

일차적 사회화에서 내면화되는 구체적 내용들은 물론 사회마다 다르다. 어떤 것들은 모든 사회에서 찾아볼 수 있다. 무엇보다 내면화되어야 할 것은 언어이다. 언어와 함께 그리고 언어에 의해서 다양한 동기 유발적이고 해석적인 도식들 — 예를 들어, 용감한 어린 소년처럼 행동하기를 원한다거나, 어린 소년들은 자연적으로 용감한 소년과 겁쟁이 소년으로 나뉜다는 가정 — 이 제도적으로 정의된 것으로서 내면화된다. 이러한 도식들은 아이에게 일상생활을 위한 제도화된 프로그램들을 제공해준다. 그 가운데 어떤 것들은 당장에 적용 가능하고, 어떤 것들은 훗날의 생애 단계를 위해 사회적으로 정의된 행동을 예견하는 것들 — 또래 친구들과 모든 종류의 타자들로부터 의지의 시험으로 괴롭힘을 당하는 날에 이를 극복하게 해주는 용감성과, 나중에 가령 전사가 되거나 신의 부름을 받을 때 필요하게 될 용감성 — 이다. 당장에 적용 가능하거나 미래를 예견하는 이 프로그램들은 자신의 정체성 — 소녀, 노예 소년, 또는 다른 부족의 소년과 같은 — 을 다른 이들의 정체성으로부터 구분지어준다. 마지막으로 최소한의 기초적 정당화 기제의 내면화가 있다. 아이는 그 프로그램들이 '왜' 그러한지 배우게 된다. 아이는 진정한 남자가 되기를 원하기 때문에 용감해져야 한다, 아이는 의례를 행해야 하는데 그러지 않으면 신들이 분노하기 때문이다, 아이는 족장에게 충성해야 하는데 그래야만 신들이 위험한 순간에 도와줄 것이기 때문이다 등등.

일차적 사회화에서 개인의 최초의 세계가 구성된다. 그 세계의 남다른 견고성은 개인이 최초의 중요한 타자들과 맺는 관계의 불가피성에 의해서 적어도 부분적으로는 설명될 수 있다. 아동기의 세계는 그 명백한 실재 안에서 중요한 타자인 사람들과 그들의 상황 정의에 대해 신뢰를 갖도록 이끌린다. 아동기의 세계는 육중하고 의심의 여지없이 실재적이다.[12] 아마도 이 의식 발달의 단계에서는 그러지 않을 수가 없을 것이다. 나중에 가서야 개인은 적어도 약간의 의심이라는 사치를 누릴 수 있다. 그리고 아마도 세계를 이해하는 데 이러한 원형적 사실주의 protorealism의 필연성은 개체발생적으로뿐만 아니라 계통발생적으로 도 관계된다.[13] 어떤 경우라도 아동기의 세계는 개인에게 — 어머니들이 우는 아기에게 가장 많이 사용하는 문장을 따라 하자면 — "모든 것이 괜찮다"라는 신뢰를 가질 수 있는 규범적 구조를 주입할 수 있도록 구성된다. 어떤 것들은 괜찮지 않다는 것을 나중에 발견하는 것은 생애적 환경에 따라 다소 충격일 수 있으나, 어찌 됐든 아동기의 세계는 회상 속에서 그 남다른 실재를 보유할 가능성이 높다. 훗날 전혀 편안하게 느껴지지 않는 지역으로 아무리 멀리 여행을 떠나더라도, 그 세계는 '고향세계'로 남아 있다.

일차적 사회화는 사회적으로 정의된 학습 순서를 포함한다. 나이 A에 아이는 X를 배워야 하고, 나이 B에는 Y를 배워야 한다, 등등. 그러한 모든 프로그램은 생물학적 성장과 분화에 대한 어느 정도의 사회적 인정을 수반한다. 따라서 어떠한 사회에서든 모든 프로그램은 세 살짜리 아기가 배울 수 있는 것을 한 살짜리가 배우기를 기대할 수 없다는 것을 인정해야 한다. 또한 대부분의 프로그램은 그 문제를 남자아이와 여자아이에게 각기 달리 정의할 것이다. 물론 그러한 최소한의 인정은

---

12) 아동의 세계의 '육중한 실재massive reality'에 대해서는 피아제와 비교해보라.

13) 피아제의 유아기의 '사실주의'와 계통발생적으로 유사한 것에 대해서는 레비-브륄을 비교해보라.

생물학적 사실에 의해서 사회에 부과된다. 그러나 이것을 넘어서, 학습 순서에서 그 단계들의 정의에는 상당한 사회·역사적 가변성이 있다. 한 사회에서 아동기로 정의된 것이 다른 사회에서는 성인기로 정의될 수 있다. 그리고 아동기의 사회적 의미가 — 예를 들어, 감정적 특징, 도덕적 책임, 또는 지적 능력에 있어서 — 사회에 따라 많이 다를 수 있다. (적어도 프로이트 운동 이전의) 현대 서구 문명은 어린이를 자연적으로 '순수하고' '사랑스럽게' 여기는 경향이 있었다. 다른 사회들은 어린이를 단지 그들의 힘과 이해 능력에 있어서만 어른과 다를 뿐인 '본질적으로 사악하고 불결한' 존재로 여겼다. 성행위, 범죄에 대한 책임감, 신적인 영감 등에 대한 어린이의 가능성에 대해서도 비슷한 가변성이 있었다. 아동기와 그 단계들에 대한 사회적 정의에 있어서 그러한 가변성은 학습 프로그램에 명백하게 영향을 미친다.[14]

일차적 사회화의 성격은 또한 전수되는 지식의 저장고의 요구 사항에 의해 영향을 받는다. 어떤 정당화들을 제대로 이해하기 위해서는 다른 정당화보다 고도의 언어적 복잡성이 필요할 수 있다. 예를 들어, 자위가 이후의 성적 적응에 지장을 줄 것이라는 주장을 이해하는 것보다, 자신의 수호천사를 화나게 하기 때문에 자위를 하지 말아야 한다는 것을 이해하는 데 말이 덜 필요할 것이라고 추측할 수 있다. 전체적인 제도적 질서의 요구 사항들은 더욱 일차적 사회화에 영향을 미칠 것이다. 어떤 사회에서는 다른 사회에 비해서, 또는 같은 사회 안에 여러 다른 부문들에서, 각기 다른 연령들에 각기 다른 기술들이 요구될

---

14) Philippe Ariès, *Centuries of Childhood* (New York: Knopf, 1962)〔『아동의 탄생』, 문지영 옮김, 새물결, 2003〕를 참조하라.

것이다. 한 사회에서 아이가 자동차를 몰기에 적절하다고 여겨지는 나이가, 다른 사회에서는 그의 적을 처음으로 죽이도록 기대되는 나이일 수 있다. 하층계급의 아이가 낙태 기술의 기초를 터득하는 나이에, 상층계급의 아이는 '성에 관한 진실'을 배울 수 있다. 또는 하층계급의 아이가 경찰과 경찰이 상징하는 모든 것에 대한 증오를 처음으로 경험할 즈음에, 상층계급의 아이는 처음으로 애국심이 끓어오르는 것을 경험할 수 있다.

일차적 사회화는 개인의 의식 안에 일반화된 타자(와 그와 함께 가는 모든 것)의 개념이 성립될 때 끝난다. 이 지점에서 그는 효과적인 사회의 구성원이 되며, 자아와 세계를 주관적으로 소유하게 된다. 그러나 이러한 사회, 정체성, 실재의 내면화가 최종적인 사태는 아니다. 사회화는 결코 완전하지 않으며, 결코 끝나지도 않는다. 이것은 우리에게 두 가지 추가적인 문제를 제기한다. 첫째로 일차적 사회화에서 내면화된 실재가 의식 안에서 어떻게 유지되는가. 그리고 둘째로 추가적인 사회화, 곧 이차적 사회화들이 개인의 이후 생애에서 어떻게 일어나는가. 우리는 이 문제들을 역순으로 다룰 것이다.

이차적 사회화

일차적 사회화 이후에 더 이상의 사회화가 일어나지 않는 사회를 생각해볼 수 있을 것이다. 물론 그러한 사회는 매우 단순한 지식 저장고를 가진 사회일 것이다. 모든 지식이 단지 지식에 대한 관점에서만 차이를 가진 채, 각기 다른 개인과 일반적으로 관련되어 있을 것이다. 이러한 개넘화는 제한적인 사례를 상정하는 데 유용하지만, 우리가 아는 한 **어느 정도의** 분업과 그에 따른 **어느 정도의** 지식의 사회적 분배가 없는 사회는 없다. 그리고 만약 그러하다면 이차적 사회화는 필수적인 것이 된다.

이차적 사회화는 제도적인 또는 제도에 기반을 둔 '하위세계들'의 내면화이다. 그러므로 그 정도와 성격은 분업과 그에 따른 지식의 사회적 분배의 복잡성에 의해 결정된다. 물론 일반적으로 관련 있는 지식도 사회적으로 분배될 수 있으나 ― 예를 들어, 계급에 기반한 '변형들'의 형태로 ― 여기서 우리가 염두에 두고 있는 것은 '특수한 지식'의 사회적 분배이다. 이 지식은 분업의 결과로서 생겨나며, 이 지식의 '담지자들'은 제도적으로 정의된다. 다른 차원들을 잠시 제쳐두면, 이차적 사회화는 역할, 곧 분업에 직접적으로나 간접적으로 기반하고 있는 역할들에 한정된 지식의 습득이라고 말할 수 있다. 이렇게 좁게 정의를 내리는 데는 어떤 정당성이 있겠지만, 이것이 결코 전부는 아니다. 이차적 사회화는 특정 역할에 한정된 어휘들의 습득을 요구하는데, 이는 우선 제도적 영역 안에서 일상적 해석과 행위를 구조화하는 의미론 영역을 내면화하는 것을 의미한다. 동시에 이 의미론 영역의 '암묵적 이해'와 평가와 감정적 채색 또한 획득된다. 이차적 사회화에서 내면화된 '하위세계들'은 일반적으로 일차적 사회화에서 획득된 '기초세계'에 비하여 부분적인 실재이다. 그러나 그 하위세계들 또한 인지적 구성 요소들뿐만 아니라 규범적이고 감정적인 구성 요소들에 의해서도 특징지어지는 대체로 일관된 실재이다.

게다가 그것들은 또한 적어도 의례적이거나 물질적 상징에 의해 수반되는 정당화 기제의 기초들을 요구한다. 예를 들어, 보병과 기병 사이에 분화가 일어날 수 있다. 기병은 아마도 군마를 다루는 데 필요한 순전히 신체적인 기술 이상의 것을 포함하는 특별한 훈련을 받아야 할 것이다. 기병의 언어는 보병의 언어와는 꽤 다를 것이다. 말, 말의 성질과 사용법, 그리고 기병 생활의 결과로서 생겨나는 상황들 등을 가리키는 전문용어가 확립될 것이며, 이는 보병과는 별 관계가 없는 것이다. 기병은 또한 도구적인 의미 이상의 상이한 언어를 사용할 것이다. 화가 난 보병은 자신의 아픈 발을 언급하면서 욕을 하겠지만, 기병은 말의 둔부를 언급할 것이다. 달리 말하자면, 이미지와 비유들이 기병 언어의 도구적 기초 위에서 만들어질 것이다. 이렇게 특정 역할에 한정된 언어는 마상 전투를 위해 훈련받을 때 개인에 의해 전체적으로 내면화된다. 그는 필요한 기술을 배울 뿐만 아니라 이 언어를 이해하고 사용할 수 있게 됨으로써 기병이 된다. 그러면 그는 보병들에게는 이해가 힘들겠지만, 기병들에게는 의미상 풍부한 암시를 가지고 동료들과 소통할 수 있다. 이 내면화의 과정은 역할과 그 역할에 적절한 규범들과의 주관적 동일시—"나는 기병이다" "기병은 적에게 절대로 자신의 말의 꼬리를 보여서는 안 된다" "절대로 여자가 박차를 가하는 느낌을 잊지 못하게 하라" "전쟁에서 빠른 기수가 도박에서도 빠른 기수rider[15]이다" 등등—를 포함한다. 필요가 생기면, 이런 의미들은 앞서 언급한 단순한 금언부터 정교한 신화적 구성물에 이르기까지 정당화에 의해서 유지될 것이다. 마지막으로, 다양한 대표적인 의례와 물리적 대상이 있을 것이다—가령, 모든 식사를 말 등에서 먹고 신입 기병이 앞으로 목에 걸고 다니게 될 말꼬리 주물呪物을 받는 마신馬神 축제의 연례행사가 그러하다.

그러한 이차적 사회화의 특징은 상징적 세계 전체 안에서 관련된 지

---

15) (옮긴이) 도박에서 'rider'는 내깃돈을 빨리 거는 사람을 말한다.

식체가 갖는 지위에 의존한다. 훈련은 말로 하여금 비료 수레를 끌게 하거나 싸움터에서 말 위에서 싸우는 것을 배우는 데 필수적이다. 그러나 말의 사용을 비료 수레를 끄는 데 사용하도록 제한하는 사회는 이 행위를 정교한 의례나 주물로 장식할 것 같지 않으며, 이 과업이 할당된 인력들도 어떤 심오한 방식으로 그 역할에 동일시할 것 같지 않다. 그러한 경우 정당화는 보상적인 종류일 것이다. 그래서 이차적 사회화와 관련된 재현들에는 상당한 사회·역사적 변이가 있다. 그러나 대부분의 사회에서는 일차적 사회화에서 이차적 사회화로 이행하는 데 수반하는 의례들이 있다.[16]

이차적 사회화의 형식적 과정들은 근본적인 문제에 의해서 결정된다. 이차적 사회화는 항상 선행하는 일차적 사회화의 과정을 전제한다. 즉, 그것은 이미 형성된 자아와 이미 내면화된 세계를 다루어야 한다. 무無로부터 주관적 실재를 구성할 수는 없다. 이미 내면화된 실재는 지속하는 경향이 있기 때문에, 이 점은 한 가지 문제를 드러낸다. 어떠한 내용이 내면화되더라도 그것들은 이미 존재하는 실재에 어떤 식으로든 덧붙여져야 한다. 그러므로 원래의 내면화와 새로운 내면화 사이의 일관성의 문제가 생긴다. 그 문제는 경우에 따라 해결이 다소 어려울 수 있다. 사람에게 청결함이 미덕이라고 배우고서, 같은 미덕을 그 자신의 말에게도 적용시키는 것은 어렵지 않다. 그러나 어떤 외설적인 행동들은 보호받아야 할 어린이에게는 비난할 만한 것이라고 가르쳤지만, 기병의 구성원에게는 그러한 행동들이 관례적이라는 설명이 있을 수 있

---

16) 이 부분은 사춘기와 관련된 '통과의례rites of passage'에 대한 문화인류학적 분석들을 비교해보라.

다. 일관성을 확립하고 유지하기 위해, 이차적 사회화는 상이한 지식체들을 통합하는 개념적 절차들을 전제한다.

이차적 사회화에서 생물학적 한계들은 학습의 연속 과정에서 점점 더 중요하지 않게 되며, 이제는 획득된 지식의 내적 속성들에 의해, 곧 그 지식의 근본적 구조에 의해 확립되게 된다. 예를 들어, 어떤 사냥 기술을 배우기 위해서는 산을 오르는 것을 먼저 배워야 한다. 또는 미적분학을 배우기 위해서는 대수학을 먼저 배워야 한다. 학습 순서는 또한 그 지식체를 관리하는 사람의 기존 이해관계에 의해 조종될 수 있다. 예를 들어, 새 떼의 이동으로부터 앞일을 점치는 것을 배우기 전에 동물의 내장으로부터 앞일을 점치는 것을 배워야 한다든지, 시체방부처리 학교에 들어가려면 그 전에 고등학교 졸업장이 있어야 한다든지, 또는 아일랜드의 관청에서 일자리를 얻으려면 게일어로 된 시험에 합격해야 한다든지 하는 것이 확립될 수 있다. 그러한 조항들은 점쟁이, 시체방부처리사, 또는 아일랜드 공무원의 역할을 수행하는 데 실용적으로 요구되는 지식과 무관하다. 그것은 문제의 역할들의 명예를 높이거나 다른 이데올로기적 이해관계를 충족시키기 위해 제도적으로 확립된 것이다. 초등학교 교육은 시체방부처리 학교의 교과과정을 이해하는 데 더할 나위 없이 충분하며, 아일랜드 공무원은 그들의 정상 업무를 영어로 수행한다. 심지어 그렇게 조종된 학습 순서가 실용적으로 제 기능을 하지 못할 수도 있다. 예를 들어, 연구조사 사회학자로서 전문적인 훈련을 받기 위해서는 '일반교양'에 대한 대학 교육의 배경이 있어야 한다고 규정될 수 있지만, 사실상 그들의 실제 활동은 이런 종류의 '교양'의 부담을 덜면 더 효율적으로 수행될 수 있다.

일차적 사회화가 어린아이와 중요한 타자 사이에 감정적으로 충만한 동일시 없이는 일어날 수 없는 반면, 대부분의 이차적 사회화는 이런 종류의 동일시 없이도 가능하며, 인간들 사이의 어떠한 소통에도 들어갈 수 있는 정도의 상호동일시만 있으면 효과적으로 진행될 수 있다. 거칠게 말해서, 자신의 어머니를 사랑하는 것은 필수적이지만, 자신의 선생을 반드시 사랑할 필요는 없다. 이후의 삶에서 일어나는 사회화는 개인의 주관적 실재를 급격히 변형시키려고 할 때 전형적으로 어린 시절을 회상하는 감정 상태를 취하기 시작한다. 이것은 우리가 앞으로 좀더 분석해야 할 특별한 문제를 상정한다.

일차적 사회화에서 아이는 그의 중요한 타자를 제도의 역할 담당자로 이해하는 것이 아니라, 간단히 말해서 실재의 중재자로 여긴다. 아이는 그의 부모의 세계를 어떤 특정한 제도적 맥락과 관계된 세계로서가 아니라 **바로 그** 세계로 내면화한다. 일차적 사회화 이후에 일어나는 위기들 가운데 어떤 것은, 사실상 자신의 부모의 세계가 존재하는 유일한 세계가 아니라 특정한 사회적 위치를, 심지어는 경멸적인 함의를 가진 것이라는 인식에 의해서 야기된다. 예를 들어, 조숙한 아이는 그의 부모에 의해 재현된 세계, 이전에는 필연적인 실재로 당연하게 받아들였던 그 동일한 세계가 실제로는 교육받지 못하고 하위계급이며 남부 농촌 사람들의 세계라는 것을 인식하게 된다. 이차적 사회화에서는 대개 제도적 맥락이 감지된다. 말할 필요도 없이, 이것이 제도적 맥락의 모든 함의에 대한 정교한 이해를 포함할 필요는 없다. 그러나 우리의 사례 안에서 이야기해보자면, 남부의 아이는 그의 부모와 달리 그의 학교 선생을 제도의 역할 담당자로 인식하며, 그 선생이 제도적으로 특정한 의미 ─지역에 비하여 국가의 의미, 자기 가정이 속한 하위계급 환경에 비하여 전국적인 중간계급 세계의 의미, 농촌에 비하여 도시의 의미 — 를 대표하는 역할을 한다고 이해한다. 그래서 선생과 학생 사이의 사회적 교섭은 형식화될 수 있다. 선생은 어떤 의미에서든 중요한 타자일 필요는 없다. 그들은 특정한 지식을 전수하는 공식 업무를 가진 제도의 역할 담당자이다. 이차적 사회화의 역할은 고도의 익명성을 수반한다. 즉, 그 역할들은 그것의 개인적 수행자로부터 쉽게 분리된다. 한 선생이 가르친 동일한 지식은 다른 선생도 가르칠 수 있다. 이러한 유형의 역할 담당자는 누구라도 이러한 종류의 지식을 가르칠 수 있다. 물론 개별 역할 담당자들은 다양한 주관적 방식(마음이 더 잘 통하거나 덜 통하거나, 좋은 산수 선생이거나 나쁜 산수 선생이거나 등등)으로 구별될 수 있으나, 그들은 원칙상 교체 가능하다.

물론 이러한 형식성과 익명성은 이차적 사회화에서 사회적 관계의 감정적 성격과 연관된다. 그러나 그것들의 가장 중요한 결과는 이차적 사회화에서 배운 것들의 내용에 일차적 사회화의 내용이 갖는 것보다 훨씬 덜 주관적인 불가피성을 부여하는 것이다. 그러므로 이차적 사회화에서 내면화된 지식의 실재성은 보다 쉽게 괄호에 넣을 수 있다(즉, 이러한 내면화가 실재적이라는 주관적 의미는 보다 일시적이다). 유아기에 내면화된 육중한 실재를 해체시키는 것에는 심한 생애적 충격이 따른다. 이후에 내면화된 실재들을 파괴하는 것은 훨씬 덜 충격적이다. 그 외에도 이차적 내면화들의 실재를 제쳐놓는 것은 상대적으로 쉽다. 어린아이는 좋든 싫든 그의 부모에 의해 정의된 세계 안에서 살지만, 산수의 세계는 교실을 나오자마자 즐겁게 뒤에 남겨두고 떠날 수 있다.

이것은 자아의 일부분과 그에 수반하는 실재를 단지 문제의 역할에 한정된 상황에만 관련된 것으로 분리시키는 것을 가능하게 한다. 그래서 개인은 한편으로는 그의 전체 자아와 그것의 실재 사이에, 다른 한

편으로는 특정 역할에 한정된 부분적 자아와 그것의 실재 사이에 거리
를 만든다.[17] 이렇게 중요한 기술은 일차적 사회화가 일어난 후에야 가
능하다. 다시 한 번 거칠게 표현해서, 어린아이는 그의 어머니보다는
선생으로부터 '숨기는' 것이 더 쉽다. 역으로, 이런 '숨기는' 능력의 발
전은 어른으로 성장해가는 과정에서 중요한 한 측면이다.

　일차적 사회화에서 내면화된 지식의 실재성은 거의 자동적으로 주어
진다. 이차적 사회화에서 그 실재성은 특정한 교육 기술에 의해 강화되
어 개인에게 '절실한 것으로' 느껴져야 한다. 이 구절은 시사하는 바가
많다. 어린 시절의 본래의 실재는 '고향'이다. 그것은 그 자체를 필연적
으로 그러한 것, 곧 '자연스러운' 것으로 상정한다. 그것에 비하여, 이
후의 모든 실재들은 '인공적'이다. 그래서 학교 선생은 그가 가르치고
있는 내용들을 생생하고(즉, 그것들을 그 아이의 '고향세계'처럼 살아 있는
것으로 만들고), 관련되고(즉, 그것들을 이미 '가정세계' 안에 현존하고 있는
관련 구조들에 연결시키고), 흥미롭게(즉, 그 아이의 주의를 '자연적' 대상으
로부터 떼어내서 이러한 보다 '인공적인' 대상들로 이끌어서) 만듦으로써 '절
실하게 느끼게' 하려고 애쓴다. 내면화된 실재가 이미 새로운 내면화의

---

17) '역할 거리role distance'의 개념은 어빙 고프만Erving Goffman에 의해서, 특히 그의
　　Asylum(Garden City, NY: Doubleday-Anchor, 1961)에서 발전되었다. 우리의 분석은
　　그러한 거리가 이차적 사회화에 내면화된 실재들과 관련해서만 가능하다고 제시한다. 만약
　　이것을 일차적 사회화에서 내면화된 실재들에까지 확대한다면, 우리는 미국의 정신의학이
　　말하는 정체성 결함을 의미하는 '정신이상'의 영역에 있는 것이다. 우리의 분석이 추가로 제
　　시하는 흥미로운 점은 사회적 교섭에 대한 '고프만의 모델'을 적절하게 만들어줄 구조적 제
　　한들 — 즉, 객관화된 실재의 결정적인 요소들이 이차적 사회화 과정에서 내면화되도록 구
　　조화된 사회들 — 에 관한 것이다. 부수적으로 이러한 고려가 (덧붙이자면, 현대 산업사회
　　의 중요한 특징들의 분석에 매우 유용한) 고프만의 '모델'을 '극적 모델dramatic model'과
　　동일시하지 않게 하도록 주의해야 한다. 즉, '인상 관리impression management'에 열중
　　하는 현대의 조직 인간의 연극과는 다른 연극들이 있다.

'길 위에' 지속적으로 존재하기 때문에 이런 전략들은 필수적이다. 이러한 교육 기술들의 정도와 정확한 성격은 개인이 새로운 지식의 획득을 위해 가지는 동기에 따라 가변적일 것이다.

이러한 기술들이 지식의 본래의 요소와 새로운 요소 사이의 연속성을 주관적으로 그럴듯하게 만들어줄수록, 그것은 보다 쉽게 실재성을 얻게 된다. 사람은 당연하게 받아들여지는 '모국어'의 실재에 기반을 두고 외국어를 배우게 된다. 오랫동안 그가 배우고 있는 새로운 언어의 어떠한 요소들이라도 원래의 언어로 끊임없이 재번역한다. 오로지 이런 방식에서 새로운 언어는 실재를 가지기 시작할 수 있다. 이 실재가 스스로 확립되게 되면서, 천천히 재번역을 그만두는 것이 가능해진다. 그는 새로운 언어 '안에서 생각할' 수 있게 된다. 그럼에도 불구하고, 나중에 배운 언어가 어린 시절 배운 첫번째 언어의 필연적이고 자명한 실재를 얻게 되는 경우는 드물다. 그래서 '모국어'의 감정적인 특성이 나온다. 개별적인 차이를 고려해야 하겠지만, 이차적 사회화에서 다른 학습 순서들도 동일하게 '고향' 실재로부터 형성되는 특징을 가지고 있다. 즉, 학습이 진행되면서 '고향' 실재와 연결되고, 서서히 그 연결을 끊어가는 것이다.

이차적 사회화의 과정들이 고도의 동일시를 전제하지 않으며 그 내용들도 필연성의 특징을 갖지 않는다는 사실은 실용적으로 유용할 수 있다. 왜냐하면 그 사실들이 합리적이고 감정적으로 통제된 학습 순서들을 허용하기 때문이다. 그러나 이런 종류의 내면화의 내용들은 일차적 사회화의 내면화와 비교하여 깨지기 쉽고 믿을 만하지 않은 주관적 실재를 가지기 때문에, 어떤 경우에는 필요한 만큼의 동일시와 필연성을 만들어내기 위해서 특정한 기술들이 발전되어야 한다. 그러한 기술의 필요는 내면화의 내용의 학습과 적용에 있어서 본질적일 수도 있지만, 그 필요가 문제의 사회화의 과정을 조정하는 사람들의 기득권을 위해서 상정될 수도 있다. 예를 들어, 완숙한 음악가가 되기를 원하는 개인은 엔지니어가 되기 위한 개인적 학습에는 불필요한 정도로 자신의 전공에 몰두해야 한다. 엔지니어 교육은 형식적이고, 고도로 합리적이며, 감정적으로 중립적인 과정을 통해서 효과적으로 이뤄질 수 있다. 반면에 음악 교육은 전형적으로 뛰어난 거장과 보다 높은 정도로 동일시해야 하고, 음악적 실재에 보다 심오하게 몰입해야 한다. 이러한 차이는 엔지니어링 지식과 음악 지식 사이의 본질적 차이와 이 두 가지 지식체들이 실질적으로 적용되는 삶의 방식의 차이로부터 비롯된다. 직업혁명가도 또한 엔지니어보다 측량할 수 없을 정도로 높은 정도의 동일시와 필연성이 필요하다. 그러나 여기서 그 필연성은 내용상 단순하고 빈약할 수도 있는 지식 자체의 본질적인 속성에서 비롯되는 것이 아니라, 혁명 운동의 기득권의 견지에서 한 혁명가에게 요구되는 개인적인 헌신으로부터 비롯된다. 때때로 기술을 강화할 필요성은 본질적인 요인과 부대적인 요인 모두로부터 비롯될 수 있다. 종교적인 인간의 사회화가 하나의 보기이다.

그러한 경우에 적용되는 기술들은 사회화 과정에 감정을 강하게 채워넣도록 고안되어 있다. 전형적으로 그 기술들은 정교한 입문 과정과 수련 기간의 내면화를 포함하고 있는데, 그 과정 속에서 개인은 내면화되는 실재에 완전히 몰두하게 된다. 곧 살펴보겠지만, 그 과정이 개인의 '고향' 실재의 실제적 변형을 요구할 때, 일차적 사회화의 성격을 가능한 유사하게 본뜨게 된다. 그러나 그러한 변형이 부족할지라도 이차적 사회화는 새로운 실재에 대한 몰두와 개입이 제도적으로 필수적인 것으로 정의될 정도까지 감정이 채워진다. 개인이 사회화시키는 사람과 맺는 관계는 거기에 상응하여 '중요성'으로 가득 차게 된다. 즉, 사회화시키는 사람은 사회화되는 개인에 대하여 중요한 타자의 특징을 띠게 된다. 그러면 개인은 포괄적인 방식으로 새로운 실재에 전념한다. 그는 부분적으로가 아니라, 주관적으로 그의 인생의 전부를 다하여 음악에, 혁명에, 신념에 '자신을 바치게 된다.' 물론 자신을 기꺼이 희생할 준비가 되어 있음은 이런 종류의 사회화의 최종 결과이다.

그러한 강화의 필요를 상정할 수 있는 중요한 환경은 다양한 제도들의 실재를 정의하는 사람들 사이의 경쟁이다. 혁명적 훈련의 사례에서 본질적인 문제는 실재에 대한 반대 정의 — 즉, 사회의 '공식적인' 정당화 작업자들의 정의에 반대하는 — 안에서 개인을 사회화하는 것이다. 그러나 음악 공동체의 미학적 가치들에 대한 날카로운 경쟁을 제공하는 사회에서도 음악가의 사회화에 강화가 있어야 할 것이다. 예를 들어, 미국의 상황에서는 주관적으로 볼 때 '치열한 레이스'를 벌이는 '물질주의적'인 '대중 문화' 세계와의 강력한 경쟁이 있기 때문에, 현대 미국에서 음악가로 성장하기 위해서는 19세기 비엔나에서는 필요치 않은 감정적 세기를 가지고 음악에 몰두해야 한다고 가정할 수 있다. 이와 비슷하게, 다원주의적 상황에서 종교적 훈련은 종교적 독점에 의해 지배되는 상황에서는 필요치 않은 실재를 강조하는 '인공적' 기술이 필요하다고 상정한다. 미국에서는 그렇지 않지만, 로마에서는 가톨릭 신부가 되는 것이 여전히 '자연스럽다.' 결론적으로 미국의 신학교들은 '실재가 손실되는' 문제를 다루어야 하며, 동일한 실재를 유효하게 하는 기술들을 고안해야 한다. 그들이 장래가 가장 촉망되는 학생들을 한동안 로마에 보내는 뻔한 방책을 생각해내는 것은 그리 놀라운 일이 아니다.

각기 다른 범주의 사람들에게 할당된 과업에 따라 동일한 제도적 맥락 안에 유사한 변이들이 존재할 수 있다. 그래서 직업 군인에게 요구되는 군대에 대한 헌신의 정도는 징집병에게 요구되는 것과는 상당히 다르다. 이 사실은 개별적인 훈련 과정에 분명하게 반영된다. 이와 비슷하게, 제도적 실재에 대한 헌신은 간부와 하위계급 사무직 인력으로부터, 정신분석학자와 정신장애자를 위한 사회복지사 등등으로부터 각기 달리 요구된다. 간부는 타자수 집단의 감독관에게는 부여되지 않을 '정치적으로 건전'해야 할 의무가 있으며, '교육분석'[18]이 정신분석학자에게는 강제되지만 사회복지사에게는 단지 제안되기만 한다, 등등. 복잡한 제도에는 때때로 다양한 범주의 제도적 인력의 차별적인 요구들을 매우 신중하게 맞추도록 구성된, 고도로 분화된 이차적 사회화 체계들이 있다.[19]

일차적 사회화와 이차적 사회화 사이에서 제도화된 과업의 분배는 지식의 사회적 분배의 복잡성에 따라 변한다. 지식의 사회적 분배가 상대적으로 복잡하지 않는 한, 동일한 제도적 기구는 일차적 사회화에서 이차적 사회화로 진행할 수 있으며, 상당한 정도로 이차적 사회화를 수행할 수 있다. 매우 복잡한 경우에는, 문제의 교육 과업을 위해 특별히 훈련된 전임 인력을 갖춘 이차적 사회화를 위한 전문화된 기구들이 발달해야 한다. 이런 정도의 전문화가 부족하면, 이 과업과 다른 것들을

---

18) (옮긴이) '교육분석didactic analysis'은 정신분석학자가 교육분석가로부터 신경증 환자가 받고 있는 것과 같은 자유연상법에 의한 정신분석을 받는 것을 말한다. 정신분석학자는 스스로 정신분석을 받음으로써 자기의 억압을 제거하고 환자의 무의식을 정확하게 이해할 수 있게 된다.
19) 에버렛 휴스Everett Hughes에 의해 발전된 직업사회학 연구는 이 점에 대하여 흥미로운 자료를 제공한다.

결합하는 일련의 사회화하는 기구들이 있을 수 있다. 예를 들어 후자의 경우에는, 소년은 특정 연령에 이르면 그의 어머니의 집에서 기병이 되기 위한 훈련을 받을 전사의 막사로 옮겨 가야 한다는 법이 제정될 수 있다. 이것이 전임 교육 인력에 한정될 필요는 없다. 나이 든 기병은 어린 기병을 가르칠 수 있다. 물론 근대 교육의 발전은 전문화된 기구들의 후원하에 일어나는 이차적 사회화의 가장 좋은 보기이다. 그 결과로서 이차적 사회화와 관련한 가족 지위의 하락은 너무 잘 알려져 있어서 여기서 더 자세히 설명할 필요는 없다.[20]

주관적 실재의 유지와 변형

사회화는 결코 완전하지 않으며 사회화가 내면화하는 내용들은 그것의 주관적 실재에 대한 끊임없는 위협에 직면하기 때문에, 모든 존속하는 사회는 객관적인 실재와 주관적인 실재 사이의 대칭적 관계를 보호하기 위해 실재-유지의 절차들을 발전시켜야 한다. 우리는 이미 이 문제를 정당화와의 관계에서 논의했다. 여기서 우리의 초점은 객관적 실재보다는 주관적 실재 — 제도적으로 정의된 실재라기보다는 개인의 의식 안에서 이해되는 실재 — 의 보호에 있다.

일차적 사회화는 필연적인 것으로 이해된 실재를 내면화한다. 대부분의 시간 동안, 적어도 개인이 일상생활의 세계에서 활동하고 있는 동

---

20) Talcott Parsons, *Essays in Sociological Theory, Pure and Applied* (Chicago: Free Press, 1949) pp. 233 이하를 참조하라.

안 필연성의 느낌이 현존한다면, 이 내면화는 성공적이라고 여겨질 것이다. 그러나 일상생활의 세계가 육중하고 당연하게 여겨지는 실재를 실질적으로 유지하고 있을 때에도, 일상적 활동 안에서 완벽하게 괄호쳐질 수 없는 인간 경험의 한계적 상황들에 의해 위협을 받는다. 변형들 — 실제로 기억되는 것들과 단지 불길한 가능성으로 느껴지는 것들 — 은 떠나지 않고 항상 존재한다. 또한 사회적으로 마주칠 수 있는 보다 직접적으로 위협하는 경쟁적인 실재의 정의들이 있다. 품행이 바른 가정적인 남자가 밤의 고독 가운데 입에 담기도 힘든 난교 파티를 꿈꾸는 것과, 이러한 꿈들이 이웃의 자유분방한 주민들에 의해 경험적으로 실행되는 것을 보는 것은 별개의 문제이다. 꿈들은 의식 안에 대수롭지 않은 '난센스'나 조용히 뉘우쳐야 할 정신적인 이상으로 보다 쉽게 억류될 수 있다. 그 꿈들은 일상생활의 실재에 비하여 환상의 성격을 보유하고 있다. 실제로 행동으로 옮기는 것은 의식을 훨씬 더 강렬하게 강제한다. 사실 그것은 마음 안에서 처리되기 전에 파괴되어야만 할 수도 있다. 어떤 경우든지, 한계적 상황들의 변형을 부정하려고 시도할 수 있다는 사실은 부정될 수 없다.

이차적 사회화의 보다 '인공적인' 성격은 그 내면화의 주관적 실재에 대한 다른 실재의 정의들의 도전에 보다 취약하게 만든다. 이것은 그것들이 일상생활에서 당연하게 받아들여지지 않거나 덜 실재적으로 이해되어서가 아니라, 그 실재가 의식 안에 덜 깊이 뿌리를 내리고 있어서 대체하기가 쉽기 때문이다. 예를 들어, 수치감에 관련되고 일차적 사회화에서 내면화되는 알몸 노출 금지와, 이차적 사회화로서 획득된 각기 다른 사회적 행사에 적절한 의복 규범은 모두 일상생활에서 당연한 것으로 받아들여진다. 그 규범들이 사회적으로 도전받지 않는 한 어떠한 것도 개인에게 문제가 되지 않는다. 그러나 문제의 일상의 당연한 실재에 대한 위협으로 구체화되기 위해서는, 그 도전이 후자의 경우보다 전자의 경우에 훨씬 더 강력해야 할 것이다. 개인이 넥타이 없이 사무실에 출근할 수 있다는 것을 당연하게 받아들이게 되는 데는 주관적 실재의 정의를 비교적 적게 변화시키는 것으로 충분하다. 당연히 그 개인이 어떠한 옷도 입지 않고 출근하게 하는 데는 훨씬 더 극단적인 변화가 필요할 것이다. 전자의 변화는 단지—가령, 시골 대학 캠퍼스에서 대도시 대학 캠퍼스로—직업을 바꿈으로써 사회적으로 매개될 수 있을 것이다. 후자는 개인의 환경에서 사회적인 혁명을 수반한다. 아마도 처음에는 격렬한 저항이 있겠지만, 그 후에는 심오한 전환으로서 주관적으로 이해될 것이다.

이차적 사회화의 실재는 한계적 상황들과는 무관하기 때문에, 대개 그것에 의해서 위협을 덜 받을 것이다. 일어날 수 있는 일은 한계적 상황들과 무관함이 드러나기 때문에, 그러한 실재는 하찮은 것으로 여겨지는 것이다. 그래서 죽음의 임박은 남자로서, 도덕적 존재로서 또는 기독교인으로서 이전에 자기동일시한 실재를 심각하게 위협한다고 말할 수 있다. 동일한 상황에서 숙녀용 양말 부서의 부팀장으로서의 자기동일시는 위협이 되기보다는 하찮은 것으로 여겨진다. 역으로, 한계적 상황에 직면하여 일차적 내면화를 유지하는 것은 그 주관적 실재의 공정한 척도라 말할 수 있을 것이다. 동일한 시험이 대부분의 이차적 사회화에 적용될 때는 그다지 관계가 없을 것이다. 한 남자로서 죽는 것은 말이 되지만, 숙녀용 양말 부서의 부팀장으로 죽는 것은 그렇지 않다. 이차적 사회화가 한계적 상황에 직면하여 이 정도의 실재를 지속하도록 사회적으로 기대되는 곳에서는, 그에 상응하는 사회화 절차들이 이

전에 논의한 방식대로 보강되고 강화되어야 할 것이다. 종교적이고 군사적인 이차적 사회화의 과정들이 이를 설명하는 데 다시 인용될 수 있을 것이다.

두 가지 일반적인 실재-유지, 곧 일상적 유지와 위기 시의 유지를 구분하는 것이 유용하다. 전자는 내면화된 실재를 일상생활에서, 후자는 위기 상황에서 유지하도록 고안되었다. 차이가 있긴 하지만, 둘 다 근본적으로 동일한 사회적 과정을 수반한다.

우리가 이미 살펴보았듯이, 일상생활의 실재는 제도화의 핵심인 일상 가운데 구체화됨으로써 스스로를 유지한다. 그러나 이를 넘어서, 일상생활의 실재는 개인의 타인과의 교섭 가운데 지속적으로 재확인된다. 실재는 애초에 사회적 과정에 의하여 내면화되듯이, 사회적 과정들에 의해서 의식 안에 유지된다. 이 후자의 과정들은 초기의 내면화 과정들과 크게 다르지 않다. 그것들은 주관적 실재는 사회적으로 정의된 객관적 실재와의 관계 안에 있어야 한다는 기본적인 사실을 반영한다.

실재-유지의 사회적 과정에서 중요한 타자와 덜 중요한 타자를 구별할 수 있다.[21] 개인이 일상생활에서 마주치는 모든 또는 적어도 대부분의 타자들은 그의 주관적 실재를 재확인하는 데 중요한 구실을 한다. 이것은 심지어 통근열차를 타는 것과 같이 '중요하지 않은' 상황에서도 일어난다. 개인은 그 열차에 탄 어느 누구도 알지 못하며 누구에게

---

21) 거스Hans H. Gerth와 밀스C. Wright Mills는 *Character and Social Structure*(New York: Harcourt, Brace and Co., 1953)에서 이후의 삶에서의 실재-유지에 관련하여, 중요한 타자 대신에 '친숙한 타자intimate others'의 개념을 제시한다. 우리는 이 용어가 최근에 독일 사회학에서 상당히 다른 함의를 가지고 자주 사용되고 있는 사적 영역Intimsphäre 개념과 유사하기 때문에 사용하지 않으려고 한다.

도 말하지 않을 수 있다. 그래도 같이 통근하는 무리는 일상생활의 기본 구조를 재확인한다. 같이 통근하는 사람들은 그들의 전반적인 행동에 의하여 그 개인을 이른 아침에 피곤에서 덜 깨어나 빈약한 실재로부터 끄집어내어, 세계는 일하러 가는 성실한 사람들, 책임과 스케줄, 뉴헤이븐 철도와 『뉴욕 타임스』로 구성되어 있다는 것을 분명한 어조로 그에게 공언해준다. 물론 『뉴욕 타임스』는 개인의 실재의 가장 넓은 소재지를 재확인시켜준다. 일기 예보부터 구인 광고에 이르기까지, 『뉴욕 타임스』는 진정으로 그가 가능한 가장 실재적인 세계에 있다는 것을 확인시켜준다. 부수적으로, 그것은 아침식사 이전에 경험한 불길한 무아의 지경들 — 심란한 꿈에서 깨어나자마자 낯익은 물체들이 낯선 모습으로 보이거나, 욕실 거울에 비친 자신의 얼굴을 알아보지 못하거나, 잠시 후에 느낀 자신의 부인과 아이들이 신비스러운 이방인이 아닌가 하는 말로 표현하기도 힘든 의심들 — 이 덜 실재적인 지위를 가진다는 것을 확인시켜준다. 그런 형이상학적 공포에 민감한 대부분의 개인들은 엄격하게 행해지는 아침 의례들의 과정에서 그것들을 어느 정도 쫓아내서, 현관문을 나설 즈음에는 일상생활의 실재가 적어도 조심스럽게 확립되게 할 수 있다. 그러나 그 실재는 오로지 통근열차의 익명 공동체 안에서 꽤 신뢰할 만한 것이 되기 시작한다. 기차가 그랜드 센트럴 역에 들어가면서 그 실재는 육중함을 얻게 된다. 그러므로 존재한다*Ergo sum*, 하고 개인은 이제 혼자 중얼거릴 수 있으며, 완전히 깨어서 자신감을 갖고 사무실로 향할 수 있다.

그러므로 오로지 중요한 타자만이 주관적 실재를 유지하는 데 기여한다고 가정하는 것은 잘못이다. 그러나 중요한 타자는 실재-유지의 경제에서 핵심적인 지위를 차지한다. 그들은 특별히 우리가 정체성이라고 부르는 그 중요한 실재의 요소를 지속적으로 확인하는 데 중요하다. 개인은 그가 진정으로 자신이 생각하는 존재라는 확신을 유지하기 위해 우발적인 일상적 접촉들에서조차도 정체성이 은연중에 확인되어야 할 뿐만 아니라, 그에게 중요한 타자들의 명쾌하면서도 정서적인 확인이 필요하다. 앞선 보기에서, 교외 거주자는 그러한 확인을 위해서, 비록 가까운 사업 동료들도 이러한 기능을 수행해줄 수 있겠지만, 자기 가족과 가족 같은 다른 사적인 친구들(이웃, 교회, 사교단체 등)에 기댈 것이다. 게다가 그가 그의 비서와 잠자리를 같이 한다면, 그의 정체성은 확인되는 동시에 확대된다. 이것이 가정하는 바는 개인은 확인되는 정체성을 좋아한다는 것이다. 동일한 과정은 개인이 좋아하지 않을 수 있는 정체성들을 확인하는 것과도 관련될 수 있다. 심지어 우연히 아는 사람도 가망 없는 실패자로서의 그의 자기동일시를 확인할 수 있으나, 부인과 자녀들 그리고 비서는 부정할 수 없이 단호한 태도로 이것을 승인해준다. 객관적인 실재의 정의로부터 주관적인 실재-유지로 이르는 과정은 두 경우에 동일하다.

개인의 삶에서 중요한 타자들은 그의 주관적 실재의 유지를 위한 가장 중요한 대행자들이다. 덜 중요한 타자들은 일종의 합창단으로서 기능한다. 부인과 자녀들과 비서는 그가 중요한 사람이거나 가망 없는 실패자라는 것을 매일 진지하게 재확인한다. 시집 안 간 이모나 고모, 요리사, 엘리베이터 운전원들은 이러한 재확인에 다양한 정도의 신빙성을 더해준다. 물론 이 사람들 사이에 어떠한 불일치가 있을 수 있다. 그러면 개인은 일관성의 문제를 직면하게 되는데, 이 문제는 전형적으로 그가 그의 실재나 그의 실재를 유지하는 관계들을 수정함으로써 해결할 수 있다. 그는 한편으로 실패자로서 그의 정체성을 받아들일 수도,

다른 한편으로 비서를 해고하거나 부인과 이혼하는 대안이 있을 수도 있다. 그는 또한 이 사람들을 중요한 타자의 지위로부터 강등시키고, 대신에 그의 실재의 확인을 위하여 다른 사람들 — 가령, 정신분석학자나 사교단체의 오랜 친구들 — 에게 도움을 청할 수 있는 선택권을 갖고 있다. 특히 고도의 유동성이 있고 역할이 분화된 사회에서는, 이러한 실재를 유지하는 관계들의 구조에 많은 가능한 복잡성이 있다.[22]

실재-유지에 있어서 중요한 타자와 '합창단' 사이의 관계는 변증법적인 것이다. 즉, 그들은 그들이 확인하는 데 기여하는 주관적 실재뿐만 아니라 서로서로 교섭한다. 심지어 엘리베이터 운전원이 '선생님sir'이라고 경칭을 쓰지 않을 때, 부인이 그녀의 남편을 중요한 사람으로 동일시하는 것을 포기할 때 — 보다 넓은 환경의 부분에서 확고하게 부정적인 동일시는 중요한 타자들에 의해 제공된 동일시에 영향을 미칠 수 있다. 역으로, 중요한 타자들은 결국에 그 넓은 환경에 영향을 미칠 수도 있다 — 즉, 그 개인이 그의 사업 동료들에게 어떠한 정체성을 이해시키고자 할 때, '충실한' 부인은 여러모로 정보 제공자가 될 수 있다. 그래서 비록 중요한 타자들이 실재-유지와 실재-확인의 과정들에서 특권적 지위를 차지하고 있기는 하지만, 이 과정들은 개인의 사회적 상황 전체를 포함한다.

중요한 타자와 '합창단'의 상대적 중요성은 주관적 실재를 **부정**하는 사례들을 보면 가장 쉽게 알 수 있다. 부인에 의한 실재-부정 행위는 그 자체로 우연히 아는 사람에 의한 유사한 행위보다 훨씬 더 큰 잠

---

22) 이 점에 관해서는 다시 고프만과, 그리고 그에 더해 데이비드 리스먼David Riesman과 비교해보라.

재력을 가지고 있다. 후자에 의한 행위가 전자와 동일한 잠재력을 갖기 위해서는 어느 정도의 밀도를 얻어야 한다. 신문이 이면에서 일어나고 있는 실질적인 사태들은 보도하고 있지 않다는 가장 친한 친구의 반복된 의견은 그의 이발사에 의해서 표현된 동일한 의견보다 더 큰 무게를 가질 수 있다. 그러나 우연히 알게 된 열 명의 사람들에 의해서 연속적으로 표현된 동일한 의견이 가장 친한 친구의 반대되는 의견보다 더 중요해지기 시작할 수도 있다. 이러한 다양한 실재의 정의의 결과로서 주관적으로 도달하게 되는 결정화結晶化는 어느 날 아침 통근열차에서 엄숙한 표정에 조용하고 서류가방을 든 밀집된 중국인 무리가 등장한 것에 대해 어떻게 반응할지를 결정할 것이다. 즉, 자기 자신의 실재의 정의 안에서 그 현상에게 부여할 무게를 결정할 것이다. 다른 보기를 들자면, 만약 가톨릭 신자라면 그의 신앙의 실재가 믿음이 없는 사업 동료에 의해 위협받을 필요는 없다. 그러나 믿음이 없는 부인에 의해서는 위협당할 가능성이 매우 높다. 그러므로 다원적 사회에서는 가톨릭 교회가 경제적 삶과 정치적 삶에서 매우 다양한 초종교interfaith 단체들을 용인하지만, 종교가 다른 사람들끼리 결혼하는 것에 대해서는 지속적으로 눈살을 찌푸리는 것이 논리적이다. 일반적으로 말해서 각기 다른 실재의 정의 기구들 사이에 경쟁이 있는 상황에서는, 일차집단 관계들이 확고하게 확립되어 그 안에서 **하나의** 실재가 경쟁자들에 반하여 지속적으로 재확인되는 한, 경쟁자들과의 모든 종류의 이차집단 관계들이 용인될 수 있다.[23] 가톨릭 교회가 미국의 다원적 상황에서 적응해가

---

23) '일차집단primary group'과 '이차집단secondary group'의 개념은 쿨리로부터 유래한다. 우리는 여기서 현재 미국 사회학에서의 용법을 따르고 있다.

는 방식은 하나의 훌륭한 보기이다.

가장 중요한 실재-유지의 수단은 대화이다. 개인의 일상적 삶을, 그의 주관적 실재를 지속적으로 유지하고 수정하며 재구성하는 대화 장치의 꾸준한 작용이라는 견지에서 바라볼 수 있다.[24] 물론 대화는 주로 사람들이 서로 이야기하는 것을 뜻한다. 이것이 언어를 둘러싸고 있는 비언어적 소통의 풍부한 배경을 부정하지는 않는다. 그럼에도 불구하고 담화는 전체적인 대화 장치 안에서 특권적 위치를 유지하고 있다. 그러나 대화 안에서 일어나는 대부분의 실재-유지는 함축적이며, 명시적이지 않다는 것을 강조하는 것이 중요하다. 대부분의 대화는 세계의 본질을 그렇게 많은 낱말로 정의하지 않는다. 오히려 그것은 조용히 당연하게 받아들여지는 세계를 배경으로 일어난다. 그래서 "자, 이제 역에 도착할 시간이에요" "좋아요, 여보, 사무실에서 즐거운 하루 보내세요"와 같은 대화는 하나의 전체 세계를 함의하는데, 바로 그 세계 안에서 이 너무나 단순한 진술들이 이해된다. 이러한 함의에 의해서, 대화의 교환은 이 세계의 주관적 실재를 확인해준다.

이것이 이해되면, 비록 전부는 아닐지라도 일상적인 대화의 많은 부분이 주관적 실재를 유지한다는 것을 쉽게 알 수 있을 것이다. 사실상 주관적 실재의 육중함은 가벼운 대화 —— 당연하게 받아들여지는 세계의 일상들을 일컫기 때문에 **가벼워도 되는** 대화 —— 의 축적과 일관성에 의하여 이루어진다. 가벼움의 상실은 일상의 붕괴, 그리고 적어도 잠재

---

24) '대화 장치conversational apparatus'의 개념에 대해서는 Peter L. Berger and Hansfried Kellner, "Marriage and the Construction of Reality," *Diogenes* 46(1964), pp. 1 이하를 참조하라. Friedrich Tenbruck, "Soziale Kontrolle"은 공통의 실재들을 유지하는 데 있어 소통 연결망의 기능을 자세히 논의하고 있다.

적으로 당연하게 받아들여지는 실재에 대한 위협을 의미한다. 그래서 "자, 이제 역에 도착할 시간이에요" "좋아요, 여보, 총 가지고 가는 것 잊지 마세요"와 같은 대화가 가벼움에 미치는 영향을 상상해볼 수 있을 것이다.

그 대화 장치는 지속적으로 실재를 유지하는 동시에 수정한다. 여전히 당연하게 받아들여지는 것들의 어떤 부문들은 약화시키고 다른 부문들은 강화시키면서, 항목들이 빠지기도 하고 추가되기도 한다. 그래서 결코 이야기된 적이 없는 것의 주관적 실재가 흔들리게 된다. 당황스런 성행위를 하는 것과 그 행위를 하기 전이나 후에 그것에 대하여 이야기하는 것은 별개의 문제이다. 역으로, 대화는 이전에는 그냥 지나치고 불확실한 것으로 여겨졌던 항목들에 견고한 외형을 마련해준다. 사람은 자신의 종교에 대하여 의심을 가질 수 있다. 의심에 대하여 토론하면서 그 의심은 상당히 다른 방식으로 실재하는 것이 된다. 그러면 그는 이러한 의심을 '하도록 자신을 설득한다.' 그리고 그 의심들은 자신의 의식 안에 실재로서 객관화된다. 일반적으로 말해서, 대화 장치는 경험의 다양한 요소들에 대해 '모두 이야기함'으로써, 그리고 그 요소들을 실재 세계 안에 있는 특정한 장소에 할당함으로써 실재를 유지한다.

이러한 대화의 실재-생성 능력은 언어적 객관화라는 사실 안에 이미 주어져 있다. 우리는 언어가 경험의 유동성*panta rhei*을 일관된 질서로 변형시키면서 어떻게 세계를 객관화시키는지 살펴보았다. 이러한 질서를 구축함에 있어 언어는 세계를 이해하고 생산한다는 이중적 의미에서 세계를 **현실화한다**. 대화는 개인 존재의 면대면 상황에서 이러한 언어의 현실화하는 능력을 실현하는 것이다. 대화 안에서 언어의 객관화는 개인 의식의 대상이 된다. 그래서 근본적으로 실재를 유지하는 것은 펼쳐지는 생애적 경험을 객관화하기 위해 동일한 언어를 계속하여 사용한다는 사실이다. 가장 넓은 의미에서, 이 동일한 언어를 사용하는 모든 사람은 실재를 유지하는 타자들이다. 이것의 중요성은 ― 일차집단의 집단 특유의 언어에서부터, 지역적 또는 계급적 방언들, 그리고 언어에 의해서 자신을 정의하는 국가 공동체에 이르기까지 ― '공통 언어'가 의미하는 바에 의해서 더욱 분화될 수 있다. 내內집단의 암시들을 이해하는 소수의 개인들, 그의 억양이 속하는 부문, 또는 자신을 특정한 언어적 전통과 동일시하는 거대 집단으로 ― 역순으로 해서, 가령 미국으로, 브루클린으로, 그리고 같은 공립학교를 다녔던 사람들에게로 ― 돌아가는 개인에게, 그에 상응하는 '실재로의 회귀'가 있다.

주관적 실재를 효율적으로 유지하기 위해서 대화 장치는 지속적이어야 하며 일관되어야 한다. 지속성이나 일관성의 붕괴는 바로 그 사실에 의해서 문제의 주관적 실재에 대한 위협을 상정한다. 우리는 이미 개인이 비非일관성의 위협에 대처하기 위해 채택할 수 있는 방편들에 대하여 논의했다. 비非지속성의 위협에 대처하는 다양한 기술들 또한 사용 가능하다. 물리적인 격리에도 불구하고 중요한 대화를 계속하기 위한 편지의 사용은 하나의 사례가 될 것이다.[25] 각기 다른 대화들은 그것이 생산하거나 유지하는 실재의 밀도에 의해 비교될 수 있다. 대체적으로 대화의 빈도는 실재를 생성하는 대화의 능력을 더해주지만, 때로는 빈도가 부족하더라도 대화가 일어날 때의 강렬함에 의해 상쇄될 수 있다. 사랑하는 사람을 한 달에 한 번만 만날 수 있지만, 그때 일어나는 대화

---

25) 편지에 대해서는 Georg Simmel, *Soziologie*, pp. 287 이하를 참고하라.

는 상대적인 대화 빈도의 부족을 보충하기에 충분한 강도를 가지고 있다. 어떤 대화들은 — 자신의 고해신부나 정신분석학자, 또는 비슷한 '권위'를 가진 인물과의 대화와 같이 — 특권적 지위를 가진 것으로 명백하게 정의되고 정당화될 수 있다.

그래서 주관적 실재는 항상 특정한 타당성 구조,[26] 곧 주관적 실재의 유지를 위해 요구되는 특정한 사회적 기반과 사회적 과정들에 의존한다. 중요한 사람으로서의 자기동일시를 유지하는 것은 그 정체성을 확증해주는 환경에서만 가능하다, 오로지 가톨릭 공동체와 의미 있는 관계를 갖고 있어야만 가톨릭 신앙을 유지할 수 있다, 등등. 개별적인 타당성 구조들의 중재자들과의 의미 있는 대화의 붕괴는 문제의 주관적 실재들을 위협한다. 편지의 보기가 보여주듯이, 개인은 실제의 대화가 부족할 때에도 다양한 실재-유지의 기술들에 의지할 수 있으나, 이러한 기술들의 실재-생성 능력은 그 기술들이 원래 베끼고자 했던 면대면 대화에는 한참 못 미친다. 이러한 기술들이 면대면 확증으로부터 오래 격리되면 될수록 실재감을 점점 덜 갖게 될 것이다.

자신의 신앙을 공유하는 사람들의 공동체에서 떨어져서 다른 신앙을 가진 사람들 속에서 오랫동안 살고 있는 개인은 지속적으로 자신을 가톨릭 신자로서 동일시할 수 있다. 기도, 종교적 훈련, 그리고 유사한

---

26) (옮긴이) 'plausibility structures'는 '개연성 구조' '설득력 구조' '사회통념 구조' '정당성 구조' '유효 구조' '타당성 구조' 등으로 옮겨져서 사용되어왔다. 문자적으로 옮기자면 '개연성 구조'로 옮기는 것이 가장 적절할 것이나, 이 번역은 글쓴이들이 사용하고자 하는 뜻을 잘 전달하고 있지 않다. 글쓴이들은 이 개념을 개인들이 사회적으로 구성된 실재를 자기 자신에게 그럴듯한 것으로, 나아가서는 정말 그러한 것으로 유지할 수 있도록 해주는 사회적 기반과 사회적 과정을 일컫기 위해 사용하고 있기에, 실재를 개인에게 타당한 것으로 만들어주는 구조라는 뜻에서 '타당성 구조'라고 옮겼다.

기술들을 통해서 그의 오래된 가톨릭 실재는 계속하여 주관적으로 그에게 의의가 있을 수 있다. 적어도 그 기술들은 가톨릭 신자로서의 그의 계속된 자기동일시를 유지할 수 있다. 그러나 그 기술들은 다른 가톨릭 신자들과의 사회적 접촉에 의해 '재활성화'되지 않으면, '살아 있는' 실재를 결여하게 될 것이다. 확실히 개인은 대체로 그의 과거의 실재들을 기억한다. 그러나 그 기억들을 '재활성화'하는 방법은 그 의의를 공유하는 사람들과 대화하는 것이다.[27]

타당성 구조는 또한 의심의 특정한 중지를 위한 사회적 기반이며, 그 기반 없이는 문제의 실재의 정의가 의식 안에서 유지될 수 없다. 여기서 실재를 해체하는 그러한 의심들에 대한 구체적인 사회적 제재들은 내면화되고 지속적으로 재확증된다. 비웃음은 그러한 제재의 하나이다. 타당성 구조 안에 남아 있는 한, 개인은 관련된 실재에 대한 의심이 주관적으로 생겨날 때마다 스스로 터무니없다고 느낀다. 그는 다른 이들에게 의심의 목소리를 낼 때 그들이 자신에게 웃음 지으리라는 것을 알고 있다. 그는 조용히 자신에게 웃음 짓고, 정신적으로 어깨를 움츠리고, 그렇게 제재된 세계 안에서 지속적으로 존재할 수 있다. 말할 필요도 없이, 만약 타당성 구조가 사회적 기반으로서 유효하지 않다면, 이러한 자기 치료의 절차는 훨씬 더 어려울 것이다. 그 웃음은 강요될 것이며, 결국에는 수심에 가득 찬 찡그림이 대신하게 될 가능성이 많다.

실재-확증이 명백하고 강렬해야 한다는 것을 제외하고는, 위기 상황에서 그 절차들은 본질적으로 일상적인 유지와 동일하다. 흔히 의례적

---

27) '준거 집단reference group' 개념이 이런 관련에서 적합하다. 로버트 머튼이 *Social Theory and Social Structure*에서 이에 대해 분석한 것을 비교해보라.

기술들이 사용된다. 개인은 위기에 직면하여 실재-유지 절차들을 즉흥적으로 마련할 수 있지만, 사회 자체는 실재 안에 붕괴의 위험이 따르는 것으로 인식되는 상황들을 위한 특별한 절차들을 수립한다. 이러한 미리 정의된 상황에는 어떤 한계적 상황들이 포함되는데, 그 가운데 죽음이 단연코 가장 중요하다. 그러나 실재 안에 위기는 한계적 상황들에 의해 상정된 것보다 상당히 더 다양한 경우에 일어날 수 있다. 그 위기들은 사회적으로 정의된 실재에 대한 도전의 성격에 따라 집단적이거나 개인적일 수 있다. 예를 들어, 실재-유지의 집단적 의례들은 자연재해의 시기에, 개인적인 의례들은 개인적인 불행의 시기에 제도화될 수 있다. 또는 다른 예를 들자면, 외국인들과 '공식적인' 실재에 대한 그들의 잠재적 위협에 대처하기 위해 실재를 유지하는 특별한 절차들이 수립될 수 있다. 개인은 외국인과의 접촉 후에 정교한 의례적 정화 과정을 거쳐야 할 수 있다. 세정식洗淨式은 외국인에 의해 재현되는 대안적 실재의 주관적 무화無化로서 내면화된다. 외국인, 이교도, 또는 미치광이에 대한 금기, 액막이, 저주들은 유사하게 개인의 '정신 위생'의 목적에 기여한다. 이러한 방어 절차들의 폭력성은 위협이 심각하게 보이는 정도에 비례할 것이다. 대안적 실재와 그 대표자들과의 접촉이 빈번해지면, 당연히 방어적 절차들은 위기적 성격을 잃어버리고 일상화될 것이다. 가령 외국인을 만날 때마다 —그 문제에 대하여 더 이상의 생각을 하지 않고— 침을 세 번 뱉어야 한다는 식으로 말이다.

지금까지 사회화에 대해서 이야기된 모든 것은 주관적 실재가 변형될 수 있다는 것을 의미한다. 사회 안에 존재한다는 것은 이미 주관적 실재의 지속적인 수정 과정을 수반한다. 그렇다면 변형에 대하여 이야기하는 것은 각기 다른 정도의 수정에 대한 논의를 필요로 한다. 여기서는 거의 총체적인 변형이 있는 ── 즉, 개인이 '세계를 바꾸는' ── 극단적인 경우에 집중할 것이다. 이 극단적인 경우에 관련되는 과정들이 명확해지면, 덜 극단적인 경우에 관련된 과정들은 보다 쉽게 이해될 것이다.

전형적으로, 변형은 주관적으로는 전체적인 것으로 이해된다. 물론 이것은 어느 정도 오해이다. 주관적 실재는 결코 완전히 사회화되지 않기 때문에, 사회적인 과정들에 의해 완전히 변형될 수 없다. 적어도 변형된 개인은 동일한 육체와 동일한 물리적 세계 안에 살 것이다. 그럼에도 불구하고, 보다 덜한 변경과 비교해볼 때 전체적인 것으로 보이는 변형의 사례들이 있다. 그러한 변형을 우리는 개조alternations라고 부를 것이다.[28]

개조는 재사회화의 과정을 필요로 한다. 이 과정들은 철저하게 실재감을 재부여해야 하며, 결과적으로 어린 시절의 특징이었던 사회화를 주관하는 사람과의 강한 감정적 동일시를 상당 정도로 반복해야 하기 때문에 일차적 사회화와 유사하다. 그것들은 무無에서 출발하는 것이 아니기 때문에 일차적 사회화와는 다르며, 그 결과로 선행하는 주관적 실재의 규범적 구조를 파괴하고 해체하는 문제에 대처해야 한다. 이것이 어떻게 이루어질 수 있을까?

성공적인 개조를 위한 '처방전'은 사회적이고 개념적인 조건들 ── 당연히 개념적인 것의 기반으로 역할을 하는 사회적인 것 ── 을 모두 포함해야 한다. 가장 중요한 사회적 조건은 유효한 타당성 구조, 곧 변형의 '실험실' 구실을 하는 사회적 기반의 사용 가능성이다. 이 타당성 구

---

28) Peter L. Berger, *Invitation to Sociology* (Garden City, N.Y.: Doubleday-Anchor, 1963), pp. 54 이하〔『사회학에의 초대』, 이상률 옮김, 문예출판사, 1995〕를 참조하라.

조는 개인이 강한 감정적 동일시를 확립해야 하는 중요한 타자들에 의해서 그 개인에게 매개될 것이다. 중요한 타자에게 감정적으로 의존했던 어린 시절의 경험을 불가피하게 모사模寫하는 그러한 동일시 없이는 (당연히 정체성을 포함하여) 주관적 실재의 철저한 변형은 불가능하다.[29] 이 중요한 타자들은 새로운 실재로 인도하는 안내자이다. 그들은 그 개인에 대하여 행하는 역할들(전형적으로 그들의 재사회화하는 기능에 의해 명백하게 정의되는 역할들) 안에서 타당성 구조를 대표하며, 새로운 세계를 그 개인에게 중재해준다. 개인의 세계는 이제 문제의 타당성 구조 안에서 인지적이고 감정적인 중심을 찾게 된다. 사회적으로 이것은 타당성 구조를 구체화하고 있는 집단 안에서 일어나는 모든 중요한 교섭이 특별히 재사회화의 과업이 부여된 사람에게 강렬하게 집중되는 것을 의미한다.

개조의 역사적 원형은 종교적 회심이다. 위에서 살펴본 것들은 '교회 밖에는 구원이 없다*extra ecclesiam nulla salus*'고 말함으로써 여기에 적용될 수 있다. 여기서 구원*salus*은 (이 구절을 만들어낼 때 다른 것들을 염두에 두었던 신학자들에게는 미안하지만) 경험적으로 성공적인 회심의 성취를 의미한다. 회심이 효과적으로 진정한 것으로서 유지될 수 있는 것은 오로지 종교적 공동체, 곧 교회 안에서이다. 이것은 그 공동체에 소속되기 전에 회심이 있을 수 있다는 것을 부정하지 않는다 — 타르수

---

29) '감정전이transference'라는 정신분석학 개념이 정확히 이 현상을 가리킨다. 그 개념을 사용하는 정신분석학자들이 이해하지 못하는 것은 그 현상이 재사회화를 맡고 있는 중요한 타자들과의 동일시로 귀결되는 어떤 재사회화의 과정에서도 발견될 수 있으며, 따라서 이로부터 정신분석학적 상황에서 일어나는 '통찰들'의 인지적 타당성에 대해서는 어떠한 결론도 도출될 수 없다는 것이다.

스의 사울은 그의 "다마스쿠스의 경험" **이후에** 기독교 공동체를 찾았
다. 그러나 이것이 요점은 아니다. 회심의 경험을 갖는 것은 대단한 일
은 아니다. 진정한 문제는 지속적으로 그 회심을 심각하게 받아들일 수
있느냐, 곧 회심이 타당하다는 의식을 유지할 수 있느냐 하는 것이다.
종교 공동체가 관여하게 되는 것은 바로 **여기서**이다. 종교 공동체는 그
새로운 실재를 위한 필수불가결한 타당성 구조를 제공한다. 달리 말하
자면, 사울은 홀로 종교적 황홀경에 빠진 가운데 바울이 되었을 수 있
으나, 그가 바울로 **남아** 있을 수 있었던 것은 그를 바울로 인정하고 그
가 이 정체성을 위치시켰던 '새로운 존재'를 확증해준 기독교 공동체의
맥락 안에서였다. 이러한 회심과 공동체의 관계는 (역사적으로 특유한 기
독교 교회의 특성에도 불구하고) 특유하게 기독교적인 현상은 아니다. 이
슬람의 움마[30] 밖에서 이슬람교도로 남아 있을 수 없고, 상가[31] 밖에
서 불교 신자로 남아 있을 수 없으며, 아마도 인도 밖의 어느 곳에서도
힌두교도로 남아 있을 수 없을 것이다. 종교는 종교 공동체를 필요로
하며, 종교적 세계 안에 산다는 것은 그 공동체와의 유대관계를 필요로
한다.[32] 종교적 회심의 타당성 구조는 세속적 개조 기구들에 의해 모방
되어왔다. 가장 좋은 보기는 정치적 세뇌와 정신치료의 영역에 있다.[33]

---

30) (옮긴이) '움마umma'는 이슬람교 공동체 또는 이슬람교도들을 의미한다.

31) (옮긴이) '상가sangha'는 불교에서 같은 가르침을 신봉하면서 모인 교단을 의미한다.

32) 이것은 바로 뒤르케임이 종교의 필연적으로 사회적인 성격에 대한 분석에서 언급했던 것이
   다. 그러나 우리는 종교의 '도덕 공동체'를 위해서 그의 '교회'라는 용어를 사용하지 않을
   것이다. 왜냐하면 교회는 종교의 제도화에서 역사적으로 특수한 사례에만 적절하기 때문
   이다.

33) 중국 공산당의 '세뇌' 기술에 대한 연구들은 개조의 기본 유형을 잘 보여준다. 예를 들어,
   Edward Hunter, *Brain washing in Red China*(New York: Vanguard Press, 1951)를 참
   조하라. 고프먼은 *Asylum*에서 미국의 집단 정신치료와 절차상 유사한 점을 보여주는 데 거

타당성 구조는 모든 다른 세계들, 특히 개인이 개조 이전에 '거주했던' 세계를 제거하면서 그 개인의 세계가 되어야 한다. 이것은 다른 세계의 '거주자들,' 특히 그가 남겨둔 세계 안에 '같이 거주했던 사람들'로부터 분리될 것을 요구한다. 이상적으로 이것은 신체적 분리일 것이다. 어떤 이유든지 간에 그것이 가능하지 않다면, 그 분리는 정의定義, 곧 이전의 세계들을 무화시키는 다른 사람들의 정의에 의해서 상정된다. 개조하는 개인은 스스로 이전의 세계와 그 세계를 유지했던 타당성 구조로부터 가능하다면 신체적으로, 그렇지 않다면 정신적으로 유대관계를 끊는다. 어떤 경우든 그는 더 이상 "믿지 않는 자와 멍에를 함께 메지" 않으며, 따라서 실재를 교란하는 그들의 잠재적 영향력으로부터 보호된다. 그러한 분리는 개조의 초기 단계(수련 단계)에 특히 중요하다. 일단 새로운 실재가 공고해지면, 생애적으로 중요했던 외부인들은 여전히 위험스럽겠지만, 외부인들과의 신중한 관계가 다시 이루어질 수 있다. 그들은 "집어치워, 사울"이라고 말할 사람들이며, 그들이 상기시켜주는 예전의 실재가 유혹의 형태를 취할 때가 많을 것이다.

그래서 개조는 대화 장치의 재조직화를 포함한다. 중요한 대화의 상대가 바뀐다. 그리고 새로운 중요한 타자와의 대화에서 주관적 실재가 변형된다. 그 주관적 실재는 그들과의 지속적인 대화에 의해서, 또는 그들이 대표하는 공동체 안에서 유지된다. 간단히 말해서, 이것은 이제는 누구와 이야기할지 매우 주의를 기울여야 한다는 것을 의미한다. 새로운 실재의 정의와 일치하지 않는 사람과 사상들은 체계적으로 회피된다.[34] 과거 실재의 기억으로 인해 이 회피가 완전히 성공하는 것은

의 근접하고 있다.

드물기 때문에 새로운 타당성 구조는 '다시 되돌아가려는' 경향을 처리하기 위한 다양한 전형적 치료 절차들을 제공한다. 이 절차들은 전에 논의했던 일반적인 치료 유형을 따른다.

개조를 위해 가장 중요한 개념적 필요조건은 변형의 전체 과정을 정당화하는 장치의 이용 가능성이다. 새로운 실재만이 아니라 그 실재가 전유되고 유지되는 단계들도 정당화되어야 하며, 모든 대안적 실재들이 폐기 또는 거부되어야 한다. 개념적 기구의 무화시키는 측면은 해결되어야만 하는 해체적인 문제의 관점에서 특히 중요하다. 예전의 실재뿐 아니라 이전에 그 실재를 개인에게 중개했던 집단과 중요한 타자들은 새로운 실재의 정당화 장치 **안에서** 재해석되어야 한다. 이 재해석은 개인의 주관적 생애 안에 '기원전B.C.'과 '기원후A.D.,' '다마스커스 이전'과 '다마스커스 이후'라는 의미에서 균열을 초래한다. 개조에 선행하는 모든 것은 이제 (말하자면『구약성경』또는 '복음을 위한 준비'[35]와 같이) 개조를 향해 인도하는 것으로, 그리고 개조에 뒤따르는 모든 것은 그 새로운 실재로부터 나오는 것으로 이해된다. 이것은 "그때는 ……라고 **생각했었어**. 이제는 **알아**"라는 공식을 따라서 과거 생애 전체를 재해석하는 것을 의미한다. 흔히 이것은 현재의 해석적 도식을 과거로 재주입하는 것("분명하지는 않았지만, 그때 이미 알고 있었어"라는 공식

---

34) 일치하지 않는 실재 정의의 회피에 대해서 다시 페스팅거Leon Festinger와 비교해보라.

35) (옮긴이) '복음을 위한 준비praeparatio evangelii'는 그리스도의 메시지를 아직 듣지 못한 문화들이 복음을 준비했다고 하는 교리이다. 이 견해에 의하면 신은 이미 이전의 문화들 가운데 기독교 맥락에서 재해석을 통해 완전히 드러나게 될 사상과 주제들을 심어놓았다. 「로마서」 2장 14~15절과 같은 성서의 구절들이 이러한 견해를 뒷받침하기 위해 사용된다. "율법 없는 이방인이 본성으로 율법의 일을 행할 때에는 율법이 없어도 자기가 자기에게 율법이 되나니 이런 이들은 그 양심이 증거가 되어 그 생각들이 서로 혹은 고발하며 혹은 변명하여 그 마음에 새긴 율법의 행위를 나타내느니라."

으로)과 과거에는 주관적으로 존재하지 않았지만 이제 전에 일어난 것들을 재해석("난 **정말로** …… 때문에 이것을 했었어"라는 공식으로)하는 데 필수적인 동기들을 포함한다. 개조 이전의 생애는 새로운 정당화 장치에서 전략적 위치를 점유하고 있는 부정적 범주 아래 포함됨으로써 전형적으로 완전히 무화된다. "내가 여전히 죄의 삶을 살고 있을 때" "내가 아직 부르주아 의식에 사로잡혀 있었을 때" "내가 아직 이러한 무의식적인 신경증적 욕구에 의해 동기 부여될 때" 등등. 그래서 생애상의 단절은 어둠과 빛의 인지적 분리와 동일시된다.

이러한 전체적인 재해석에 덧붙여서 과거의 중요성을 가진 과거의 사건과 사람들에 대한 특별한 재해석이 있어야 한다. 물론 개조하는 인간은 이러한 것들을 완전히 잊을 수 있다면 가장 좋을 것이다. 그러나 완전히 잊는 것은 주지하는 바대로 어려운 일이다. 그렇다면 필수적인 것은 생애에 있어서 이러한 과거의 사건과 사람들의 의미를 근본적으로 재해석하는 것이다. 실제로 일어난 일들을 잊는 것보다 일어난 적이 없는 일들을 고안해내는 것이 상대적으로 쉽기 때문에, 그 개인은 기억된 과거와 재해석된 과거를 조화시키기 위해 필요한 사건이라면 무엇이든지 만들어내어 끼워 넣을 수 있다. 이제 그에게 지배적으로 그럴듯해 보이는 것이 과거의 실재라기보다는 새로운 실재이기 때문에, 그는 그러한 과정에서 완전히 '진실할' 수 있다 — 주관적으로, 그는 과거에 대해 거짓말을 하지는 않지만, 필수적으로 현재와 과거를 모두 포괄하는 그 진리와 일치되게 할 것이다. 역사적으로 반복되는 종교 문서들의 위조와 변조 이면에 있는 동기들을 올바르게 이해하고자 한다면, 부수적으로 이 점이 매우 중요하다. 사람들, 특히 중요한 타자들도 이러한 방식으로 재해석된다. 중요한 타자들은 이제 그들에게는 그 의미가 불가피하게 불투명한 드라마에서 마음 내켜 하지 않는 연기자들이 된다. 그리고 그다지 놀랍지 않게, 그들은 전형적으로 그러한 임무를 거절한다. 이것이 전형적으로 예언자들이 고향에서 대접을 받지 못하는 이유이며, 바로 이 맥락에서 자신을 따르는 자들은 그들의 아버지와 어머니를 남겨두고 떠나야 한다고 한 예수의 말을 이해할 수 있다.

이제 외부인의 관점에서는 아무리 그럴듯해 보이지 않더라도, 생각해낼 수 있는 어떠한 실재로 개조하기 위한 특정한 '처방'을 제시하는 것은 어렵지 않다. 가령, 계속하여 날생선으로 식사를 한다면 외계인과 소통할 수 있다고 개인들을 확신시킬 수 있는 특정한 절차들을 처방할 수 있다. 그런 어류 궤변가 분파의 세부적인 것들까지 완성하고 싶어 하는 독자가 있다면, 우리는 그것을 독자의 상상력에 맡길 수 있다. 그 '처방'은 외부 세계로부터 적절히 격리되고 사회화와 치료를 위한 필수 인력을 갖춘 어류 궤변가 타당성 구조의 구축, 날생선과 은하계 텔레파시 사이의 자명한 관계가 왜 이전에는 발견되지 않았는지 설명하기 위해 충분히 다듬어진 어류 궤변가 지식체의 정교화, 그리고 이 위대한 진리를 향한 개인의 여정을 이해하기 위한 필수적인 정당화와 무화를 포함할 것이다. 이 절차들이 주의 깊게 지켜진다면, 한 개인이 어류 궤변가들의 세뇌 기구로 유인되거나 납치될 수 있는 성공 확률이 높을 것이다.

물론 방금 논의한 재사회화와 일차적 사회화 위에서 지속적으로 이루어지는 이차적 사회화 사이를 매개하는 많은 유형들이 실제로 있다. 여기에는 주관적 실재나 그 실재의 지정된 부문들에서의 부분적 변형이 있다. 그러한 부분적 변형은 개인의 사회적 이동과 직업 훈련과 관련하여 현대 사회에서는 흔한 일이다.[36] 여기서 개인이 용인될 만한 중상층 유형이나 외과의사가 되어서 적절한 실재 부속물들을 내면화할 때, 주관적 실재의 변형은 상당할 수 있다. 그러나 이러한 변형들은 전형적으로 재사회화에 훨씬 못 미친다. 그 변형들은 일차적 사회화의 기반 위에서 이루어지며, 일반적으로 개인의 주관적 생애 안에서 급격한 단절을 피한다. 그 결과, 그 변형들은 초기의 주관적 실재와 후기의 주관적 실재 사이에 일관성을 유지해야 하는 문제에 부딪치게 된다. 재사회화에서는 이런 형태로 존재하지 않지만, 주관적 실재를 붕괴시키고 과거를 현재와 연결시키기보다는 재해석하는 이 문제는 이차적 사회화가 실제로 재사회화가 되지 않더라도 재사회화에 가까워질수록 보다 심각해진다. 재사회화는 일관성의 추구를 포기하고 실재를 새로이 재구성함으로써 일관성 문제의 고르디오스의 매듭[37]을 끊는 것이다.

일관성을 유지하는 절차는 보다 덜 극단적인 방식이지만 과거에 대한 어설픈 각색도 포함한다. 이는 그러한 경우에 대개 전에 중요했던 사람과 집단들과의 지속적인 관계가 있다는 사실에 의해 영향받는 접근 방법이다. 그들은 계속하여 주변에 존재하고, 지나치게 비현실적인 재해석에 이의를 제기할 가능성이 많으며, 그렇게 일어난 변형이 그럴듯하다고 스스로 확신할 수 있어야 한다. 예를 들어, 사회적 이동과 결합하여 일어나는 변형의 경우에, 관련된 개인의 총체적인 탈바꿈을 상정하지 않고 관련된 모든 것에 일어난 것들을 설명할 수 있는, 이미 만들어져 있는 해석적 도식이 있다. 그래서 그렇게 상승 이동하는 개인의

---

36) Thomas Luckmann and Peter L. Berger, "Social Mobility and Personal Identity," *European Journal of Sociology* V, 1964, pp. 331 이하를 참조하라.

37) (옮긴이) '고르디오스의 매듭Gordian knot'은 고대 프리지아의 왕 고르디오스가 전차에 매어놓은 매듭이다. 장래 아시아의 지배자가 될 사람만이 풀 수 있다고 전해지고 있었는데, 그것을 알렉산더 대왕이 칼로 잘라버렸다는 이야기에서 유래하는 표현으로, 난문難問이나 아주 어려운 일을 가리킨다.

부모는 그의 품행과 태도에서의 어떤 변화들을 삶의 새로운 정거장에 불가피한 또는 바람직하기까지 한 부산물로 받아들일 것이다. '당연히' 그들은 어빙이 이제 교외에서 성공적인 의사가 되어서, 그의 유태인 신분을 가볍게 여겨야 한다는 것에 동의할 것이다. '당연히' 그는 다르게 옷을 입고 말을 한다. '당연히' 그는 이제 공화당에 투표한다. '당연히' 그는 바사르 아가씨[38]와 결혼한다 — 그리고 아마도 그가 부모를 방문하는 일이 드물어지는 것도 당연한 일이 될 것이다. 이동성이 높은 사회에 이미 만들어져 있고, 개인이 실제로 이동하기도 전에 이미 내면화하고 있는 그러한 해석적 도식들은 생애적 일관성을 보장하고 불일치가 일어나도 완화시킨다.[39]

변형에서는 상당히 극단적이지만 기간에 있어서는 일시적인 것으로 정의되는 상황 — 예를 들어, 단기간의 군복무를 위한 훈련이나 단기간 입원하는 경우와 같은 — 에서 유사한 과정들이 일어난다.[40] 이 경우 완전한 재사회화와의 차이는 — 직업 군인을 위한 훈련이나 만성 환자들의 사회화와 관련하여 일어나는 것들을 비교해봄으로써 — 특히 쉽게 알 수 있다. 전자의 경우, 이전의 실재와 정체성(민간인이나 건강한 사람으로서의 존재)과의 일관성은 이미 결국에는 민간인이나 건강한 사람으로 돌아갈 것이라는 가정에 의해서 상정되어 있다.

넓게 말해서, 관련된 과정들은 반대의 성격을 가지고 있다고 말할 수

---

38) (옮긴이) '바사르 아가씨Vassar girl'는 전형적으로 부유하고 똑똑하고 교육을 잘 받은, 남성들보다 우월하여 남성들을 주눅 들게 만드는 매력적인 여성을 가리키는 속어이다.

39) 데이비드 리스먼의 '타인 지향성other-direction' 개념과 로버트 머튼의 '예견적 사회화anticipatory socialization' 개념이 이 점에서 관련된다.

40) Arnold Rose (ed.), *Human Behavior and Social Processes*에 실린 Eliot Freidson, Theodor J. Litman 그리고 Julius A. Roth의 의료사회학 관련 논문들을 참조하라.

있다. 재사회화에서 과거는, 그때에는 주관적으로 유용하지 않았던 다양한 요소들을 과거로 재투사하려는 경향을 가지고, 현재의 실재와 같아지도록 재해석된다. 이차적 사회화에서 현재는, 그러한 변형들이 실제로 일어났을 때 이를 최소화하려는 경향을 가지고, 과거와 지속적인 관계에 있도록 해석된다. 달리 표현하여, 이차적 사회화를 위한 실재의 기반은 과거인 데 비해, 재사회화를 위한 실재의 기반은 현재이다.

2. 내면화와 사회구조

    사회화는 항상 특정한 사회구조의 맥락에서 일어난다. 그 내용뿐 아니라 '성공'의 척도도 사회구조적 조건들과 사회구조적 결과들을 가지고 있다. 달리 말하자면, 내면화 현상에 대한 미시사회학적 분석이나 사회심리학적 분석은 항상 그 배경으로서 그 현상의 구조적 측면들에 대한 거시사회학적 이해를 갖고 있어야 한다.[41]

    여기서 시도된 이론적 분석의 수준에서, 우리는 사회화의 내용과 사회구조적 구성 사이의 상이한 관계들에 대한 자세한 논의로 들어갈 수는 없다.[42] 그러나 사회화의 '성공'의 사회구조적 측면에 대한 몇 가지

---

41) 우리의 논점은 내면화의 분석을 위한 거시사회학적 배경, 곧 내면화가 일어나는 사회구조에 대한 이해의 필요성을 의미한다. 오늘날 미국의 사회심리학은 그러한 배경이 여러 가지로 결여되어 있다는 사실에 의해 상당히 약화되어 있다.

42) Hans H. Gerth와 C. Wright Mills의 *Character and Social Structure*를 참조하라. 또한 원시, 전통, 현대 사회라는 자신의 사회 유형에서 인성의 구조적 기반에 중요한 위치를 부여하고 있는 Friedrich Tenbruck, "Soziale Kontrolle"도 참조하라.

일반적인 관찰은 이루어질 수 있겠다. '성공적인 사회화'란 (당연히 정체성뿐만 아니라) 객관적인 실재와 주관적인 실재 사이에 고도의 대칭을 이룬 것을 의미한다. 역으로, '성공적이지 못한 사회화'는 객관적 실재와 주관적 실재 사이의 비대칭에 의해서 이해될 수 있다. 우리가 살펴본 바와 같이, 완전히 성공적인 사회화는 인류학적으로 불가능하다. 완전히 성공적이지 못한 사회화는 있다 하더라도 극히 드물어서 극단적인 신체적 병상病狀 때문에 심지어 최소한의 사회화도 실패하는 개인들의 사례에 제한된다. 그러므로 우리의 분석은 경험적으로 불가능한 양극단 사이의 연속선 위에 있는 단계들에 관심을 가져야 한다. 그러한 분석은 성공적인 사회화의 조건과 결과에 대한 일반적인 진술을 가능하게 하기 때문에 유용하다.

가장 성공적인 사회화는 노동 분업이 매우 단순하게 이루어지고 지식 분배가 최소화된 사회들에서 일어날 가능성이 많다. 그러한 조건 아래에서 사회화는 사회적으로 미리 정의되고 상세한 프로필이 마련되어 있는 정체성들을 생산한다. 모든 개인은 그 사회에서의 삶에서 본질적으로 동일한 제도적 프로그램과 직면하게 되기 때문에, 제도적 질서의 전체적인 힘은 각 개인에게 거의 동일한 하중을 가하면서 객관적 실재를 내면화하도록 무겁게 강제한다. 그러면 정체성은 정체성이 위치 지어지는 객관적 실재를 완전히 재현한다는 의미에서 상세하게 그 프로필이 만들어진다. 단순하게 표현해서, 모든 사람은 되어야 하는 바로 그 존재가 **된다**. 그러한 사회에서 정체성들은 객관적으로 그리고 주관적으로 쉽게 알아볼 수 있다. 모든 사람은 다른 모든 사람이 누구인지, 그리고 그 자신이 누구인지 알고 있다. 자신들에게뿐만 아니라 다른 사람들에게도 기사는 기사**이고** 농부는 농부**이다**. 그러므로 정체성의 **문**

제는 존재하지 않는다. 사회적으로 미리 정의된 대답이 주관적으로 육중하게 실재하고, 모든 중요한 사회적 교섭에서 지속적으로 확증되기 때문에, "나는 누구인가?"라는 물음이 의식에서 떠오를 가능성이 적다. 이것은 결코 개인이 그의 정체성에 대해 행복해한다는 것을 의미하지는 않는다. 예를 들어, 농부가 되는 것은 아마도 결코 동의할 만한 일은 아니었을 것이다. 농부가 되는 것은 주관적으로 실재하고, 절박하며, 행복을 만들어내는 것과는 거리가 먼 모든 종류의 문제들을 수반하고 있었다. 그것은 정체성의 문제를 수반하지 **않았다.** 누군가는 비참한, 아마도 심지어 반역적인 농부였을 것이다. 그러나 그는 농부**였다.** 그러한 조건들 아래에서 형성된 사람들이 심리학적 의미에서의 '숨은 깊이'에 의해서 스스로를 인식할 것 같지는 않다. '표면'의 자아와 '표면 아래'의 자아는 자아의 '층위들'의 항구적인 구별에 의해서가 아니라, 주어진 순간 의식에 나타나는 주관적 실재의 범위에 의해서만 구별된다. 예를 들어, 농부는 자기 부인을 때릴 때와 영주 앞에서 굽실거릴 때 자신의 역할을 각기 달리 이해한다. 각 경우에 다른 역할은 '표면 아래'에 있다. 즉, 농부의 의식에 주의가 기울여지지 않는다. 그러나 두 역할 모두 '보다 깊은' 또는 '보다 실재적인' 자아로 상정되지는 않는다. 달리 말하자면, 그러한 사회에서 개인은 되기로 한 바로 그 존재일 뿐만 아니라, 통합되고 '층을 이루지 않는' 존재이다.[43]

그러한 조건들 아래에서 실패한 사회화는 생물학적이거나 사회적인 생애상의 사건들의 결과로 발생한다. 예를 들어, 어린아이의 일차적 사

---

43) 이것에는 현대의 과학적 심리학 모델들을 포함하여 대부분의 심리학적인 모델들이 사회·역사적으로 제한된 적용성을 가진다는 중요한 함의가 있다. 나아가서 이것은 사회학적 심리학은 동시에 **역사적 심리학**이 되어야 할 것이라는 의미이다.

회화는 사회적으로 오명이 씌워진 신체적 기형 때문에 또는 사회적 정의에 근거한 오명 때문에 손상될 수 있다.[44] 절름발이와 서자는 이 두가지 경우의 원형이다. 또한 극단적인 지적 장애의 경우와 같이 생물학적인 장애에 의해서 본질적으로 사회화가 이루어지지 않을 가능성이 있다. 이런 모든 사례들은 개인적인 불행의 성격을 가지고 있다. 이 사례들은 반反정체성과 반反실재의 제도화를 위한 기반을 제공하지 않는다. 사실상, 이 사실은 그러한 생애에 존재하는 불행의 척도를 제공한다. 이런 정도의 사회에서 개인으로서 절름발이나 서자는 그에게 부여된 오염된 정체성에 대항하는 주관적 방어책을 실질적으로 갖고 있지 않다. 그는 그의 중요한 타자들과 전체로서의 공동체에게와 같이 그 자신에게도 되어야 할 바로 그 존재**이다**. 분명 그는 분개나 격노로 이 운명에 반응할 수 있으나, 분개하거나 격노하는 것은 바로 이 열등한 존재이다. 그보다 나은 사람들은 정의상 이러한 거친 감정들 위에 있기 때문에, 그의 분개와 격노는 열등한 존재로서 사회적으로 정의된 정체성의 결정적인 인증 역할을 할 수도 있다. 그는 그 사회의 객관적 실재가 낯설고 불완전한 방식으로 주관적으로 그에게 나타날지라도 그 실재 안에 갇히게 된다. 그러한 개인은 성공적으로 사회화되지 못할 것이다. 즉, 낯선 세계에서와 같이 그가 사실상 붙들려 있는 사회적으로 정의된 세계와 그 세계를 제대로 반영하지 못하는 자신의 주관적 세계 사이에 상당한 비대칭이 있을 것이다. 그러나 그 안에서 비대칭이 자체의 제도화된 일단의 반反정체성들을 가진 반反세계로 결정화結晶化될 수 있

---

44) Erving Goffman, *Stigma* (Englewood Cliffs, N. J.: Prentice-Hall, 1963)〔『스티그마』, 윤선길·정기현 옮김, 한신대학교출판부, 2009〕와 A. Kardiner and L. Ovesey, *The Mark of Oppression* (New York: Norton, 1951)을 참조하라.

는 사회적 기반이 부족하기 때문에, 그 비대칭은 누적적인 구조적 결과를 갖지 않을 것이다. 사회화에 성공적이지 못한 개인 자신은 절름발이, 서자, 바보 등과 같은 프로필 유형으로서 사회적으로 미리 정의된다. 결론적으로, 어떠한 정반대의 자기동일시가 그의 의식 안에서 때때로 생겨날지라도, 그 동일시를 순간적 환상 이상의 것으로 변형시켜줄 타당성 구조를 결여하고 있다.

최초의 실재와 정체성에 대한 반﹅정의들은 그러한 개인들이 사회적으로 지속적인 집단 안에 모이게 될 때 현존하게 된다. 이것은 보다 복잡한 지식의 분배를 야기할 변화의 과정을 촉발한다. 반﹅실재는 이제 성공적으로 사회화되지 못한 주변 집단들에서 객관화되기 시작한다. 이 지점에서 물론 그 집단은 자체의 사회화 과정을 시작한다. 예를 들어, 나병 환자들과 그들의 자녀들은 사회에서 낙인찍힐 수 있다. 그러한 낙인찍기는 병으로 인해 신체적으로 고통받는 사람들에게 제한될 수도 있고, 사회적 정의에 의해서 다른 이들을 — 가령, 지진이 일어날 때 태어난 사람들을 — 포함할 수도 있다. 그래서 개인들은 태어날 때부터 나병 환자로 정의될 수 있으며, 이러한 정의는 그들의 일차적 사회화에 심각하게 영향을 미칠 수 있다 — 가령, 공동체의 범위 밖에서 그들을 신체적으로 살려두고 그들에게 거의 최소한의 공동체의 제도적 전통만을 전달하는 미친 늙은 여인의 보호 아래에서 말이다. 그러한 개인들은 설사 소수가 아닐지라도 그들 자신의 반﹅공동체를 형성하지 않는 한, 그들의 객관적 정체성과 주관적 정체성 모두 그들을 위한 공동체의 제도적 프로그램에 따라 미리 정의될 것이다. 그들은 나병환자일 것이며, 다른 누구도 아니다.

실재 — 와 나병환자가 되는 운명 — 에 대한 반﹅정의들을 위한 타당성 구조로서 역할을 하는 충분히 크고 지속적인 나병 환자들의 거주지가 있을 때, 상황은 바뀌기 시작한다. 생물학적으로 지정되든 사회적으로 지정되든, 이제 나병 환자가 되는 것은 신에 의해 선택된 특별한 표지로서 알려질 수 있다. 공동체의 실재를 완전히 내면화하는 데 방해를 받은 개인들이 나병 환자 거주지의 반反실재 안으로 사회화될 수 있다. 즉, 하나의 사회세계로 사회화되는 데 성공하지 못하는 것은 다른 사회세계로 성공적으로 사회화되는 것을 동반할 수 있다. 그러한 변화 과정의 초기 단계에서 반反실재와 반反정체성의 결정화는 이 개인들을 단지 나병 환자로서만 미리 정의하고 지속적으로 동일시하는 더 큰 공동체의 지식으로부터 숨겨질 수 있다. 그것은 '진정으로' 그들이 신들의 특별한 아들들이라는 것을 알지 못한다. 이 지점에서 나병 환자의 범주에 지정된 한 개인은 자신 안에 있는 '숨은 깊이'를 발견할 수 있다. 단순히 서로 충돌하는 두 개의 답 — 미친 늙은 여인의 답("너는 나병 환자야")과 거주지에서 자신을 사회화시키는 사람의 답("너는 신의 아들이야") — 이 사회적으로 가능하기 때문에, "나는 누구인가?"라는 물음이 가능해진다. 개인이 그의 의식 안의 특권적 지위를 실재와 자신에 대한 거주지의 정의에 일치시키면, 보다 큰 공동체에서 '눈에 보이는' 행동과 상당히 다른 사람으로서 '보이지 않는' 자기동일시 사이에 균열이 생겨난다. 다른 말로 해서, 개인의 자기 이해에 있어서 '외양'과 '실재' 사이에 균열이 나타난다. 그는 더 이상 되어야 하는 그 존재가 아니다. 그는 나병 환자로 **행위한다** — 그는 신의 아들**이다**. 이 보기를 한 단계 더 밀고 나가, 이 균열이 나병 환자가 없는 공동체에 알려지게 되는 시점에 이르면, 공동체의 실재도 이러한 변화에 영향을 받을 것이라는 것을 어렵지 않게 알 수 있다. 최소한도로, 나병 환자로 정의된 사람들의 정체성을 인식하는 것이 더 이상 쉽지 않을 것이다 — 그렇게 정의된 개인이 자신을 동일한 방법으로 동일시할지 아닐지는 확실치 않을 것이다. 최대한도로, 나병 환자들이 되어야 할 존재가 되기를 거부할 수 있다면 — 아마도 그럴 것이다 — 다른 사람들도 그럴 수 있기 때문에 누구의 정체성을 인식하는 일은 더 이상 쉬운 문제가 아닐 것이다. 이 과정이 처음에는 비현실적인 것으로 보이겠지만, 간디가 힌두교의 불가촉민들을 하리잔*harijans*, 곧 "신의 아이들"이라고 부른 것은 그 아름다운 예시이다.

한 사회에 보다 복잡한 지식 분배가 있다면, 성공적이지 못한 사회화는 객관적 실재들을 개인에게 중재해주는 중요한 타자들이 달라서 오는 결과일 수 있다. 달리 말하자면, 성공적이지 못한 사회화는 사회화시키는 사람들 사이의 이질성의 결과일 수 있다. 이것은 여러 가지 방식으로 일어날 수 있다. 일차적 사회화의 모든 중요한 타자들이 하나의 공통의 실재를 중재하지만, 서로 상당히 다른 관점들에서 중재하는 상황이 있을 수 있다. 물론 모든 중요한 타자는 특정한 생애를 사는 특정한 개인이라는 사실에 의해서, 공통의 실재에 대하여 상이한 관점을 어느 정도는 가질 수 있다. 그러나 우리가 여기서 염두에 두고 있는 결과들은 중요한 타자들 사이의 차이가 그들의 개인적인 특이성보다는 그들의 사회적 유형과 관련될 때에만 발생한다. 예를 들어, 한 사회에서 남자와 여자는 상당히 상이한 사회세계에 '거주할' 수 있다. 일차적 사회화에서 남자와 여자 모두 중요한 타자로서 기능한다면, 그들은 이렇게 일치하지 않는 실재들을 어린아이에게 중재하게 된다. 이것은 그 자체로 성공적이지 못한 사회화의 위협을 높이는 것은 아니다. 남성판 실재와 여성판 실재가 사회적으로 인정되고, 이 인정이 또한 일차적 사회화에서 전달된다. 그래서 남자아이에게는 남성판 실재가, 여자아이에게는 여성판 실재가 미리 정의된 지배력을 갖는다. 어린아이는 상대 성性의 중요한 타자에 의해서 그에게 매개되는 정도로 상대 성에게 속하는 실재에 대하여 **알게** 되겠지만, 그 실재와 **동일시하지는** 않을 것이다. 심지어 최소한의 지식의 분배도 공동의 실재의 상이한 판들에 대한 특정한 지배권을 상정한다. 앞의 사례에서 여성판 실재는 남자아이에게는 지배권이 없는 것으로 사회적으로 정의된다. 보통, 상대 성의 실재의 '적절한 자리'에 대한 정의는 어린아이에 의해 내면화되는데, 그 어린아이는 자신에게 지정된 실재와 '적절하게' 동일시한다.

그러나 만약에 실재의 정의들 사이에서 선택해야 하는 가능성을 야기하는 어떠한 경쟁이 존재한다면, '비정상성'은 생애에서 일어날 수 있는 가능성이 된다. 다양한 생애적 이유들로 인해 어린아이는 '잘못된 선택'을 할 수 있다. 예를 들어, 남자 어린아이는 중요한 일차적 사회화의 시기에 아버지가 부재하고, 일차적 사회화가 그의 어머니와 세 누나들에 의해서 배타적으로 이루어짐으로 인해서 여성의 세계의 '부적절한' 요소들을 내면화할 수 있다. 그들이 '적절한' 지배권을 가진 정의를 어린아이에게 중재해서 여성의 세계에 살아서는 안 된다는 것을 그가 **알 수도** 있다. 그러나 그는 그럼에도 불구하고 여성의 세계와 **동일시할** 수도 있다. 그로 인한 그의 여성다움은 '눈에 보일' 수도 있고 '보이지 않을' 수도 있다. 어느 경우든지 간에, 그에게는 사회적으로 지정된 정체성과 주관적으로 실재하는 정체성 사이에 비대칭이 있을 것이다.[45]

---

45) Donald W. Cory, *The Homosexual in America* (New York: Greenberg, 1951)를 참조하라.

분명히 사회는 그러한 '비정상적인' 경우들을 처리하기 위한 치료 기제들을 공급할 것이다. 우리는 여기서 치료 기제들에 대한 필요가 구조적으로 사회화가 성공적이지 않을 가능성에 비례하여 증가한다는 것을 강조하는 것 말고는, 치료에 대하여 이미 말했던 것을 반복할 필요는 없다. 방금 논의한 보기에서, 여하튼 성공적으로 사회화된 어린아이들은 '잘못된' 아이들에게 압력을 가할 것이다. 중재된 실재의 정의들 사이에 근본적인 갈등이 존재하는 것이 아니라, 동일한 공동의 실재의 여러 판들 사이에 차이점들만이 존재하는 한, 성공적인 치료의 기회는 충분하다.

성공적이지 못한 사회화는 또한 일차적 사회화 시기에 중요한 타자들에 의해서 날카롭게 모순되는 세계들이 중재됨으로써 비롯될 수 있다. 지식의 분배가 보다 복잡해지면서 모순되는 세계들이 가능해지고, 일차적 사회화에서 상이한 중요한 타자들에 의해 중재될 수 있다. 이것은 방금 논의한 상황, 곧 동일한 공통세계의 여러 판들이 사회화시키는 사람들 사이에 분배되어 있는 상황보다는 덜 자주 일어나는데, 이는 일차적 사회화의 과업을 맡을 만큼 하나의 집단으로서 충분히 밀착된 개인들(가령, 결혼한 부부)은 그들 사이에 어떤 종류의 공통세계를 혼합하여 만들어낼 가능성이 많기 때문이다. 그러나 이런 일은 일어나고 있으며, 이론적으로 상당히 흥미롭다.

예를 들어, 한 어린아이가 자기 부모뿐만 아니라 인종적인 또는 계급적인 하위사회로부터 고용한 유모에 의해서 키워질 수 있다. 부모는 그 아이에게 가령 한 종족의 정복적인 귀족정치의 세계를 중재한다. 유모는 다른 종족의 예속된 농민들의 세계를 중재한다. 심지어 두 중재자들이 전혀 다른 언어를 사용하는 것도 가능한데, 이때 아이는 동시에 배우지만 부모와 유모는 서로 이해하지 못한다. 그런 경우에 당연히 부모의 세계가 미리 정의된 바에 의하여 지배력을 가질 것이다. 아이는 관련된 모든 사람들에 의하여 그리고 스스로에 의해서도 유모의 집단이 아니라 그의 부모의 집단에 속한다고 인정될 것이다. 성공적이지 못한 사회화가 개인의 주관적 자기 이해의 항구적인 특징으로서 내면화되는 개조의 가능성을 수반하는 것을 제외하고, 두 실재의 개별적 지배권의 사전 정의는 논의했던 첫번째 상황에서와 같이 다양한 생애적 사건들에 의하여 뒤바뀔 수도 있다. 이제 아이에게 잠재적으로 가능한 선택은 보다 두드러지게 되는데, 단지 동일한 세계의 상이한 판들이 아니라 상이한 세계들을 포함한다. 말할 필요도 없이, 실제에는 첫번째 상황과 두번째 상황 사이에 많은 단계들이 있을 것이다.

날카롭게 모순되는 세계들이 일차적 사회화에서 중재될 때, 개인은 진정한 생애적 가능성으로 이해되는 프로필을 갖춘 정체성들에 대한 선택권을 갖게 된다. 그는 종족 A에 의해 이해된 사람이 될 수도 있고, 또는 종족 B에 의해 이해된 사람이 될 수도 있다. 이것은 객관적으로 유용한 전형들에 따라 쉽게 알아차릴 수 없는 진정으로 숨겨진 정체성의 가능성이 나타날 때이다. 달리 말하자면, '공적'인 생애와 '사적'인 생애 사이에 사회적으로 감추어진 비대칭이 있을 수 있다. 부모와 관련된 한, 그 아이는 기사 신분의 예비 단계를 위하여 준비가 되어 있다. 부모에게는 알려지지 않았지만 그의 유모의 하위사회에 의해서 제공된 타당성 구조에 의해 유지됨으로써, 그 아이 자신은 '실제로는' 예속된 집단의 매우 비밀스런 종교 의식들로 스스로 들어갈 준비를 하면서, 이 과정을 '수행하고 있는 척만' 하는 것이다. 현대 사회에서도 비슷한 불일치가 가족에서의 사회화 과정과 또래 집단에서의 사회화 과정 사이에 일어날 수 있다. 가족이 관련된 한, 아이는 중학교를 졸업할 준비가 되어 있다. 또래 집단이 관련된 한, 그는 자동차를 훔침으로써 자신의 용기를 보여줄 첫번째 심각한 시험을 준비하고 있다. 그러한 상황들이 내적인 갈등과 죄책감으로 가득 차 있다는 사실은 말할 필요도 없을 것이다.

짐작컨대, 일단 사회화된 모든 사람들은 '그들 자신에게 잠재적인 배반자'이다. 그러한 '배반'의 내적인 문제는 어떤 특정한 순간에 **어느** '자아'가 배반될 것이냐 하는 문제를 수반하게 되면 훨씬 더 복잡해진다. 이는 상이한 중요한 타자들과의 동일시가 상이한 일반화된 타자들을 포함하게 되면서 상정되는 문제이다. '반듯한' 젊은 학자가 됨으로써 그의 또래 집단을 배반하고 자동차를 훔침으로써 그의 부모를 배반하듯이, 그 아이는 비밀스런 종교 의식을 준비하면서 부모를 배반하고 기사가 되기 위해 훈련받으면서 유모를 배반한다. 이때 각각의 배반은 그가 두 모순되는 세계와 동일시하는 한 '자신에 대한 배반'을 수반한다. 개조에 대한 앞선 분석에서 그에게 열려 있는 다양한 선택들에 대하여 논의했다. 이 선택들이 일차적 사회화에서 이미 내면화되어 있을 때 상이한 주관적 실재를 가진다는 점이 분명하겠지만 말이다. 개조는 어떤 선택의 결과이든 그러한 갈등으로부터 나오는 주관적 실재에 대하여 평생의 위협으로 남아 있다고 가정해도 괜찮다. 이는 개조의 가능성이 일차적 사회화 자체에 도입되게 될 때 상정되는 위협이다.

'개인주의'의 (즉, 모순되는 실재들과 정체성들 사이에서 개인이 선택하는) 가능성은 성공적이지 못한 사회화와 직접적으로 연관되어 있다. 우리는 성공적이지 못한 사회화가 "나는 누구인가?"라는 물음을 가능하게 한다는 것을 논의했다. 성공적이지 못한 사회화가 그렇게 인식되는 사회구조적 맥락에서는, **성공적으로** 사회화된 개인은 성공적이지 못한 사회화에 대한 성찰을 통해 동일한 물음을 던지게 된다. 그도 조만간 '숨겨진 자아'를 가진 사람들, 배반자들, 모순되는 세계들 사이에서 개조했거나 개조하고 있는 사람들과 조우할 것이다. 일종의 거울 효과에 의해서, 먼저 "신의 은총이 없었다면 나도 그렇게 되었을 것이다"라는 공식에 따라, 결국에는 아마도 "그들은 그러한데 나는 왜 아닌가?"라는 공식에 의해서 그 물음을 자신에게도 적용하게 될 것이다. 이것은 '개인주의적' 선택이라는 판도라의 상자를 여는 것이다. 이 선택들은 결국에는 생애의 과정이 '올바른' 선택에 의해 결정되든 '잘못된' 선택에 의해 결정되든 상관없이 일반화되게 된다. '개인주의자'는 적어도 수많은 가능한 세계들 사이를 옮겨 다니는 잠재성을 가지고 있고, 수많은 가능한 정체성들에 의해 주어진 '재료'로부터 의도적으로 자각하면서 자아를 구성해내는 특별한 사회적 유형으로서 나타난다.

성공적이지 못한 사회화로 이끄는 세번째 중요한 상황은 일차적 사회화와 이차적 사회화 사이에 모순이 있을 때 발생한다. 일차적 사회화의 통합은 유지되지만, 이차적 사회화에서는 대안적 실재와 정체성들이 주관적 선택인 것으로 보인다. 물론 선택은 개인의 사회구조적 맥락에 의해서 제한된다. 예를 들어, 그는 기사가 되기를 원할 수 있으나, 그의 사회적 지위는 이것을 어리석은 야망으로 만들어버린다. 이차적 사회화가 사회의 '적절한 자리'로부터 주관적인 비非동일시가 가능해지는 지점까지 분화될 때, 그리고 동시에 사회구조가 주관적으로 선택된 정체성의 실현을 허용하지 않을 때, 흥미로운 발전이 일어난다. 주관적으로 선택된 정체성은 개인의 의식 안에 '진정한 자아'로서 객관화되는 환상의 정체성이 된다. 사람들은 항상 불가능한 소원 성취를 꿈꾼다고 가정해볼 수 있다. 이 특별한 환상의 특이성은 상상의 수준에서, 일차적 사회화에서 객관적으로 주어지고 이전에 내면화된 것과는 다른 정체성을 객관화하는 데 있다. 이런 현상이 보다 폭넓게 퍼지면 제도적 프로그램들과 당연하게 받아들여지는 실재를 위협하면서 사회구조 안에 긴장과 불안이 생기게 될 것이다.

　일차적 사회화와 이차적 사회화 사이에 불일치가 있을 때 또 다른 매우 중요한 결과는, 개인이 이전에 논의되었던 상황들에서의 관계와는 질적으로 다른 모순된 세계들과 관계를 가질 수 있다는 것이다. 모순된 세계들이 일차적 사회화에서 나타난다면, 개인은 다른 것들을 제쳐놓고 그 가운데 하나와 동일시하는 선택을 한다. 이것은 일차적 사회화에서 일어나기 때문에 상당히 감정이 채워진 과정이다. 동일시, 비동일시 그리고 개조는 모두 언제나 중요한 타자들의 중재에 의존하기 때문에 감정적인 위기를 동반할 것이다. 이차적 사회화에서 모순된 세계들의 공현전은 전적으로 다른 형태를 만들어낸다. 이차적 사회화에서 내면화는 중요한 타자와 감정적으로 채워진 동일시를 수반할 필요가 **없다.** 개인은 다른 실재들과 동일시하지 **않고서도** 그것들을 내면화할 수 있다. 그러므로 대안적 세계가 이차적 사회화에서 나타나면, 개인은 그것을 조종하는 방식으로 선택할 수 있다. 여기서 '냉정한' 개조에 대해서 말할 수 있다. 개인은 새로운 실재를 내면화하지만, 그것은 **그의** 실재가 아니라, 특수한 목적을 위해 그에 의해서 사용되는 실재이다. 이것이 특정한 역할의 수행을 포함하는 한, 그는 그 실재들에 대하여 주관적인 거리를 유지한다 ─ 그는 의도적으로 목적을 갖고 '그 실재들을 덧입는다.' 이 현상이 널리 퍼지면, 전체로서의 제도적 질서는 상호 조종 네트워크의 성격을 취하게 된다.[46]

모순된 세계들이 일반적으로 시장의 기반 위에 유효한 사회는 주관적 실재와 정체성의 구체적인 집합을 포함하고 있다. **하나뿐인 그** 세계가 아니라 이제는 '하나의 세계'로 주관적으로 이해되는 자기 자신의 세계를 포함하여, **모든** 세계들의 상대성에 대한 의식이 일반적으로 증가하고 있다. 개인 자신의 제도화된 행동은 '하나의 역할'로 이해될 수 있는데, 개인은 자신의 의식 안에서 이 역할로부터 자신을 분리시켜, 조종하여 통제하며 '실행할' 수 있다. 예를 들어, 귀족은 더 이상 단순히 한 명의 귀족**인** 것이 아니라, 귀족**이 되는 역할을 한다**. 그러면 이 상황은 개인이 하지 않기로 되어 있던 역할을 하는 것보다 훨씬 더 지대한 결과를 낳는다. 그들은 또한 하기로 되어 있던 역할을 하는데, 이것은 상당히 다른 문제이다. 이 상황은 점점 더 현대 산업사회의 전형이 되어가지만, 그것은 이러한 개인들의 무리에 대한 지식사회학적·사회심리학적 분석에 보다 깊이 들어가고자 하는 현재의 논의의 범위를 명백히 넘어선다.[47] 강조되어야 할 것은, 노동의 사회적 분화(사회구조에 대한 분화의 결과와 함께)와 지식의 사회적 분배(실재의 사회적 객관화에 대한 이 분배의 결과와 함께) 사이의 필연적인 관계로부터 논리적으로 뒤따르는 사회구조적 맥락에 지속적으로 관련되지 않는다면, 그러한 상황은 이해될 수 없다는 것이다. 현대의 상황에서 이것은 산업주의의 구조

---

46) 우리는 여기서 '고프만 모델'의 분석의 적용 가능성을 위한 사회구조적 조건들을 다시 한 번 강조하고자 한다.

47) 헬무트 셀스키Helmut Schelsky는 현대의 "세계들의 시장"에 대한 심리학적 동의어로서 "항구적인 성찰성Dauerreflektion"이라는 시사적인 개념을 만들어냈다("Ich die Dauerreflektion institution-alisierbar?," *Zeitschrift für evangelische Ethik*, 1957). 셀스키의 논의의 이론적인 배경이 되는 것은 근대 사회에 있어서 '주관화'에 대한 아르놀트 겔렌의 일반적인 이론이다. 이것은 현대 종교사회학과 관련하여 루크만에 의해서 더 발전되었다. Thomas Luckmann, *Das Problem der Religion in der modernen Gesellschaft*.

적 동학, 특히 산업주의에 의해 생성된 사회계층 유형의 동학과 관련하여 실재와 정체성 다원주의에 대한 분석을 포함한다.[48]

---

48) Thomas Luckmann and Peter L. Berger, "Social Mobility and Personal Identity"를 참조하라.

3. 정체성에 대한 이론들

정체성은 당연히 주관적 실재의 핵심 요소이며, 모든 주관적 실재와 마찬가지로 사회와 변증법적 관계에 있다. 정체성은 사회적 과정에 의해 형성된다. 일단 결정화結晶化되고 나면, 정체성은 사회적 관계에 의해 유지되고, 수정되며 또는 심지어 재형성되기도 한다. 정체성의 형성과 유지에 관계된 사회적 과정은 사회구조에 의해 결정된다. 역으로, 유기체와 개인 의식과 사회구조의 상호작용에 의해 만들어진 정체성은 이를 유지하고, 수정하며, 또는 심지어 재형성하기도 하면서 주어진 사회구조에 반응한다. 사회들은 역사를 가지는데, 그 역사의 과정에서 구체적인 정체성들이 나타난다. 그러나 이 역사는 구체적인 정체성을 가진 인간에 의해 만들어진다.

이 변증법을 염두에 두고 있으면, 영원한 상相 아래에*sub specie aeternitatis* 있는 개인 존재의 독특함에 의지하지 않고서도 '집합적 정체성'이라는 오도된 개념을 피할 수 있다.[49] 구체적인 역사적 사회구조들은 개인의 사례들에서 인식 가능한 정체성 **유형**을 생성해낸다. 이런 의미에서 미국인은 프랑스인과 다르고, 뉴욕 시민은 중서부인과 다르며, 기업 간부는 떠돌이와 다른 정체성을 갖고 있다고 주장할 수 있다. 살펴보았듯이, 일상생활에서의 성향과 행동은 그러한 전형들에 의존한다. 이것은 정체성 유형들이 일상생활에서 관찰될 수 있으며, 위와 같은 주장들이 상식을 가진 일반 사람들에 의해 입증되거나 반박될 수 있다는 것을 의미한다. 프랑스인이 다르다는 것을 의심하는 미국인은 프랑스에 가서 스스로 알아볼 수 있다. 명백하게 그러한 전형들의 지위는 사회과학의 구성물들의 지위와는 비교할 수 없으며, 입증과 반박은 과학적 방법의 규칙을 따르지도 않는다. 우리는 일상생활 전형들과 과학적 구성물들 사이에 정확한 관계가 무엇인가 하는 방법론적 문제는 제쳐놓아야 한다(청교도는 자신이 청교도인 것을 알았으며, 가령 영국 국교도에 의해 숙고할 필요도 없이 청교도로 인식되었다. 그러나 청교도 윤리에 대한 막스 베버의 테제를 검토하고자 하는 사회과학자는 베버의 이념형의 경험적인 지시 대상물을 '인식하기' 위해 꽤 다른 그리고 보다 복잡한 절차를 따라야 한다). 현재의 맥락에서 관심사는 정체성 유형들이 전前이론적으로, 그래서 전前과학적으로 '관찰 가능'하며 '입증 가능'하다는 것이다.

정체성은 개인과 사회의 변증법으로부터 나타나는 현상이다. 반면 정체성 **유형들**은 간단히 말해서 사회적 산물이며, 상대적으로 안정적인 객관적 실재의 요소이다(당연히 안정성의 정도는 결국 사회적으로 결정

---

49) 잘못된 (그리고 물화하는) 실체화의 위험 때문에 '집합적 정체성'을 이야기하는 것은 권할 만하지 않다. 그러한 실체화의 끔찍한 범례는 1920~1930년대의 (스판Othmar Spann의 저작과 같은) 독일의 '헤겔주의적' 사회학이다. 그러한 위험은 뒤르케임 학파와 미국의 문화인류학에서 '문화와 인성' 학파의 다양한 저작들에 많든 적든 나타나고 있다.

된다). 그와 같이 정체성 유형들이 안정적이고 개인 정체성들의 형성이 상대적으로 문제가 없을지라도, 정체성 유형들은 어떠한 사회에서도 어떤 형식으로든 이론화의 주제이다. 정체성에 대한 이론들은 항상 보다 일반적인 실재의 해석 안에 들어가 있다. 그 이론들은 상징적 세계와 그 세계의 이론적 정당화 안에 '내장되어' 있고, 그 정당화의 성격에 따라 변화한다. 정체성은 세계 안에 위치 지어져 있지 않다면 이해되지 않은 채 남아 있게 된다. 그러므로 정체성에 대한 ─ 그리고 구체적인 정체성 유형들에 대한 ─ 어떠한 이론이라도 그 정체성과 유형들이 위치 지어져 있는 이론적 틀 안에서 나타나야 한다.

우리가 여기서 사회적 현상으로서, 곧 현대 과학에 수용될 것인가에 대한 편견 없이 정체성에 대한 이론들을 언급하고 있다는 것을 다시 한 번 강조해야겠다. 사실상 우리는 그러한 이론들을 '심리학들'로서 언급할 것이며, 폭넓은 방식으로 경험적인 현상을 설명하고자 하는 정체성에 대한 어떠한 이론이라도, 그러한 설명이 그 이름의 현대 과학 분야에서 '유효'하든 그렇지 않든 상관없이 포함할 것이다.

정체성에 대한 이론들이 항상 실재에 대한 보다 광범위한 이론들 안에 들어가 있다면, 이는 후자에 깔려 있는 논리에 의해서 이해되어야 한다. 예를 들어, 어떤 경험적 현상을 악마적 존재에 홀린 것으로 해석하는 심리학은 우주에 대한 신화적 이론을 그 기반으로 갖고 있으며, 그것을 비非신화적 틀 안에서 해석하는 것은 적절하지 않다. 이와 비슷하게, 동일한 현상을 두뇌의 전기적 장애로 해석하는 심리학은 인간적이든 비인간적이든 실재에 대한 전반적인 과학 이론을 그 배경으로 갖고 있으며, 이 이론에 깔려 있는 논리로부터 그 일관성을 얻게 된다. 간단히 말해서, 심리학은 항상 우주론을 전제로 한다.

이 점은 많이 사용되는 '실재 지향적reality-oriented'이라는 정신치료 용어와 연관하여 잘 묘사될 수 있다.[50] 심리학적 상태가 의심스러운 개인을 진단하려고 하는 정신과 의사는 그에게 '실재 지향성'의 정도를 결정하기 위해 질문을 한다. 이것은 상당히 논리적이다. 정신치료적 관점에서 그날이 무슨 요일인지 모르거나 죽은 영혼과 이야기를 나누었다고 순순히 인정하는 개인은 명백하게 뭔가 문제가 있다. 사실상, '실재 지향적'이라는 용어 자체는 그러한 맥락에서 유용할 수 있다. 그러나 사회학자는 "**어떤** 실재인가?"라는 추가 질문을 던져야 한다. 그런데 이 추가 질문은 정신의학적으로 관련 없는 것이 아니다. 한 개인이 무슨 요일인지 모를 때, 그가 다른 대륙으로부터 비행기를 타고 방금 도착했다면, 정신과 의사는 분명히 이를 고려할 것이다. 그는 단지 아직 '다른 시간대,' 가령 동부 표준시간 대신에 캘커타 시간대에는 무슨 요일인지 모를 수 있다. 정신과 의사가 심리학적 조건들의 사회·문화적 맥락에 대한 어떤 민감성이 있다면, 죽은 자와 대화를 한 개인에 대해서도 그가 뉴욕에서 왔는지 또는 시골 아이티에서 왔는지에 따라 다른 진단에 이를 것이다. 그 개인은 앞의 사람이 '다른 시간대'에 있었던 것과 동일하게 사회적으로 객관적인 의미에서 '다른 실재'에 있을 수 있다. 달리 말하자면, 심리학적 상태에 대한 질문들은 그 개인의 사회적 상황에서 당연하게 받아들여지는 실재의 정의들을 인식하지 않고서는 해결될

---

50) 당연히 여기서 의미하는 바는 프로이트적인 '실재 원칙reality principle'〔현실 생활에 적응하고 장기간의 만족을 위해서 즉각적인 욕구의 충족을 연기하거나 단념하거나 하는 자아의 작용을 가리킨다. 프로이트 심리학에서 유아기의 행동은 쾌락의 원칙만 따르는 이드id에 귀속된다. 그러나 성장하면서 현실 원칙이 나타나서 이드의 충동을 억제하고, 이를 현실적이고 사회적으로 승인받은 방법으로 충족하게 한다〕에 대한 사회학적 비판이다.

수 없다. 보다 날카롭게 말하자면, 심리학적 상태는 일반적으로 실재의 사회적 정의에 관련되며, 그 자체가 사회적으로 정의된다.[51]

심리학의 등장은 정체성과 사회 사이의 그 이상의 변증법적 관계, 곧 심리학적 이론과 그 이론이 정의하고 설명하고자 하는 주관적 실재의 요소들 사이의 관계로 안내해준다. 물론 그러한 이론화의 수준은 모든 이론적 정당화의 사례에서와 같이 매우 다르다. 앞서 정당화 이론들의 기원과 단계들에 대하여 말했던 것들이 한 가지 중요한 차이점만 제외하고는 동등한 타당성을 갖고 여기서도 적용된다. 심리학은 모든 개인에게 가장 크고 가장 지속적인 주관적 관련성을 가진 실재의 차원과 관련된다. 그러므로 이론과 실재 사이의 변증법은 명백하게 직접적이고 강렬한 방식으로 개인에게 영향을 미친다.

심리학적 이론들이 고도의 지적인 복잡성을 띠게 되면, 그것들은 이러한 지식체 안에서 특별히 훈련받은 전문가에 의해 관리된다. 이러한 전문가들의 사회 조직이 무엇이든지 간에, 심리학 이론들은 문제적 사례를 처리하는 해석적 도식들을 제공함으로써 일상생활에 다시 들어오게 된다. 주관적 정체성과 사회적인 정체성 할당 사이의, 또는 (나중에 좀 더 살펴볼) 정체성과 정체성의 생물학적 기층 사이의 변증법에서 발생하는 문제들은 치료를 위한 전제가 되는 이론적 범주들에 따라 분류될 수 있다. 그러면 정체성과 세계 모두 사회적으로 정의되고 주관적으로 전유되므로, 심리학적 이론들은 이들 사이에 이론적인 연결을 제공하면서 사회에서 수립된 정체성 유지와 정체성 수정을 정당화하는 데

---

51) Peter L. Berger, "Towards a Sociological Understanding of Psychoanalysis," *Social Research* (Spring 1965), pp. 26 이하를 참조하라.

기여한다.

심리학 이론들은 경험적으로 적절하거나 부적절할 수 있는데, 이는 경험과학의 절차적 규칙들에 따른 적절성이 아니라, 오히려 일상생활에서 전문가나 평범한 사람에 의해서 경험적 현상에 적용 가능한 해석적 도식으로서의 적절성을 의미한다. 예를 들어, 악마에게 홀림을 상정하는 심리학 이론은 뉴욕에 사는 중간계급 유태인 지식인들의 정체성 문제들을 해석하는 데 적절할 가능성이 적다. 이런 사람들은 단지 그렇게 해석될 수 있는 현상들을 생산할 수 있는 정체성을 갖고 있지 않다. 악마들이 만약 있다 하더라도 그들을 피할 듯싶다. 다른 한편으로, 시골 아이티에서의 정체성 문제를 해석하는 데 있어서 어떤 종류의 부두교 심리학은 고도의 경험적 정확성을 가진 해석적 도식들을 제공할 수 있겠으나, 정신분석학은 적절하지 않을 것이다. 두 심리학은 치료에 대한 적용성에 의해서 경험적 적절성을 입증하지만, 그 어느 것도 그것에 의해서 그 범주들의 존재론적 지위를 입증하지는 않는다. 부두교의 신들이나 리비도적 에너지 모두 각각의 사회적 맥락에서 정의된 세계 밖에서는 존재할 수 없다. 그러나 이러한 맥락에서 그 심리학들은 사회적 정의 덕분에 존재하고, 사회화의 과정에서 실재로서 내면화된다. 시골 아이티인들은 악마에 홀려 **있고**, 뉴욕의 지식인들은 신경과민**이다**. 그래서 귀신에 홀림과 신경과민은 **이러한 맥락들에서** 객관적이고 주관적인 실재의 구성 요소들이다. 이 실재는 일상생활에서 경험적으로 이용 가능하다. 각각의 심리학적 이론들은 정확히 동일한 의미에서 경험적으로 적절하다. 심리학적 이론들이 이러한 사회·역사적 상대성을 초월하도록 발전될 수 있는지, 또는 어떻게 해야 그렇게 발전될 수 있는지 하는 문제는 여기서 우리의 관심사가 아니다.

심리학 이론들이 이런 의미에서 적절한 한, 그 이론들은 경험적인 증명을 할 수 있다. 다시 말해서, 중요한 것은 과학적 의미에서 증명이 아니라, 일상의 사회생활 경험에서의 검증이다. 예를 들어, 그달의 특정날들에 태어난 개인들은 악마에 홀릴 가능성이 높거나, 군림하려 드는 어머니가 있는 개인들은 신경과민에 걸릴 가능성이 높다고 제안될 수 있다. 그러한 제안들은 앞서 언급한 의미에서 적절한 이론에 속하는 정도까지 경험적으로 증명할 수 있다. 그러한 증명은 문제의 사회적 상황의 외부 관찰자뿐만 아니라 참여자들에 의해서도 이루어질 수 있다. 미국의 민속학자가 부두교의 홀림을 경험적으로 발견할 수 있듯이, 아이티의 민속학자도 뉴욕의 신경과민을 경험적으로 발견할 수 있다. 그러한 발견의 전제는 단순히 외부 관찰자는 당면한 조사를 위해 그 지역 고유의 심리학의 개념적 기구를 사용하려고 할 것이라는 점이다. 그가 그 심리학에 보다 일반적인 인식론적 타당성을 부여할 것인가의 여부는 당면한 조사와는 무관하다.

심리학적 이론들이 적절하다는 것을 달리 말한다면, 그것들은 그들이 설명하고자 하는 심리학적 실재를 반영한다는 것이다. 그러나 이것이 전부라면, 여기서 이론과 실재의 관계는 변증법적이지 않을 것이다. 진정한 변증법이 관련되는 것은 심리학적 이론들의 **현실화하는** 잠재력 때문이다. 심리학적 이론들이 실재의 사회적 정의의 요소들인 한, 그 이론들의 실재 생성 능력은 다른 정당화 이론들과 공유하는 특징이다. 그러나 그 이론들의 현실화하는 잠재력은 감정적으로 충만한 정체성 형성의 과정에 의해 실현되기 때문에 특별히 대단하다. 하나의 심리학이 사회적으로 수립되면(즉, 객관적 실재의 적절한 해석으로 일반적으로 인정되게 되면), 그 심리학은 그것이 해석하려고 하는 현상들 안에서 스스로를 강력하게 실현하려는 경향이 있다. 그 심리학의 내면화는 그것이 내적 실재와 관련되며, 따라서 개인이 내면화하는 바로 그 행위 안에서 실현하게 된다는 사실에 의해서 가속된다. 다시 말해서, 심리학은 정의상 정체성과 관련되기 때문에 그것의 내면화는 동일시를 수반할 것이며, 그래서 그 사실에 의해서 정체성을 형성하게 될 것이다. 이러한 내면화와 동일시의 밀접한 관계에서 심리학적 이론들은 다른 유형의 이론과 상당히 다르다. 성공적이지 못한 사회화의 문제들은 이런 종류의 이론화에 가장 많이 기여하기 때문에, 심리학적 이론들이 보다 사회화하는 효과를 갖기 쉽다는 것은 놀랄 만한 일이 아니다. 이것은 심리학들이 자기 증명적이라고 말하는 것이 아니다. 우리가 지적했듯이, 증명은 심리학적 이론들과 심리학적 실재를 경험적으로 유용한 것으로 직면함으로써 이루어진다. 심리학은 실재를 생산하며, 그리하여 심리학의 증명을 위한 기초로서 기능한다. 달리 말하자면, 우리는 여기서 동어반복이 아니라 변증법을 다루고 있다.

부두교 심리학을 내면화하는 시골 아이티인은 어떤 잘 정의된 징후를 발견하자마자 악마에 홀리게 된다. 비슷하게, 프로이트 심리학을 내면화하는 뉴욕의 지식인은 어떤 잘 알려진 증상을 감별하자마자 신경과민이 된다. 사실상, 어떤 생애적 맥락에서 징후나 증상이 개인 자신에 의해 생산될 수도 있을 것이다. 그 사례에서 아이티인은 신경과민의 증상이 아니라 홀림의 징후를 생산하겠지만, 뉴욕 사람은 인정된 징후학에 따라 그의 신경과민을 구성할 것이다. 이것은 '대중 히스테리'와는 무관하며, 꾀병을 부리는 것은 더욱더 아니지만, 상식을 가진 보통 사람들의 개인적인 주관적 실재에 사회적 정체성 유형을 각인시키는 것과는 관련이 있다. 동일시의 정도는 앞서 논의한 바와 같이 내면화의 조건에 따라 달라질 것인데, 예를 들어 이는 동일시가 일차적 사회화에서 일어나느냐 이차적 사회화에서 일어나느냐에 의존한다. 심리학의 사회적 수립은 이론과 그 이론의 치료적 적용을 관리하는 전문가에게 어떤 사회적 역할을 일치시키는 것을 수반하는데, 자연적으로 사회·역사적 환경의 다양성에 의존할 것이다.[52] 그러나 사회적으로 확립되면 될수록, 그것이 해석하는 데 기여하는 현상은 더욱 풍부해질 것이다.

어떤 심리학들은 실현하는 과정 가운데서 적절해진다는 가능성을 상정한다면, 이는 왜 아직도 부적절한 이론들이 (이 과정의 초기 단계에서는 그래야 하겠지만) 먼저 생겨나는가 하는 물음을 함축하고 있다. 보다 단순하게 말해서, 역사에서 왜 한 심리학이 다른 심리학을 대체해야 하는가? 일반적인 대답은 그러한 변화는 어떤 이유이든지 간에 정체성이 문제시될 때 발생한다는 것이다. 그 문제는 심리학적 실재와 사회구조의 변증법으로부터 나온다. (예를 들어, 산업혁명에 의해 야기된 변화와 같은) 사회구조에서의 급격한 변화는 심리학적 실재에 수반되는 변화를 초래한다. 그러한 경우에, 새로운 심리학적 이론들은 과거의 이론들이 더 이상 당면한 경험적 현상들을 적절하게 설명하지 못하기 때문에 생겨난다. 그러면 정체성에 대한 이론화는 실제로 일어난 정체성의 변형을 인식하고자 할 것이며, 그 과정에서 스스로 변형될 것이다. 다른 한편, 정체성은 이론 자체의 수준에서, 곧 내적인 이론적 발전의 결과로서 문제시될 수 있다. 그러한 경우, 심리학적 이론들은 말하자면 '사실 이전에' 만들어질 것이다. 그 이론들의 잇따르는 사회적 확립과

---

52) Peter L. Berger, "Towards a Sociological Understanding of Psychoanalysis"를 참조하라.

이에 수반하는 실재 생성의 잠재력은 이론화하는 전문가와 다양한 사회적 이해관계들 사이의 친화성에 의해 야기될 것이다. 정치적인 이해집단들에 의한 의도적인 이데올로기적 조종은 하나의 역사적 가능성이다.

4. 유기체와 정체성

우리는 일찍이 앞에서 실재의 사회적 구성의 유기체적 전제와 한계에 대하여 논의했다. 이제는 유기체가 인간의 실재 구성 활동의 각 국면에 지속적으로 영향을 준다는 것과, 이어서 그 유기체는 이 활동에 의해서 영향받는다는 것을 강조하는 것이 중요하다. 거칠게 말해서, 인간의 동물성은 사회화 가운데 변형되지만 완전히 파괴되지는 않는다. 그래서 인간의 위장은 그가 세계를 건설하는 작업을 하고 있을 때조차도 계속하여 꼬르륵 소리를 낸다. 역으로, 이러한 그의 생산물 안에서의 사건들은 그의 위장을 보다 더, 또는 보다 덜, 또는 다르게 꼬르륵 하게 할 수 있다. 심지어 인간은 먹으면서 동시에 이론화할 수 있다. 인간의 동물성과 사회성의 지속적인 공존은 저녁을 먹으면서 하는 대화에서 잘 관찰될 수 있다.

자연과 사회는 변증법적 관계가 있다고 말할 수 있다.[53] 이 변증법은 인간 조건 안에 주어져 있으며, 각각의 인간 안에서 스스로를 새로이 나타낸다. 변증법은 개인에게서는 물론 이미 구조화된 사회·역사적 상황에서 스스로를 드러낸다. 개별 인간 동물과 사회·역사적 상황 사이에는, 사회화의 바로 첫번째 단계에서 생성되어 사회에서 개인 존재의 일생을 통하여 계속 나타나는 지속적 변증법이 있다. 외부적으로 그것은 개인 동물과 사회세계 사이의 변증법이다. 내면적으로는 개인의 생물학적 기층과 그의 사회적으로 생산된 정체성 사이의 변증법이다.

외부적인 측면에서, 유기체는 사회적으로 가능한 것에 한계를 상정한다고 말하는 것이 여전히 가능하다. 영국의 헌법 변호사들이 말하는 바와 같이, 의회는 남자가 아이를 낳게 하는 것을 제외하고는 어떤 것도 할 수 있다. 만약 의회가 그런 시도를 한다면, 그 프로젝트는 인간 생물학의 엄연한 사실들 때문에 실패할 것이다. 생물학적 요인들은 개인에게 열려 있는 사회적 가능성의 범위에 제한을 가하지만, 각 개인보다 먼저 존재하는 사회세계는 유기체에게 생물학적으로 가능한 것에 제한을 가한다. 그 변증법은 유기체와 사회의 **상호** 제한 가운데 스스로를 나타낸다.

유기체의 생물학적 가능성의 사회적 제한에 대한 날카로운 실례는 수명이다. 기대 수명은 사회적 위치에 따라 다르다. 심지어 현대 미국 사회에서도 하위계급 개인들의 기대 수명과 상위계급 개인들의 기대

---

53) 여기서 논의된 자연과 사회의 변증법은 엥겔스와 이후의 마르크스주의에 의해서 발전된 것과 같은 '자연의 변증법'과는 결코 동일하지 않다. 전자는 인간과 (일반적으로 자연과의 관계와 같이) 자신의 몸과의 관계 자체가 특징적으로 인간적이라는 것을 강조한다. 반대로 후자는 특징적으로 인간적인 현상을 비인간적 본질로 투사해서 인간을 단지 자연적 힘이나 자연법칙의 대상에 불과한 것으로 봄으로써 인간을 이론적으로 비인간화한다.

수명 사이에는 상당한 불일치가 있다. 게다가 병의 발생과 성격도 사회적 위치에 따라 다르다. 하위계급 개인들은 상위계급 개인들보다 더 자주 아프다. 게다가 그들은 다른 병도 가지고 있다. 달리 말하자면, 사회는 개별 유기체가 얼마나 오래 살지, 어떤 방식으로 살지 결정한다. 이러한 결정은 법 제도에서와 같이 사회 통제의 작동 안에 제도적으로 프로그램화될 수 있다. 사회는 불구로 만들 수도 있고, 죽일 수도 있다. 사실상 사회가 개인에 대한 궁극적 통제력을 드러내는 것은 바로 이 삶과 죽음에 대한 힘에 있다.

사회는 또한 기능적으로, 가장 중요하게는 성sexuality과 영양과 관련하여 유기체에 직접적으로 침투한다. 성과 영양은 모두 생물학적 충동에 근거를 두고 있지만, 인간 동물에게 있어서 이 충동들은 극히 유연하다. 인간은 성욕을 발산하고 영양을 섭취하도록 생물학적 구조에 의해 충동된다. 그러나 그의 생물학적 구조는 그가 **어디에서** 성을 발산해야 하는지 **무엇을** 먹어야 하는지는 말해주지 않는다. 제멋대로 행동할 수 있는 인간은 자신을 어떠한 대상에게도 성적으로 결부시킬 수 있으며, 그를 죽일 수 있는 것들을 먹는 것도 완벽하게 가능하다. 성과 영양은 생물학적이라기보다는 사회적으로 특정한 방향으로 경로 지어지는데, 이는 그 활동들에 제한을 가할 뿐만 아니라 유기체적 기능에 직접적으로 영향을 끼친다. 그래서 성공적으로 사회화된 개인은 '잘못된' 성적 대상과 성행위를 할 수 없으며, '잘못된' 음식을 맞닥뜨리면 토할 수도 있다. 앞에서 살펴보았듯이, 활동의 사회적 경로 짓기는 실재의 사회적 구성을 위한 기초인 제도화의 본질이다. 사회적 실재는 활동과 의식뿐만 아니라 상당한 정도로 유기체적 기능도 결정한다고 말할 수 있다. 그래서 오르가슴과 소화와 같은 본질적으로 생물학적인 기능들은 사회적으로 구조화된다. 사회는 또한 유기체가 활동에 사용되는 방식을 결정한다. 표현력, 말의 속도, 몸짓이 사회적으로 구조화된다. 이것이 제기하는 몸의 사회학의 가능성에 대해 여기서 관심을 둘 필요는 없다.[54] 요점은 유기체가 사회에 제한을 가하듯이, 사회도 유기체에 제한을 가한다는 것이다.

내면적인 측면에서, 변증법은 사회적 주조에 대한 생물학적 기층의 저항으로서 스스로를 나타낸다.[55] 이것은 당연히 일차적 사회화의 과정에서 가장 명백하다. 어린아이를 처음에 사회화할 때의 어려움들은 단순히 학습의 내재적 문제들에 의해서 설명될 수 없다. 말하자면, 작은 동물은 맞서 싸운다. 그 싸움에서 지도록 운명 지어졌다는 사실이 늘 침투하는 사회세계의 영향에 대한 동물성의 저항을 제거하지는 않는다. 예를 들어, 어린아이는 사회의 시간적 구조가 그의 유기체의 자연적 시간성에 부과되는 것에 저항한다.[56] 그는 생물학적으로 주어진 유기체의 요구가 아니라 시계에 의해서 먹고 자는 것에 대하여 저항한다. 이 저항은 사회화의 과정에서 점차 깨어지지만, 사회가 배고픈 개인이 먹는 것을 금지하고 졸린 개인이 자러 가는 것을 금지하는 모든

---

54) '사회신체학sociosomatics' 분야의 가능성에 대해서는 Georg Simmel, *Soziologie*, pp. 483 이하("감각의 사회학"에 대한 에세이); Marcel Mauss, *Sociologie et anthropologie* (Paris: Presses Universitaires de France, 1950), pp. 365 이하("몸의 기술"에 대한 에세이); Edward T. Hall, *The Silent Language* (Garden City, N.Y.: Doubleday, 1959)[『침묵의 언어』, 최효선 옮김, 한길사, 2013]를 참고하라. 성에 대한 사회학적 분석은 아마도 그러한 분야에 대한 가장 풍부한 경험적 자료를 제공해줄 것이다.

55) 이것은 프로이트의 사회화 개념에서 가장 잘 이해되었다. 이 점은 말리노프스키 이래로 프로이트에 대한 기능주의적인 각색들에서는 매우 과소평가되었다.

56) 이 부분은 베르그송Henri Bergson(특히 그의 지속 이론), 메를로퐁티Maurice Merleau-Ponty, 슈츠와 피아제와 비교해보라.

상황에서 좌절로서 스스로를 영속화한다. 사회화는 불가피하게 이런 종류의 생물학적 좌절을 포함한다. 사회적 존재는 개인 안에서 생물학적으로 근거 지어진 저항을 지속적으로 종속시키는 것에 의존하는데, 이는 제도화뿐만 아니라 정당화도 포함한다. 그래서 사회는 개인에게 왜 그가 하루에 세 번씩 먹어야 하는지, 그리고 왜 배고플 때마다 먹어서는 안 되는지에 대해서 다양한 설명을 제공하며, 왜 그의 누이와 자서는 안 되는지에 대해서는 보다 강한 설명을 제공한다. 비록 생물학적 좌절의 정도가 덜 극심하겠지만, 유기체가 사회적으로 구성된 세계 안으로 적응하는 데 있어 유사한 문제가 이차적 사회화에서도 존재한다.

완전히 사회화된 개인에게는 정체성과 정체성의 생물학적 기층 사이에 지속적인 내적 변증법이 있다.[57] 개인은 사회적으로 유래된 자신의 객관화와는 상관없이, 때로는 그에 반대해서 스스로를 유기체로서 지속적으로 경험한다. 흔히 이 변증법은 사회적 정체성과 전前사회적인, 어쩌면 반反사회적인 동물성과 각각 동일하게 간주될 수 있는, '고등' 자아와 '하등' 자아 사이의 갈등으로 이해될 수 있다. '고등' 자아는 반복적으로, 때로는 결정적인 용기의 시험에서, '하등' 자아에게 자신을 주장해야 한다. 예를 들어, 남자는 전투에서 용기를 통해 죽음에 대한 본능적인 두려움을 극복해야 한다. 여기서 '하등' 자아는 '고등' 자아에 의해서 굴복당한다. 즉, 이는 생물학적 기층에 대한 지배의 주장을 의미하는데, 전사의 사회적 정체성이 객관적으로 그리고 주관적으로도 유지되기 위해서 필수적이다. 이와 유사하게, 남자는 남자다움의 본보기로서 그의 정체성을 유지하기 위하여 생리학적으로 충족되어,

---

57) 이 부분은 프로이트뿐만 아니라, 뒤르케임과 플레스너를 모두 비교해보라.

기력이 없음에도 불구하고 이에 저항하여 성행위를 수행하도록 스스로를 강요한다. 다시 말해서, '하등' 자아는 '고등' 자아를 위해서 봉사하도록 압박받는다. 공포에 대한 승리와 성적 피로에 대한 승리는 어떻게 생물학적 기층이 저항하고 인간 안에 있는 사회적 자아에 의해서 극복되는지 잘 보여준다. 일상생활의 과정에서 보다 작거나 큰 패배가 있듯이, 일상적으로 수행되는 많은 작은 승리들이 있다는 것은 말할 필요도 없을 것이다.

인간은 생물학적으로 타인들과 세계를 구성하고 그 속에 살도록 미리 운명 지어져 있다. 이 세계는 그에게 지배적이고 결정적인 실재가 된다. 자연에 의하여 그 한계가 지어지지만, 일단 구성되면 이 세계는 자연에게 되레 영향을 미친다. 이러한 동일한 변증법 안에서 인간은 실재를 생산하고 그럼으로써 자신을 생산한다.

결론
지식사회학과 사회학 이론

앞에서 우리는 사회에서 지식이 어떤 역할을 하는지에 대해 일반적이고 체계적인 설명을 제시하려고 시도했다. 우리의 분석이 분명 완전하지 않을 것이다. 그러나 우리는 지식사회학을 위한 체계적인 이론을 발전시키고자 했던 우리의 시도가 비판적인 논의를 불러오고 경험적인 연구를 자극하기를 바란다. 한 가지는 자신 있게 말할 수 있다. 지식사회학의 문제와 과제를 다시 정의하는 일은 오래전에 이루어졌어야 했다. 우리는 우리의 분석이 이후 더 결실 있는 작업이 진행될 수 있도록 하나의 길을 보여주기를 희망한다.

그러나 지식사회학에 대한 우리의 개념은 사회학 이론과 사회학 전체에 대하여 어떤 일반적인 함의를 포함하고 있으며, 많은 특정한 사회학 관심 분야들에게 다른 관점을 제공한다.

객관화, 제도화, 정당화에 대한 분석은 언어사회학, 사회 행위와 제도 이론, 종교사회학에 직접적으로 적용 가능하다. 지식사회학에 대한 우리의 이해는 언어사회학과 종교사회학이 사회학 이론과는 그다지 관련이 없는 주변적인 전문 분야로 여겨져서는 안 되며, 사회학 이론에 필수적인 공헌을 하고 있다는 결론에 이르게 한다. 이러한 통찰이 새로운 것은 아니다. 뒤르케임과 그의 학파가 그러한 통찰을 갖고 있었으나 이론과는 상관없는 여러 이유들로 인해 사라져버렸다. 우리는 지식사회학이 언어사회학을 전제로 하며, 종교사회학이 없는 지식사회학은 (그리고 그 역도) 불가능하다는 것이 분명해졌길 바란다. 게다가, 우리는 베버와 뒤르케임의 이론적 입장들이 어떻게 각각의 내적 논리를 잃지 않으면서도 포괄적인 사회 행위 이론에 결합될 수 있는지 보여주었다고 믿는다. 마지막으로, 우리는 여기서 지식사회학을, 미드와 그의 학파의 사상의 이론적인 핵심과 연결시킴으로써 사회심리학이라고 불리는 것, 곧 인간 조건의 사회학적 이해로부터 근본적인 관점을 이끌어내는 심리학에 흥미로운 가능성을 제시했다고 주장한다. 여기서 관찰된 것들은 이론적인 약속을 수행하는 듯한 하나의 프로그램을 암시한다.

　보다 일반적으로, 우리는 개인과 사회, 그리고 개인적 정체성과 사회구조의 변증법 안에서의 지식의 역할에 대한 분석이 사회학의 모든 분야에 중요한 보완적 관점을 제공한다고 주장한다. 이것은 확실히 사회 현상에 대한 순전히 구조적인 분석들이 소집단 연구에서부터 경제나 정치와 같은 거대한 제도적 복합체들의 연구에 이르는 사회학적 탐구의 넓은 영역들에 전적으로 적합하다는 것을 부인하는 것이 아니다. 우리의 의도는 단지 지식사회학의 '관점'이 어떤 식으로든 그러한 모든 분석에 도입되어야 한다고 제안하는 것이다. 많은 경우에 이것은 이러한 연구들이 겨냥하는 인지적 목표를 위해서는 불필요할 것이다. 그러나 우리는 그러한 분석의 결과들을 사회학 이론 안으로 통합하는 것은 밝혀진 구조적 자료 이면에 있는 '인간 요인'에게 표해질 수 있는 가벼운 존경 이상을 요구한다고 제안하고 있는 것이다. 그러한 통합은 구조적 실재들과 ― 역사에서 ― 실재를 구성하는 인간적 과업 사이의 변증법적 관계에 대한 체계적인 설명을 요구한다.

우리는 이 책을 쓰는 데 있어서 논쟁적인 관심은 없었다. 그러나 사회학 이론의 현재 상황에 대한 우리의 열정을 눈에 띄게 억제했음을 부인하는 것은 어리석은 일일 것이다. 우선 첫째로 제도적 과정과 정당화하는 상징적 세계 사이의 상호관계에 대한 분석에 의해서, 우리는 사회과학에서 표준적인 기능주의적 설명이 이론적인 속임수라는 사실을 보여주고자 했다. 게다가 순전히 구조적인 사회학은 고질적으로 사회 현상을 물화할 위험이 있다고 확신하는 이유를 보여주었다고 생각한다. 구조적 사회학은 그 구성물에 단지 발견적 지위만을 적당히 부여함으로써 시작하더라도, 자체의 개념화와 세계의 법칙을 혼돈하면서 끝나는 경우가 너무나 흔하다.

현대 사회학에서 지배적인 이론화의 방식과는 반대로, 우리가 발전시키고자 했던 아이디어는 몰역사적인 '사회 체계'나 몰역사적인 '인간 본질'을 상정하는 것이 **아니다**. 우리가 여기서 사용하는 접근 방식은 비非사회학주의적이며 비非심리학주의적이다. 우리는 사회학이 사후적으로 모호한 관계 안에 놓인, 있다고 가정된 사회 '체계'와 심리 '체계'의 '동학'을 대상으로 삼고 있다는 데 동의하지 않는다(그런데 이 두 용어들의 지적 여정은 경험적인 지식사회학에서 사례 연구를 할 만한 가치가 있다).

역사에서 사회적 실재와 개인 존재 사이의 변증법에 대한 통찰은 결코 새로운 것이 아니다. 물론 변증법은 마르크스에 의해서 근대 사회 사상에 가장 강력하게 도입되었다. 그러나 변증법적 관점을 사회과학의 이론적 지향에 활용할 필요가 있다. 여기서 우리가 마르크스의 사상을 사회학 이론에 교리적으로 도입하는 것을 염두에 두고 있지 않음은 두말할 필요가 없다. 앞서 언급한 변증법이 실제로 그리고 일반적으로 존재한다는 단순한 주장을 하는 데 초점이 있는 것도 아니다. 지금 요구되는 것은 그러한 주장으로부터 사회학적 사고의 위대한 전통들과 조화를 이루는 개념틀 안에서 변증법적 과정을 구체화하는 방향으로 나아가는 것이다. 사회학자는 교조적 마르크스주의자들이 공통적으로 애쓰고 있는 변증법의 단순한 수사修辭를 다른 형태의 반反계몽주의obscurantism에 불과한 것으로 보아야 한다. 그러나 우리는 마르셀 모스Marcel Mauss가 "총체적인 사회적 사실"이라고 불렀던 것을 이해하는 것만이 사회학자를 사회학주의와 심리학주의의 왜곡된 물화로부터 보호해줄 것이라고 확신한다. 우리는 우리의 논고가 이러한 이중적 위험이 실재하는 지적 상황에 맞서는 것으로 이해되기를 바란다.

우리의 작업은 이론적인 것이었다. 그러나 어떠한 경험적 분야에서도 이론은 그 분야에 관련된 것으로 정의되는 '자료'에도 부합해야 한다. 이론은 자료들과 조화를 이루어야 하며, 경험적 탐구를 촉진하도록 해야 한다. 지식사회학 앞에는 광범위한 영역의 경험적인 문제들이 놓여 있다. 이 책에서는 이 문제들 가운데 가장 흥미롭다고 여겨지는 것들의 목록을 제공하지도 않으며, 더더구나 특정 가설을 제기하지도 않는다. 우리는 이론적 논의의 실례들에서 우리가 염두에 두고 있는 바를 어느 정도 보여주었다. 여기서는 단지 우리의 관점에서 볼 때, 제도와 정당화하는 상징적 세계의 관계를 다루는 경험연구가 현대 사회에 대한 사회학적 이해를 크게 더해줄 것이라는 점만 덧붙이겠다. 여기에는 많은 문제가 있다. '세속화' '과학의 시대' '대중 사회,' 또는 반대로 '자율적인 개인' '무의식의 발견'과 같은 용어들로 현대 사회를 설명하는 것은 문제를 명백하게 하기보다는 모호하게 만든다. 이 용어들은 단지 과학적 명확화를 요청하는 문제들이 얼마나 방대한지를 암시할 뿐이다. 현대의 서구인들이 대체로 이전의 어떤 시기와도 엄청나게 다른 세계를 살아가고 있다는 것은 쉽게 인정할 수 있다. 그러나 그들이 일상적 삶을 수행하고, 그들에게 위기가 발생하는 객관적·주관적 실재라는 면에서는 이것이 의미하는 바가 매우 불분명하다. 대략적으로 지적으로 추정하는 문제들과 구별되는 이 문제들에 대한 경험적 연구는 거의 시작되지 않았다. 우리는 여기서 지식사회학의 이론적 관점을 명확하게 하고자 한 우리의 시도가 다른 이론적 관점에서는 쉽게 무시되는 연구 문제들을 잘 보여주기를 바란다. 하나의 보기를 들자면, 정신분석학에서 유래한 이론들에 대한 사회과학자들의 현재 관심은, 이 이론들이 긍정적으로든 부정적으로든 '과학'의 진술로서 간주되지 않고, 근대 사회에서 매우 독특하고 아마도 고도로 중요한 실재의 구성을 정당화하는 것으로 분석된다면 상당히 다른 색채를 띨 것이다. 그러한 분석은 당연히 이 이론들의 '과학적 타당성'의 문제를 괄호에 넣고, 단순히 그것을 주관적이고 객관적인 실재(이 실재로부터 이론들이 나오며, 되레 그 실재에 영향을 주게 된다)의 이해를 위한 자료로 여길 것이다.

우리는 일부러 우리의 지식사회학 개념이 가지는 방법론적 함의에 대해 설명을 덧붙이지는 않았다. 그러나 만약 실증주의가 사회과학의 가장 중요한 문제들을 합법적으로 제외하는 방식으로 사회과학의 대상을 정의하는 철학적 입장으로 이해된다면, 우리의 접근 방식이 비非 실증주의적이라는 것은 분명히 해야 할 것이다. 마찬가지로 사회과학을 위한 경험적 조사의 규칙을 재정의함에 있어 넓은 의미에서의 '실증주의'가 갖는 장점은 과소평가하지 않는다.

지식사회학은 인간 실재를 사회적으로 구성된 실재로 이해한다. 실재의 구성이 전통적으로 철학의 핵심 문제였기 때문에, 이러한 이해는 특정한 철학적 함의를 갖는다. 현대 철학에서는 이 문제를 그것이 포함하는 모든 질문들과 함께 경시하는 강한 경향이 있기에, 사회학자는 아마 놀랍게도 자신이 전문 철학자들은 더 이상 고려하려 하지 않는 철학적 질문들의 상속자인 것을 발견할 수 있을 것이다. 이 책의 여러 부분에서, 특히 일상생활에서의 지식의 기초에 대한 분석과 인간 존재의 생물학적 전제와 관련한 객관화와 제도화의 논의에서, 우리는 사회학적으로 지향된 사고가 철학적 인류학에 이바지할 수 있는 공헌들에 대해 암시해왔다.

요약하면, 우리의 지식사회학 개념은 일반적으로 특정한 개념의 사회학을 의미한다. 이는 사회학이 과학이 아니라거나, 그 방법이 경험적이지 않아야 한다거나, 또는 '가치로부터 자유로울' 수 없다는 것을 의미하는 것이 **아니다**. 이는 사회학이 인간을 인간**으로서** 다루는 과학들과 함께 그 자리를 차지하고 있다는 것을 의미**한다**. 그런 구체적인 의미에서 사회학은 인문 분야이다. 이러한 개념의 중요한 결과는 사회학이 역사학과 철학 모두와의 지속적인 대화 가운데 수행되어야 한다는, 또는 적절한 탐구의 대상을 잃지 말아야 한다는 것이다. 이 대상은 진행 중인 역사적 과정에서 인간에 의해 만들어지고, 인간이 살고 있으며, 또한 인간을 만드는 인간세계의 부분으로서의 사회이다. 이 경이로운 현상에 대한 우리의 감탄을 다시 깨닫게 한 것은 인문주의적 사회학의 가장 중요한 열매이다.

피터 버거와 토마스 루크만이 1966년에 출판한 『실재의 사회적 구성』은 제목에 '사회적 구성'이 들어간 최초의 책이었다.[1] 물론 무언가가 사회적으로 구성된다는 생각을 그들이 최초로 한 것은 아니다.[2] 어쨌든 버거와 루크만이 이 '사회적 구성'이라는 표현을 사용한 이래, 무언가가 사회적으로 구성된다는 아이디어는 이제 매우 흔한 사회학적 경구가 되었다. 그래서 우리는 무언가의 '사회적 구성'이라는 제목을 책이나 논문들을 그리 어렵지 않게 찾을 수 있다. 이안 해킹Ian Hacking

---

1) Ian Hacking, *The Social Construction of What?* (Cambridge, MA and London: Harvard University Press, 1999); Jeff Coulter, "Ian Hacking on Constructionism," *Science, Technology, & Human Values*, 26(1) (2001), pp. 82~86.

2) '구성'이라는 아이디어가 우리의 '인식' 또는 '앎'이 '저 세계'의 표상representation이며, 실재의 세계에 대한 참 표상을 얻는 것이 철학과 과학의 목표라는 생각에 대한 도전을 의미한다면, 소크라테스 이전의 회의주의자들에게서 그 기원을 찾을 수 있을 것이다. 자세한 철학적 계보는 언스트 폰 글래서펠드의 『급진적 구성주의』(김판수 외 옮김, 서울: 원미사, 1999)의 2장 「인기를 끌지 못했던 철학적 사고: 인용을 통해 본 역사」를 참조하라.

이 세밀한 관찰력으로 찾아본 바에 따르면, 무수히 많은 것들이 사회적으로 구성된다고 주장되어왔다. '위험' '감정' '젠더' '동성애 문화' '자연' '포스트모더니즘' '쿼크Quarks' '지식' '병' '귀머거리' '정신mind' '공황panic' '연쇄살인' '여성 난민' '민족주의' 심지어 '과학기술' '사실facts' '사람person' 등, 아마도 그 목록은 한 쪽 안에 다 담지 못할 정도로 이어질 수 있을 것이다.[3] 또한 우리는 장 피아제Jean Piaget의 발생론적 인지 발달 이론에 영향을 받아 형성된 '인지적 구성주의'와 '급진적 구성주의,'[4] 비고츠키Lev Vygotsky의 사회 발달 이론에 영향을 받아 형성된 '사회적 구성주의' 등 다양한 구성주의Constructionism 또는 Constructivism의 출현을 목격하기도 했다. 버거와 루크만이 이 모든 것을 의도하거나 예견한 것은 결코 아닐 것이다. 더구나 이들이 모든 것은 사회적으로 구성된다는 방식의 보편적인 사회구성주의를 주장한 것도 아니다.[5] 그러나 '구성' 또는 '사회적 구성'의 아이디어를 공부하고자 하는 이는 누구나 버거와 루크만의 책을 읽고 이해하는 것으로부터 시작해야 한다는 점은 분명하다.

일상생활의 지식에 대한 사회학

『실재의 사회적 구성』은 무엇보다 지식사회학에 대한 알프레드 슈

---

3) Ian Hacking, 앞의 책, pp. 1~2.
4) 글래서펠드, 앞의 책; 움베르또 마뚜라나·프란시스코 바렐라, 『앎의 나무』(최호영 옮김, 서울: 갈무리, 2007).
5) Ian Hacking, 앞의 책, p. 25.

츠Alfred Schüz의 현상학적 사고의 관련성을 탐구하는 작업이다.[6] 저자
들의 선생이기도 했던 슈츠의 작업은, 사회과학은 방법론적으로 자연
대상과 구별되는 인간 주체의 본질을 반영해야 한다는 빌헬름 딜타이
Wilhelm Dilthey와 막스 베버Max Weber의 전통에 서 있으면서, 초월적 주
체에 한정되어 있는 후설 현상학의 범위를 사회적 실재social reality가 구
성되는 의식의 행위들에 대한 현상학적 분석으로 확대하는 것이었다.
이로써 슈츠는 사회과학의 현상학적 기초를 닦았다고 할 수 있다. 후설
에게 현상학이 의식의 구성과 구조를 체계적으로 밝히는 것이었다면,
슈츠에게 현상학은 사회적 세계의 유의미한 구조를 해명하고 밝히는 것
이었다. 이를 위해 슈츠가 주목한 점은 우리가 의식하며 살아가는 세
계는 동료 구성원과 함께 살아가는 상호주관적intersubjective·사회적 세
계이며, 인간 행위에 대한 이해는 바로 우리가 이 상호주관적 세계에서
살고 경험하고 있다는 데서 출발해야 한다는 것이다. 요약하자면, 슈츠
의 작업은 우리가 사회 안에서 다른 이들과 공유하는 당연한 세계taken-
for-granted world, 객관적 실재로서 인간 외부에 존재하는 세계가 아니라
경험된 세계를 이해하는 것이었다. 이 당연한 세계에 대한 이해는 버거
와 루크만이『실재의 사회적 구성』을 쓰면서 취한 주요 주제였다.

　『실재의 사회적 구성』은 무엇보다 지식사회학을 위한 책이다. 저자
들은 '실재는 사회적으로 구성된다'고 하는 테제를 통하여, 지식사회학
을 경험적 연구를 위한 것으로 발전시키면서 동시에 사회학 이론의 중
심에 놓으려는 시도를 한다. 이 책을 더 잘 이해하기 위하여 저자들의
두 가지 목적을 먼저 숙지하는 것이 필요하다. 먼저 저자들은 이 책을

---

6) 슈츠는 자신의 사회 이론을 '일상적 지식의 사회학'으로 인식했다.

통하여 지식사회학에서 인간 주체의 역할을 회복시키고자 한다. 지식
사회학은 넓게 보자면, '사회'와 '지식' 사이의 관계, '사회적 존재'와 '지
식' 또는 '의식' 사이의 관계에 대한 학문이라 할 수 있다. 이 관계에 대
한 기본 명제는 흔히 '지식의 존재구속성' '입장구속성' 등과 같이 명사
구로 표현되든지, '지식은 사회적이다' '앎은 근본적으로 집합적 과정이
다' '지식은 사회적으로 조건 지어진다 또는 결정된다' 등과 같은 문장
들로 표현되어왔다. 이 책은 이와 같이 표현된 지식사회학의 명제들에
대한 불만으로부터 출발한다. 그 불만을 구체적으로 표현하자면, '의
식이 존재를 결정하는 것이 아니라, 존재가 의식을 결정한다'는 마르크
스의 테제와 같이 지식의 생성을 결정론적으로 이해하여 지식체body of
knowledge를 적극적으로 만들어내는 인간 주체의 역할을 부정하거나
과소평가한다는 것이다. 지식은 인간이 만들어 사용하는 것이다. 그러
나 인간은 자신이 그 지식의 생산자임을 잊고 살아간다. 저자들은 이
사실을 상기시키고자 하는 것이다. 이 책의 결론은 이 점을 매우 분명
하게 보여준다.

사회학은 인문 분야이다. 이러한 개념의 중요한 결과는 사회학이 역사
학과 철학 모두와의 지속적인 대화 가운데 수행되어야 한다는, 또는 적
절한 탐구의 대상을 잃지 말아야 한다는 것이다. 이 대상은 진행 중인 역
사적 과정에서 인간에 의해 만들어지고, 인간이 살고 있으며, 또한 인간
을 만드는 인간세계의 부분으로서의 사회이다. 이 경이로운 현상에 대한
우리의 감탄을 다시 깨닫게 한 것은 인문주의적 사회학의 가장 중요한
열매이다(283쪽).

두번째 목적은 지식사회학의 연구 대상을 이론가나 철학자, 사상가들의 지식이 아니라, '일상적 지식'으로 재정의하는 것이다.[7] 지식사회학 연구 대상에 대한 재정의는 저자들이 갖고 있는 또 하나의 불만에서 비롯된 것이다. 그 불만은 지식사회학이 배타적으로 사상, 곧 이론적 사고의 영역에 초점을 맞추어왔다는 것이다. 그러나 우리는 이렇게 질문할 수 있다. '이론가들의 지식, 철학자들의 지식이 우리가 살아가는 이 사회에서의 삶을 과연 얼마나 설명해줄 것인가?' 저자 가운데 한 명인 피터 버거는 자신의 자서전에서 흥미로운 일화를 하나 소개한다. 그는 슈츠가 지식사회학 강의를 하던 중에 내뱉었던 어떤 말이 가슴에 와 박혔었다고 한다. 그 말은 "만일 지식사회학이 그 이름에 걸맞으려면, 일상생활에서 지식으로 통하는 모든 걸 다뤄야만 할 것이다"라는 것이었다. 버거는 이어서 다음과 같이 쓰고 있다. "그 말이 당시에 나나 루크만의 마음을 청천벽력처럼 뒤흔든 건 아니었다. 그러나 그 한 문장은 1960년대에 우리가 지식사회학을 재정립할 때 꼭 필요한, 말하자면 진군명령과도 같은 것이 되었다."[8] 이 책은 바로 슈츠의 진군명령에 따라 지식사회학은 이론가, 철학자, 사상가들의 지식이 아니라, 사회 안에서 '지식'으로 통하는 모든 것을 분석하는 것이라는 주장을 펼치고 있다. 서론에 등장하는 다음의 구절들은 바로 저자들이 이 책을 쓰면서 취하고 있는 기본 입장을 잘 표현해 주고 있다.

---

7) Helmut Wagner, "Review of *The Social Construction of Reality: A Treatise in the Sociology of Knowledge* by Peter L. Berger; Thomas Luckmann," *Annals of the American Academy of Political and Social Science*, vol. 369(1967), pp. 225~226.
8) 피터 L. 버거, 『어쩌다 사회학자가 되어』, 노상미 옮김, 서울: 책세상, 2012, 28쪽.

지식사회학은 사회에서 '지식'으로 여겨지는 모든 것에 관심을 두어야 한다. 이 말은 지성사에 초점을 두는 것이 잘못된 선택이라기보다는, 지성사가 지식사회학의 주된 초점이 되는 것이 잘못된 선택이라는 것을 깨닫게 한다. 이론적인 사고, '사상,' 세계관Weltanschauungen은 사회에서 **그렇게** 중요하지는 않다. 비록 모든 사회가 이러한 현상들을 포함하기는 하지만, 그것은 '지식'으로 받아들여지는 것의 총합에서 단지 일부분에 불과하다. 어느 사회든지 오로지 제한된 수의 사람들만이 이론화하고 '사상'과 세계관을 세우는 일을 한다. 달리 표현하면, 오로지 소수만이 세계의 이론적 해석에 관심이 있다. 그러나 모든 사람이 바로 그 동일한 세계에 살고 있다. 이론적인 사고에만 초점을 두는 것은 지식사회학을 지나치게 제한할 뿐만 아니라, 사회적으로 통용되는 이론적 사고도 '지식'에 대한 보다 일반적인 분석틀 안에 놓이지 않으면 충분히 이해될 수 없기 때문에 불만족스럽기도 하다(30~31쪽).

변증법적 과정으로서의 실재의 사회적 구성

어떤 지적 작업도 그러려니와, 이 책에도 이모저모로 기여한 수많은 학자들이 등장한다. 그 가운데 단지 몇몇만 들자면, 이미 언급된 바 있는 슈츠를 비롯하여, 마르크스Karl Marx, 베버, 지멜Georg Simmel, 뒤르케임Emile Durkheim과 같은 고전 사회학자들, 철학적 인간학의 겔렌Arnold Gehlen과 플레스너Helmuth Plessner, 그리고 미드George Herbert Mead, 토머스W. I. Thomas 등의 미국 프래그머티즘 전통의 학자들, 지식사회학의 계보에서 찾을 수 있는 셸러Max Scheler, 만하임Karl Mannheim,

파슨스Talcott Parsons, 머튼Robert Merton, 슈타르크Werner Stark 등이 있다. 아마도 이 책을 처음 읽는 사람은 특히 이 책의 서론에서 소개되고 있는 수많은 무게 있는 학자들의 이름들에서 어쩌면 압도되는 느낌을 가질 수도 있을 것이다. 그러나 저자들이 이 학자들을 다루는 방식을 보고 나면 아마도 그 압도되는 느낌은 금방 감탄으로 바뀌게 될 것이다. 왜냐하면 저자들은 이들에 대한 해설을 하거나 이들과 논쟁을 벌이는 데 시간을 소모하기보다는, 이들을 적절히 변형시켜서 자신들이 펼치고자 하는 이론적 구성에 적절하게 통합시키고 있기 때문이다. 어떤 학자는 버거와 루크만의 작업을 "절충주의의 정형正形"으로 표현하고 있지만,[9] 종합을 위한 종합이거나 절충을 위한 절충을 추구한 것은 결코 아니다.

버거와 루크만이 수많은 학자들의 이름을 거론하면서 단순한 절충이 아니라 적극적으로 구성해내고자 했던 이론은, 서로 모순되어 보이는 두 가지 명제가 사실상 보이는 것처럼 모순되지 않으며, 오히려 실재의 사회적 구성이라는 변증법적 과정에서 필수적으로 중요한 두 계기라는 것이다. 그 두 명제 가운데 하나는 '사회는 객관적 사실성을 가지고 있다'라는 것이고, 다른 하나는 '사회는 주관적 의미를 표현하는 활동에 의해서 확립된다'는 것이다. 저자들은 이를 '객관적 실재로서의 사회'와 '주관적 실재로서의 사회'라고 표현한다. 이 두 가지 명제는 서로 모순되는 것이 아니라, 객관적 사실성과 주관적 의미라는 사회의 이중적 성격을 보여주는 것이다. 어느 한쪽도 다른 한쪽 없이는 존재할 수 없다. 슈츠를 따라서 이들은 일상의 생활세계에 대한 일차적 관심을

---

9) 로버트 워드나우 외, 『문화분석』, 최샛별 외 옮김, 서울: 한울아카데미, 2003, 33쪽.

보이고 있다. 그러나 이들의 일상생활세계에 대한 관심은 슈츠의 현상학을 사회구조와 행위를 설명하는 사회의 이론으로 발전시키는 과정에서 슈츠와 중요한 차이를 보이게 된다. 저자들에 따르면, 우리가 질서 있는ordered 실재로 경험하는 일상의 세계는 상호주관적 세계인 동시에 객관적 실재이기도 하다. 이러한 객관화가 없다면 사회생활은 본질적으로 불가능하다. 왜냐하면 우리는 바로 이 객관화를 통해서 타인의 주관적 의도, 목적, 동기, 감정을 이해할 수 있기 때문이다. 따라서 이들의 이론에서 중요한 점은 인간의 창조성이 어떻게 객관화되는가 하는 데 있다.[10] 이를 물음의 형태로 표현하자면, 어떻게 주관적 의미가 객관적 사실성이 되는 것이 가능한가? 또는 어떻게 인간 활동이 사물의 세계를 산출하는 것이 가능한가?

우리가 독자적인 실재라고 여기고 경험하는 것이 어떻게 구성되는가 하는 것이 버거와 루크만이 추구했던 지식사회학의 과제였다. 그렇다면 실재는 사회적으로 구성된다고 하는 주장의 의미는 무엇인가? 이때 '실재'란 인간의 의지로부터 독립적인 존재를 가진다고 인정되는 현상들을 의미한다. 여기서 저자들은 '실재'를 현상학적 괄호 안에서 다루고 있다. 현상학적 괄호는 후설의 현상학 방법인데, 사물의 궁극적 본질에 대한 판단을 중지함으로써 실재에 대한 어떠한 믿음에 근거하지 않은 채 의식 가운데 경험되는 현상에 접근하는 것을 말한다. 저자들 역시도 실재의 존재론적 지위에 대해서는 괄호에 넣고, 의식에 경험

---

10) Nicholas Abercrombie, "Knowledge, Order, and Human Autonomy," *Making Sense of Modern Times — Peter L. Berger and the Vision of Interpretive Sociology* (ed. by James Davison Hunter and Stephen C. Ainlay, London and New York: Routledge & Kegan Paul, 1986), pp. 14~15.

되는 실재로서 다루고 있다. 그러나 여기서 저자들이 취하고 있는 판단 중지의 태도는 자연적 태도의 판단중지를 제안하는 슈츠를 따름으로 써, 후설의 것과는 차이를 보인다. 후설의 현상학은 마음 앞에 나타나는 현상의 본질 — 지향적 체험의 구조와 본질 — 을 파악하고 그것을 기술하고자 하는 철학이다. 의식에 나타나는 사태의 본질을 파악하기 위해서는 자연적 태도에서 철학적 태도로의 변경이 필요한데, 이는 곧 사물의 궁극적 본질에 대한 판단을 중지할 것을 요청하는 것이다.[11] 그 러나 슈츠는 실재에 대한 믿음이 아니라 오히려 의심을 괄호 치는 자연 적 태도가 상호주관성의 기초라고 주장함으로써 후설의 방법을 뒤집 는다. 이론가, 철학자들은 믿음의 태도를 중지함으로써 실재에 접근하 고자 하겠으나, 일상을 사는 사람들은 의심을 중지함으로써 이 세계 안에서 문제없이 살 수 있다.

현상학은 우리에게 현상학적 판단중지의 개념, 곧 데카르트의 철학적 회의의 방법을 급진화함으로써 자연적 태도를 극복하기 위한 도구로서 세계의 실재에 대한 우리의 믿음을 중지하는 것을 가르쳐 주었다. 그 제 안을 다음과 같이 과감히 고칠 수 있다. 자연적 태도 안에 있는 사람도 특정한 판단중지의 방법을 사용한다. 물론 이것은 현상학자의 것과는 다른 것이다. 그는 외부 세계에 대한 믿음을 중지하는 것이 아니라, 반대 로 그 존재에 대한 의심을 중지한다. 그가 괄호 안에 넣는 것은 세계와 세 계의 대상들이 그에게 보이는 것과 다를 수도 있다는 의심이다. 우리는

---

11) 이를 '판단중지epoché' '현상학적 괄호' 또는 '현상학적 환원'이라고도 부르는데, 이를 통
해 현상은 실재에 대한 어떠한 믿음에 근거하지 않고서 단순히 현상으로써 고려될 수 있다.

이러한 판단중지를 자연적 태도의 판단중지라고 부르기를 제안한다.[12]

'실재의 사회적 구성'은 끊임없는 변증법적 과정 가운데 있는 다음의 세 가지 계기를 의미하는데, 곧 "사회는 인간의 산물이다〔외재화〕, 사회는 객관적인 실재이다〔객관화〕, 인간은 사회적 산물이다〔내면화〕"(102쪽)라는 것이다. 이 변증법적 과정을 통해서 주관적 의미는 객관적 사실성을 갖게 되며, 객관적 사실성은 주관적 의미가 된다. 사회는 각 계기들을 개별적으로 다룰 수 없는, 또는 개별적으로 다루어서는 안 되는 본질적으로 변증법적인 현상이다. 이 과정들을 좀 더 자세히 살펴보면 다음과 같다.

외재화

외재화Externalization는 인간이 신체적 활동과 정신적 활동 속에서 지속적으로 자신을 흘려 내보내는 것outpouring을 말한다. 자신을 외부로 표출해내는 활동은 기본적으로 인간은 완성되지 않은 존재라는 인간학적 전제로부터 비롯된다. 인간은 다른 동물들과 비교하여 본능적인 조직에 의해서 확고하게 구조화된 환경을 갖고 있지 않다. 인간은 태어날 때 완전하게 프로그램화되어 있지 않기에, 인간의 불완전성은 인간으로 하여금 본능대로 살게 하기보다는 오히려 여러 다른 활동에 참여하도록 허용한다. 인간은 폐쇄된 내재성 안에 갇혀 사는 것이 아니라, 자신을 끊임없이 밖으로 표출하면서, 자신을 위해서 세계를 건설해야

---

12) Alfred Schütz, *Collected Papers I—The Problem of Social Reality* (The Hague: Martinus Nijhoff, 1967), p. 229.

한다. 자신을 위한 세계를 건설하지 않는다면 인간은 삶을 영위할 수 없다. 그래서 외재화는 바로 인간학적 필요성인 것이다.

사회가 인간의 산물이 되는 것은 바로 이 외재화의 과정을 통해서이다. 내가 태어나기 전부터 이 세계가 존재했다 하더라도, 이 세계는 인간에 의해 만들어진 세계이다. 그래서 인간과 인간이 살아가는 세계와의 관계는 개방성openness에 의해 특징지어진다. 이는 인간이 살아가는 모습이 문화마다 다양하다는 데서 드러난다. 인간은 한쪽에서는 농사를 지으며 살고, 다른 한쪽에서는 목축을 하며 산다. 사냥을 하며 살기도 하며, 교환을 하며 살기도 한다. 그래서 우리가 인간의 본질이라고 부를 수 있는 것이 반드시 없다고 말하기는 어려울지라도, 그 인간됨은 사회문화적으로 매우 다양하다.

우리는 사회세계를 혼란스럽지 않고 질서 있게 경험한다. 미리 정해진 세계가 아님에도 불구하고, 우리가 만든 세계이기에 언제나 변할 수 있음에도 불구하고, 우리는 그 세계를 안정된 것으로 경험한다. 이 질서, 안정됨은 바로 인간의 산물이다. 사회 질서는 자연 법칙으로부터 유래하는 것이 아니라, 인간의 지속적인 외재화의 과정 가운데 인간에 의해 만들어진다.

객관화

인간의 활동은 습관화habitualization되기 쉬우며, 반복되는 행위는 하나의 유형이 된다. 인간은 동일한 문제를 만날 때마다 매번 어떻게 행해야 할지 의식적인 노력을 기울여 결정하는 것이 아니라, 동일한 방식으로 문제의 행위를 수행한다. 즉, 선택의 폭을 줄여주어 '노력의 경제'를 달성하는 것이다. 이 습관화는 제도화의 기초이다. 제도화의 과정은 인간 행위가 유형화되고 습관적으로 반복되는 데서 시작하는 것이다. 제도화가 이렇듯 인간 교섭의 결과로서 인간의 산물이라는 것을 기억하는 것이 중요하다. 그러나 제도화가 되면 본래 인간의 구성물이었던 것이 이를 떠나서 뒤르케임의 용어로 사회적 사실social fact이 된다. 곧, 물질성choséité, thingness을 획득하게 되는 것이다. 물질성을 획득하면, 사회적 세계는 자연세계와 마찬가지로 본래 그랬던 것처럼 경험되게 된다. 제도적 세계는 객관적 실재로 경험되는 것이다.

공교롭게도 이 사회적 세계는 개인들에게 매우 육중한 실재로서 경험되기 때문에, 사람들은 이 세계가 자신들의 창조물이란 것을 기억하며 살지 않는다. 그래서 어쩌면 사회생활은 창조자가 자신인 것을 잊고 사는 소외의 삶이라 하겠다.[13] 제도가 존재한다는 사실은 곧 인간 행동에 제재가 있음을 의미한다. 문제의 상황에 부딪쳤을 때, 이제는 내 마음대로 행할 수 없다. 만들어진 전형을 따라야 하는 것이다. 자신이 창조자임을 잊기에 이것이 가능하다.[14] "인간 활동의 외재화된 산물이 객관성이라는 특징을 얻게 되는 과정이 객관화Objectivation이다." "제도적 세계의 객관성은 개인에게 아무리 거대하게 보일지라도 인간에 의해 생산되고 구성되는 객관성이다."(102쪽) 제도의 객관성은 인간이 의식하든 그렇지 못하든 인간 활동의 산물이다.

---

13) 김광기, 「당연시되는 세계와 자기기만—일상성에 대한 피터 버거의 현상학적 사회학」, 『철학과 현상학 연구』, 제18집(2001), 388~416쪽.

14) 여기서 마르크스가 상품이 사물성을 띠고 우리 앞에 나타난다고 했던 상품물신론Commodity Fetishism, 곧 물화에 대한 분석이 우리의 사회적 삶의 일반적 조건으로 확대되고 있다.

내면화

내면화Internalization는 객관화된 사회세계가 사회화의 과정을 통해서 인간의 의식 안으로 되돌아오는 과정이다. 즉, 객관적 세계의 구조가 주관적 의식의 구조로 변형되는 과정이다. 개인은 사회 구성원으로 태어나는 것이 아니라, 사회성sociality을 위한 성향predisposition을 가지고 태어나고, 그리고 나서 사회 구성원이 되는데, 이 과정의 출발점이 바로 내면화이다. 내면화를 통하여 나는 이 세계를 의미 있고 사회적인 실재로 이해하게 된다. 이 세계는 본래 인간의 창조물이지만, 나에게 주어진 것처럼 객관성을 띠고 다가온다. 그리고 이 객관성은 나에게 주관적 의식이 된다. 이것은 객관적 실재와 주관적 실재 사이에 대칭관계가 수립된다는 것을 의미한다.

이 내면화의 과정이 없다면 나는 사회 구성원으로서 살아갈 수가 없다. 무엇보다 내면화되지 않는다면 한 사회 안에 함께 살면서 교섭하는 타인을 이해할 수 없다. 내가 타인을 이해할 수 있게 되는 것은 타인들이 이미 살고 있는 세계를 나 역시 물려받아서 그 안에서 살기 때문이다. 달리 표현하자면, 내가 타인을 이해할 수 있는 것은 내면화를 통해 타인과 공동의 세계, 곧 상호주관적 세계에 살게 되기 때문이다. 이 물려받음이 바로 내면화인 것이다.

버거와 루크만 테제의 해방적 효과

본문에서 직접 읽어야만 하는 주옥같은 수많은 논의들을 여기에 다 정리해놓는다면, 저자들이 이 책 안에서 보여주고 있는 균형감, 총명

함, 민감함, 폭넓음뿐만 아니라 때로 웃음 지을 수밖에 없도록 만드는
유머들도 독자가 직접 경험하게 하는 데 방해가 될 뿐이리라. 그래서
이 책의 내용을 소개하는 것은 여기서 멈추고자 한다. 다만, 버거가 자
신의 자서전에서 밝히고 있는 바, 루크만과 함께 이 책을 쓰면서 갖고
있었던 기본적인 의도 두 가지는 옮겨 써두어야겠다.

하나는 사회학이 학대와 억압을 정당화하는 신화들의 정체를 폭로
함으로써 인간적인 사회를 만드는 데 기여한다는 점을 강조하는 것이
었다. 이는 사회학이 계몽주의에서 나왔기 때문이 아닌가 싶다. 하지
만 좀 더 중요한 건 두번째 의미다. 즉 사회학은 '인문학'(혹은 정신과학
Geistwissenschaften)의 하나로 역사와 철학과 가까울 뿐 아니라 문학과 상
상력이 갖는 직관적 통찰과도 밀접하다는 것이었다.[15]

우리는 일상에서 실재를 질서 지어진 것으로 경험한다는 저자들의
논의 때문에 이 책의 보수성을 지적하는 이들이 많았다. 자신이 창조
자임을 잊고 살아가는 것이 우리의 기본적인 사회적 삶이라고 한다면,
우리의 산물임에도 불구하고 거역할 수 없는 육중한 실재로 객관화된
실재를 마주하며 사는 것이 우리의 운명이라고 한다면, 이 책의 보수
성을 지적하는 이들에게 찬성의 한 표를 던지는 것이 올바른 일일 것이
다. 그러나 무언가가 사회적으로 구성되었다고 주장하는 것은 분명 우
리를 얽매고 있는 무언가로부터 해방시키는 효과를 갖고 있다. 우리가
당연하게 믿고 있었던 것들이 사실상 역사적 사건들, 사회적 힘들, 또

---

15) 피터 L. 버거, 앞의 책, 32~33쪽.

는 이데올로기의 산물이라는 것을, 곧 사회적으로 구성된 것이라는 점을 보여주는 것은 우리로 하여금 더 이상 그 당연한 믿음 안에 갇혀서 다른 종류의 삶의 방식을 꿈꾸는 상상력을 상실하지 않도록 한다. 그런 뜻에서 '사회적 구성'이라는 아이디어는 억압받는 자들에게 폭로와 비판 그리고 해방의 가능성을 열어주는 훌륭한 사회학적 무기이다. 이 세계는 우리가 만든 것이기에 우리가 바꿀 수 있는 세계이다. 이것을 상기시켜주는 것이 이 책이 가지고 있는 함의 가운데 하나이다.

이 책이 출판된 지 50년 가까이 된 지금까지도 사회학자들은 '사회학은 인문학의 하나다'라는 주장을 그다지 귀 기울여 듣지 않고 있다. 사회학은 과학이어야 한다는 강박에 사로잡혀 있을 때, 인간이 만든 세계를 탐구하는 학문으로서 사회학을 정립하고자 하는 버거와 루크만의 시도는 분명 매력 없는 것일 게다. 인문주의적 사회학이라 하여 비非경험적이라고 할 수는 없다. 경험을 감각경험에만 제한할 때, 우리가 사는 세계에 대하여 알 수 있는 내용은 훨씬 더 줄어들게 될 것이다. 우리는 이 세계를 의미 있는 것으로 경험하며 살고 있다. 그러므로 때로는 은유metaphor가 통쾌한 앎을 선사할 수도 있다. 사회학이 반드시 과학적이어야만 하는 것은 아니다. 사회학은 과학적이지는 않더라도 경험적일 수 있다.

하홍규

참고문헌

김광기, 2001, 「당연시되는 세계와 자기기만―일상성에 대한 피터 버거의 현상학적 사회학」,『철학과 현상학 연구』, 제18집, 388~416쪽.

글래서펠드, 언스트 폰, 1999,『급진적 구성주의』, 김판수 외 옮김, 서울: 원미사.

마뚜라나, 움베르또·프란시스코 바렐라, 2007,『앎의 나무』, 최호영 옮김, 서울: 갈무리.

버거, 피터 L., 2012,『어쩌다 사회학자가 되어』, 노상미 옮김, 서울: 책세상.

워드나우, 로버트 외,『문화분석』, 최샛별 외 옮김, 서울: 한울아카데미.

Abercrombie, Nicholas, 1986, "Knowledge, Order, and Human Autonomy," *Making Sense of Modern Times — Peter L. Berger and the Vision of Interpretive Sociology*, ed. by James Davison Hunter and Stephen C. Ainlay, London and New York: Routledge & Kegan Paul, pp. 11~30.

Coulter, Jeff, 2001, "Ian Hacking on Constructionism," *Science, Technology, & Human Values*, 26(1), pp. 82~86.

Hacking, Ian, 1999, *The Social Construction of What?*, Cambridge, MA and London: Harvard University Press.

Schütz, Alfred, 1967, *Collected Papers I — The Problem of Social Reality*, The Hague: Martinus Nijhoff.

Wagner, Helmut, 1967, "Review of *The Social Construction of Reality: A Treatise in the Sociology of Knowledge* by Peter L. Berger; Thomas Luckmann," Annals of the American Academy of Political and Social Science, vol. 369, pp. 225~226.

찾아보기

[인물]

ㄱ

가이거Theodor Geiger 27, 179

거스Hans H. Gerth 226, 247

게오르크 지멜Georg Simmel 98, 130, 180, 192, 206, 233, 275

겔렌Arnold Gehlen 33, 81~82, 90, 92, 130, 170, 260

고프만Erving Goffman 156, 218, 229, 250, 260

골드망Lucien Goldmann 140

귀르비치Georges Gurvitch 33

그륀발트Ernst Grüwald 22

ㄴ

네이탄슨Maurice Natanson 41, 84

니체Friedrich Wilhelm Nietzsche 17, 19, 162

뒤르케임Émile Durkheim 6~7, 33~34, 17, 25, 27, 33~34, 36, 88, 90, 98~99, 101, 118, 120, 122~123, 128~129, 141, 151, 159, 161, 180, 185, 239, 263, 276, 279

ㄷ

드그레Gerard L. DeGré 33

딜타이Wilhelm Dilthey 20, 24, 286

ㄹ

라브리올라Antonio Labriola 18

라파사드Georges Lapassade 34

란츠후트Siegfried Landshut 22

램퍼트Evgenii Lampert 193

레비-브륄Lucien Léy-Bruhl 128, 143, 170, 209

레비스트로스Claude Léi-Strauss 107, 143, 160, 204

레이든Paul Radin 185

레이우Gerardus van der Leeuw 170

렌크Kurt Lenk 17, 27, 188

로스Julius A. Roth 245

로즈Arnold Rose 33, 245

뢰비트Karl Löwith 19